U0117905

投核资 资心产

王德伦 李美岑 张兆 张勋 等著

在股市长牛中
实现超额收益

彩图版

机械工业出版社
CHINA MACHINE PRESS

图书在版编目（CIP）数据

投资核心资产：在股市长牛中实现超额收益：彩图版 / 王德伦等著 . —北京：机械工业出版社，2024.1

ISBN 978-7-111-74672-0

I. ①投… II. ①王… III. ①投资 – 基本知识 IV. ① F830.59

中国国家版本馆 CIP 数据核字（2024）第 007143 号

机械工业出版社（北京市百万庄大街 22 号　邮政编码 100037）

策划编辑：张竞余	责任编辑：张竞余	
责任校对：樊钟英　李　婷	责任印制：常天培	

北京宝隆世纪印刷有限公司印刷

2024 年 4 月第 1 版第 1 次印刷

170mm × 230mm · 24 印张 · 387 千字

标准书号：ISBN 978-7-111-74672-0

定价：99.00 元

电话服务　　　　　　　　网络服务

客服电话：010-88361066　机　工　官　网：www.cmpbook.com

010-88379833　机　工　官　博：weibo.com/cmp1952

010-68326294　金　书　网：www.golden-book.com

封底无防伪标均为盗版　机工教育服务网：www.cmpedu.com

新版序

时光荏苒，光阴如白驹过隙，距离本书初次出版已经过去了整整 3 年，承蒙读者厚爱，本书获得了一系列荣誉和好评，今日再次出版。过去 3 年，中国经济和资本市场经历了一系列波澜壮阔的起伏，时代发展之快可能远超大部分人的预期，我们在本书初版时承诺，将与时俱进、不断地更新我们对于投资核心资产的研究和看法。回顾过去 3 年的证券研究和市场交流，站在 2024 年新年伊始，结合当前市场，我们认为当下投资者可能最为关切的问题有如下两点。

一是投资核心资产还有效吗？有效，但需要及时更新思维。过去 3 年中国经济和资本市场在新冠疫情、美联储连续大幅加息、国内转向高质量发展等多重变局下，尽管部分耳熟能详的核心资产出现较大的调整，一些专注投资核心资产的基金和管理人遭遇短期挫折，但也验证了本书初版时一直强调的观点，即核心资产不是固定一成不变的，而是伴随着宏观经济发展而变化的核心资产。

投资核心资产要把握估值和买卖点。本书的第 4 章中以大篇幅研究了美国"漂亮 50"的启示、外资如何把握核心资产的买卖时点和参考指标。2020 ～ 2021 年美联储史诗级"大宽松"作用下，全球市场都迎来资金大举涌入，各国核心资产的估值达到前所未有的高度，与"漂亮50"行情如出一辙。过去3年核心资产估值回调，并非不是"好公司"，而是短期有些"太贵了"，投资核心资产不仅要看盈利，还要看估值、把握买卖点。

注意把握新兴核心资产的诞生和崛起。过去3年我们看到市场聚焦的核心资产不断变化，从"茅指数"到"宁组合"再到"AI+"，对于投资者而言，投资核心资产之路并非一劳永逸的"偷懒之路"，而是需要不断学习进步。在本书第8章中我们就分析了诞生核心资产的沃土——科技成长，历史上科技成长板块核心资产的崛起离不开产业、人才、制度、市场的四要素共振，这对于回归本轮新能源和AI+行情依然适用。

核心资产不仅限于消费科技等新经济，周期金融等老经济也有核心资产。高分红的周期金融龙头股是过去两年市场"逆风"中最亮眼的明星，详见本书6.1节"'夕阳'行业中也有'朝阳'资产"和9.1节"行行出状元，传统金融也有核心资产"。在中国利率下行、市场估值压缩的背景下，供给侧结构性改革后，高分红、低估值的传统行业龙头也是A股的核心资产，契合当下宏观定价环境。核心资产之中做宏观配置，是在A股取得"适应全天候"收益的重要策略。

二是百年未有之大变局，中国核心资产还有机会吗？中国进入第二增长曲线，核心资产依然是投资A股的不二法门。伴随着美联储"大收水、大紧缩"大幅度变化，过去两年部分外资阶段性流出A股，市场普遍担忧中国在人口红利、地产红利、WTO红利等放缓的过程中，中国核心资产不再得到全球资金青睐。但我们拉长视角并非如此，中国作为全球供应链最强的国家，拥有全球较强的内需市场。一方面走出国门，为全世界正在工业化的"年轻"国家提供支持。另一方面，我们在高质量发展、创新安全驱动下，国内强大的内需市场进一步拓展突破。中国核心资产有望迎来第二增长曲线，凝聚全球化核心资产。

外资流出、估值调整，中国核心资产估值正回到合理区间。2020～2021年美联储"大放水"引起中国核心资产偏离合理估值区间，而2022年至今美联储"大紧缩"，导致了近期外资的阶段性流出以及中国核心资产估值的回落，我们刚刚经历了一个完整的资产价格从顶峰到谷底的过程，不应为短期的波动而过度担忧。拉长视角从 2017 年 1 月到 2023 年 11 月，外资重仓前 100 家公司构建投资组合，取得了年化收益率 11.6% 的优异表现，当前中国核心资产估值大多处于 2013 年以来中底部位置，进入高性价比配置区间。

未来资金仍将加配稀缺的、优质的中国核心资产。外资方面，20 世纪 90 年代日本第一增长曲线红利进入尾声，同时遭遇了资产泡沫、大地震、亚洲金融危机、科网泡沫四次危机，但外资不仅没有流出日本，反而加配以丰田、索尼、松下等为代表的核心资产，对比来看，中国经济相比 90 年代的日本更具活力，中国核心资产相比 90 年代的日本股市更具机遇。内资方面，中国金融地产供给侧结构性改革不断深化，居民财富配置将进一步从房地产资产和相关非标资产向权益资产转移，尤其偏好龙头地位明确、盈利优异、股价低波动、稳定高分红的核心资产。

中国经济和资本市场的发展是曲折向上的。一路走来，我们见证了"投资核心资产"的理念深入人心，也见证了"投资核心资产"的思想不断升华进步，一步步见证了中国资本市场聚焦价值、实现价值的历程，"投资核心资产"的枝芽上结出了颗颗硕果。我们希望本书能够继续为诸位读者和投资者提供思想价值和投资价值，未来我们也计划不断根据时代和市场的进化，更新本书内容，让研究更加贴近市场，令本书常读常新、富有启发意义。祝愿各位读者和投资者未来投资顺利、投资中国核心资产取得丰厚回报！

王德伦

2024.1.19

推荐序一

2016 年初至今，有一件事令我倍感欣慰和荣幸，那就是我们倡导的核心资产（core asset）理念现在深入人心，已经成为投资中国各类资产的标签性词语。虽然兴业证券策略团队过去 10 多年多次收获了 A 股市场所有主流评选的第一名荣誉，但是"中国核心资产理念的倡导者"不仅仅只是一种荣誉，更体现了情怀和使命感。

我依然清晰地记得 2016 年初，把兴业证券策略团队负责人的接力棒交给王德伦先生时，提出可以进一步完善我在 2006 ～ 2007 年倡导的核心资产理念，赋予其新的时代内涵。当年我用核心资产来形容拥有核心竞争力的资产，类似巴菲特偏好的那种具有"护城河"优势的龙头企业或类似京沪"学区房"具有地段优势的地产，而新的时代内涵可以包括经济结构调整、产业变化、海外比较等。

从那时起，兴业证券策略团队数年如一日地倡导、推动、充实、完善核心资产理念，不断地发布深度研究报告，举办相关的调研和系列会议，最终构建了核心资产研究的完整框架，不只是 A 股研究，还扩展到了港股、美股等海外市场研究及资产配置领域；不只是宏观策略，还细化到了微观领域——消费品、周期品、制造业、科技成长、金融地产板块的核心资产"ISEF"买卖策略及"核心资产 50"等。

在 2020 年受疫情影响限制出行的日子里，王德伦先生统筹、组织兴业证券策略团队撰写了《投资核心资产：在股市长牛中实现超额收益（彩图版）》，对我们过去数年的研究智慧进行了总结和升华。面对疫情笼罩之下的全球经济迷雾，兴业证券策略团队著书立说，大力提倡核心资产理念，阐述赢家之道，正是有使命感、有担当、有意义的工作。

展望未来 5 ~ 10 年甚至更远的未来，核心资产理念仍将持续保持生命力，有助于大家提升研究的洞察力和投资的胜率。虽然过去 4 年核心资产的结构性牛市已经初生牛犊不怕虎，超额收益明显，但是这很可能只是长牛的序幕阶段，核心资产行情具备"天时、地利、人和"的长牛基因，方兴未艾。

什么是核心资产？

核心资产就是那些顺应时代发展，具有核心竞争力、治理完善、财务清晰的细分行业龙头企业。2016 年至今，伴随中国供给侧结构性改革及科技创新，中国经济增速放缓、精彩转型，传统行业和新兴产业优胜劣汰、赢家通吃，核心资产时代来临。兴业证券策略团队在《核心资产的世界》《"核心资产 50"标的组合》等报告中深入阐述和定义过核心资产，之后被各家卖方及买方研究机构团队引用。温故而知新，我把本书收录的核心资产定义摘抄在这篇推荐序中。

核心资产的第一层次要求是具有核心竞争力。核心竞争力是指能够适应中国经济从高速增长转向高质量发展的新形势，在行业优胜劣汰中胜出，强者恒强，盈利能力有保障甚至实现持续成长。通常，核心资产要么产品具有独特性，要么盈利模式有创新，从而满足消费升级的新需求，如贵州茅台和腾讯就是突出的代表。具有成本、资金、管理、技术等独特优势的企业能够顺应产业结构调整，如原材料行业的海螺水泥，处于成本曲线最下端，可以攫取市场份额。传统消费品行业中具有品牌力、渠道能力的企业也能够满足消费升级的需求。即使在新兴的行业中，龙头企业也可以凭借技术、平台等壁垒获得高于行业平均水平的增长。

核心资产的第二层次要求是具有和全球同业龙头企业对标的能力。从更高的层次看核心资产，需要在全球范围内对标研究行业龙头企业。首先，能够满足中国消费升级趋势的企业在全球来看都具有竞争力，可以称为核心资产。其次，中国制造业处于厚积薄发阶段，机械、化工、汽车、TMT（technology、media、telecom）、机电等领域具备技术突破、进口替代优势，并且逐步走出去在全球扩张的企业可以称为核心资产。最后，科技创新领域中具有全球领先优势的企业，如BAT（百度、阿里巴巴、腾讯）为代表的互联网巨头，以及5G、人工智能、军工科技、生物医药等领域中的龙头企业都可能是中国的核心资产。在越来越开放的经济环境中，全球竞争力或是一种可取的标准。与全球同业巨头相比已经具备一定竞争优势的中国企业，可被称为龙头企业、中国的核心资产。

核心资产的第三层次要求是不能局限于某些行业或市值大小。核心资产不等同于大市值股票或者小市值股票，不等同于消费。核心资产不只是2017年以来表现较好的白酒、家电等消费股，也不只是上证50中占比较大的金融地产股。上证50以外也有很多细分行业的"小巨人"，也能够成为全球性的佼佼者，从中国细分行业的龙头企业变成全球的巨头。至少，我们要把制造业考虑进去。制造业中无论是TMT、精细化工还是精密制造，都是由技术进步引发的消费升级新需求推动的。消费品行业也不只有白酒、家电，还有娱乐、文化、移动互联网等。传统周期品行业的龙头企业受益于供给侧结构性改革，市占率上升；消费品行业的龙头企业受益于消费升级；新经济龙头企业则受益于移动互联网、云技术等带来的商业模式的创新。在此前我们重点推荐的大创新板块，从广义上来说也有望成为核心资产。总之，各个行业竞争力提升的龙头企业，都有希望成为核心资产。

为什么我们判断核心资产行情可能只是长牛的序幕阶段？

在这个推荐序中，我从方法论入手给大家做一个简单的阐述，更详细的逻辑论述和数据资料请大家阅读本书的正文部分。

兴业证券策略团队的核心方法论是寻找特定时间阶段的主要矛盾，越长期维度的投资越与基本面研究相关。展望未来数年，投资核心资产正是抓住了全球经济低增长时代的主要矛盾，符合"天时、地利、人和"的赢家之道。

第一，从天时上看，未来数年全球将深陷"优质资产荒"，业绩持续增长的中国核心资产属于全球稀缺的优质资产。

未来，全球宏观经济低增长将是常态。与此对应，发达经济体深陷高债务率、低利率、负利率的泥沼。全球化红利已经盛极而衰，以邻为壑的民粹主义兴起，大国博弈导致复杂严峻的外部环境成为常态。这次全球性的大疫情是雪上加霜，很可能导致全球有效需求不足，发达经济体的通胀低位徘徊，全球主要央行不断创新货币刺激政策、维持低利率成为常态。

2020 年，美国联邦债务规模占 GDP 比重迅速攀升至 100% 以上，非金融企业部门杠杆率超过 2008 年；欧元区非金融企业部门杠杆率 2018 年已升至107.1%。自疫情以来，各国纷纷推行史无前例的货币刺激政策，全球主要央行资产负债表规模已经显著扩张。截至 2020 年 6 月 17 日，美联储资产负债表规模高达 7.14 万亿美元，较 2020 年 2 月底增加了 70%，更设立 SPV 投资级公司发放贷款（PMCCF）、在二级市场上直接购买投资级美国公司债券及 ETF（SMCCF）等，向信用债市场直接注入流动性。

目前，全球"垃圾资产""有毒资产"很多，如"负利率"资产全球规模达数十万亿美元。

一半海水一半火焰，优质资产物以稀为贵，面对垃圾资产要提防价值陷阱。只是看看 PE、PB、PS 就能够做投资的时代已经远去。在低经济增长时代，资产世界有沙漠化的倾向，而核心资产不论在中国还是在美国资本市场，都像是沙漠中拥有水源的绿洲一般傲然存在。这些年 FAANG（Facebook、Apple、Amazon、Netflix、Google）和微软等美国核心资产占标普 500 的权重不断上升，现已达到大约 25%。

第二，从地利的维度探讨中国核心资产的未来。面对长期复杂多变的外部环境，最大的地利就是立足中国。

中国核心资产的结构性长牛立足于中国经济中长期三大动力——科技创新、内需扩张、改革开放。以史为鉴，20世纪八九十年代日本对外不断让步，对内搞起泡沫经济，导致产业空心化，最终引发其90年代的金融危机，之后经济低迷30多年。与当年的日本不同，中国当前推动共同富裕、全面小康，有助于提升庞大内需市场的稳定性和增长的持续性，充分发挥资本市场资源有效配置的枢纽作用，大力发展科技创新。大国博弈之下，中国科技产业的战略地位提升不只关乎效率，还关乎生存。

关于地利，主要看如何在经济低增长背景下寻找结构性机会，换个说法即"赛道"。聚焦中国经济的确定性增长的领域，扩大内需、科技创新依然是未来3～5年的主旋律，建议精选并长期持有中国消费品板块龙头企业——医药、互联网新消费业态、物业、教育、品牌消费、必需消费品等；耐心淘金中国科技成长板块核心资产，包括以5G半导体人工智能为亮点的TMT产业链，以新能源汽车产业链为亮点的汽车产业链，精密制造、化工及新材料、节能和新能源产业链。

第三，从人和的维度探讨中国核心资产的未来。

中国资本市场的投资者结构越来越机构化、专业化、国际化，有助于延续核心资产行情大趋势，类似20世纪80年代之后的美国资本市场。我们判断随着中国资产市场开放，以主权基金、养老金等为代表的外资机构投资者将成为主要的增量资金来源，外资银行理财子公司将有望成为内资的主要增量资金来源。无论外资还是内资，增量资金都以机构投资者为主导，更愿意选择龙头企业估值溢价，给予基本面成长确定的资产估值溢价。外资加速配置的中国各领域具有全球竞争优势的企业甚至只是各行业第一名的龙头企业。本书第4章专门介绍了"外资如何把握核心资产的买卖时点和参考指标"。

中国金融监管部门强调要健全鼓励中长期资金开展价值投资的制度体系，

提升中国核心资产对全球资金的长线配置吸引力。修订后的《中华人民共和国证券法》及监管精神都要求坚持市场化、法治化原则，完善信息披露、发行、退市等基本制度，大幅提高对财务造假等违法违规行为的打击力度。

从上市公司角度，管理层特别是灵魂人物的表现有助于我们辨别相关主体能否成为核心资产。管理层的表现不只关乎 ROE、收入、净利润等财务指标的真实性，还关乎经营管理的战略、执行力能否适应甚至引领时代的变迁。未来，随着海外越来越重视的 ESG 社会责任投资，即环境（environmental）、社会（social）、公司治理（corporate governance）在中国普及，毫无疑问核心资产的配置吸引力将进一步提升。

作为这篇推荐序的结语，我诚挚地向投资者推荐本书。大家从本书中受益最大的将是掌握投资哲学的"赢家之道"，掌握自上而下和自下而上相结合的分析技能，提高洞察力；掌握国际化的分析技能，大量吸收海外资本市场的历史经验、开阔眼界。我希望本书能够帮助大家在未来数年核心资产的结构性长牛中实现超额收益，让核心资产理念转化为投资业绩。

张忆东

兴业证券全球首席策略分析师

兴业证券经济与金融研究院副院长

兴证国际副行政总裁

推荐序二

回望中国资本市场发展历程，上海证券交易所和深圳证券交易所分别于1990年和1991年正式开业，拉开了历史帷幕；2004年，深圳证券交易所在主板市场内设立中小企业板块；2009年，承载中小型高成长企业、高科技企业和新兴企业发展使命的创业板登上历史舞台；2012年，全国中小企业股份转让系统正式运行，新三板全面启动；2019年，科创板开辟了我国资本市场新的试验田；2020年，修订后的《中华人民共和国证券法》正式落地，创业板和新三板重大改革纷至沓来。发展至今，我国资本市场形成了由主板、中小板、创业板、科创板和新三板等共同组成的多层次资本市场体系。

伴随改革开放，中国经济体制改革不断深化，中国经济日益壮大，上市公司数量持续增加，从最初的几十家到几百家，再到上千家。目前，沪深两市共计3800余家上市公司。与此同时，上市公司质量持续提升，广泛参与全球各个产业链上的合作与竞争，龙头企业在全球行业话语权不断增加，竞争力不断增强。中国资本市场与金融体系变革与一轮轮经济周期交织前行，投资者则在思考如何发现公司的核心竞争力，如何判断公司成长的确定性和可持续性，如何挖掘中国资本市场的核心资产。本书给了读者一个准确全面的核心资产定义，即中国各个行业及细分领域内财务指标优秀、治理稳健，具备核心竞争力的龙头企业。近几年，中国资本市场对外开放力度不断加大，A股于2018年被正式纳入MSCI新兴市场指数，中国资本市场核心资产的溢价能力在全球范围内开始崭露头角，未来更加可期。

理论联系实际，将核心资产的研究方法体系与投资实践相结合，兴业证券策略团队联合20多个行业小组精选并发布了"核心资产50""核心资产100"，它们是中国各行业历史发展的沉淀，也是未来变革创新的先行者，更是具备长期投资价值的核心资产——本书无疑是一部中国资本市场核心资产价值投资启示录。

任富佳

老板电器总经理

前　言

　　投资是科学和艺术的融合。完善的投资框架、深入的研究分析、勤奋的调研思考和正确的投资理念往往能够提高胜率，这是投资的科学性之所在。但是，不同时间影响市场的主要矛盾不同，如何把握特定时间内影响市场的主要矛盾则仁者见仁、智者见智。即使是投资高手在同一时间也往往观点不同，这就是投资的艺术性之所在。有些矛盾变化带来的投资机会往往稍纵即逝、难以把握，有些矛盾变化持续的时间则更长，带来的投资机会也更多。比如中国经济高速增长期的"五朵金花"，美国 20 世纪 70 年代的"漂亮 50"，其高回报率都维持了数年甚至更长时间，给投资者带来了长期的、持续的超额收益。在当前的中国股票市场，我们通过持续研究，发现了一个重要的变化趋势。在整个中国经济从高速增长走向高质量增长的过程中，行业竞争格局大幅优化，供给侧结构性改革加速了行业大小分化，环保等产业政策与资本市场监管政策等合力，加速了优质企业壮大与落后企业退出的步伐，使得龙头企业集中度快速提升，竞争力不断增强。在这些合力作用下，具备核心竞争优势的龙头企业——本书中定义的**核心资产**股价不断攀升，且大幅跑赢大盘及行业指数。通过系统性研究海外资本市场核心资产的历史表现，结合中国股市逐步进入成熟理性的长牛投资阶段，我们得出结论——核心资产持续表现的时间周期会很长，投资者越早把握这一规律，获得的超额收益就越多。2019 年底，有不少人戏谑"中国股市 10 年才涨了 1 点"，如果从上证综指来看，10 年前和 10 年后的现在都是 3000 点不到，但是如果我们聚焦于核心资产（如贵州茅台、万科、恒瑞医药、格力电器等），其股价早已越过了 2015 年大盘 5000 点时的股价。仅仅最近 3 年，立讯精密、恒立液压、爱尔眼科等一批代表新产业或者新模式的公司，都创造了巨大的超额收益。在港股市场，如果一位机构投资者没有投资腾讯，那么几乎可以肯定其收益跑不赢恒生指数；而在美国股市，如果投资者没有投资以 FAANG 为代表的核心资产，那么其收益也几乎不可能跑赢迭创新高的纳斯达克指数。我们认为未来 10 年将是新核心资产大量诞生及核心资产加速表现的时代。抓住核心资产这一**主要矛盾**，无论对机构投资者还是个人投资者而言，都具有其他投资策略无可比拟的价值。

兴业证券策略团队是股市投资中核心资产的首倡者、定义者。2006 年，张忆东先生早在担任兴业证券首席策略分析师时，就提出了核心资产的概念，他是市场上的领先者，引领了价值投资策略的风潮。时隔 10 年，王德伦接过兴业证券策略团队大旗，带领团队于 2016 年 5 月发布专题报告《**核心资产：股票中的"京沪学区房"**》，前瞻性地指出：**从宏观经济层面来说，核心资产是在整个国民经济中占有最重要地位的行业企业；从企业层面来说，核心资产是拥有持续性创造超额收益或竞争优势的企业；从二级市场层面来说，核心资产就是全市场中最具成长性或竞争优势的代表**。该报告还提出"核心资产就像京沪地区的学区房，拥有较小的下行风险但升值空间巨大"。随后，兴业证券策略团队又发布了《以史为鉴，通时合变——核心资产专题系列二》，指出"经济转型和消耗性行情之下更需要聚焦核心资产"，并通过历史上核心资产的演变，寻找了一些未来潜在的核心资产方向。在之后几年的一系列研究之中，兴业证券策略团队不断深化、完善了核心资产理论和策略。

在 2017 年以来的多个重要时点，兴业证券策略团队持续重点推荐核心资

产，并前瞻性地把握住了外资流入这一新变量对核心资产的关键性作用，对相关投资机会进行了系统梳理。在 2017 年度投资策略报告《平衡木上的舞蹈》中，兴业证券策略团队提到大类资产配置中 A 股相对性价比提升，应重点关注"红""白""黑"三类核心资产机会。在 2017 年中期投资策略报告《智慧舞步：从平衡木到钢丝绳》中，兴业证券策略团队认为**随着国内经济和监管形势变化，外资持续流入，A 股开始进入全球配置的过程，需要超配中国核心资产。**在 2019 年度投资策略报告《重构创新大时代》中，兴业证券策略团队再次强调国内国际"两个重构"，既是重构的大时代，又是创新的大时代。2019 年机会多于 2018 年，应把握中国重构、全球重构提升风险偏好带来的机会。从中长期看，当前中国权益市场处于难得的战略配置机遇期。除了年度策略和中期策略，兴业证券策略团队还专门发布了"**外资流入 A 股系列研究**"，率先结合外资动向**对中国股市中的核心资产进行推荐**。在 2017 年 3 月系列第 1 篇《白马长嘶啭，挥鞭奔鹏城！——从外资资金流向角度看本轮白马消费投资的持续性》中，兴业证券策略团队首次提出：**随着更多的海外投资者加入 A 股的投资，中期蓝筹股的价值重估趋势不容小觑。从长期看，资本市场对外开放是大势所趋，A 股游戏规则将逐步改变，必须重视 A 股的核心资产**。在 2019 年 1 月系列第 10 篇《渐进开放的"制度红利"持续，外资流入 A 股可期，核心资产受益》中，兴业证券策略团队再次强调**渐进有序开放具有制度红利。外资流入免疫于宏观经济波动，是践行渐进开放策略的新兴市场普遍享受的制度红利。**A 股市场上的核心资产将有望长期受益。在 2020 年度投资策略报告《拥抱权益时代》中，兴业证券策略团队从"国家重视、居民配置、机构配置、全球配置"四个角度，论述中国资本市场将迎来"权益投资的好时代"——中国股市已经步入长牛，并且应将投资核心资产作为获取超额收益的主线。

如今，核心资产在资本市场上已被广泛接受、热烈讨论，逐步深入人心，并且给投资者带来巨大回报，为此兴业证券策略团队一方面感到非常欣慰，因为兴业证券策略团队领先全市场前瞻性地把握住了这一主要矛盾，运用深度研究为客户创造了巨大价值；另一方面又有不少惋惜，因为即使兴业证券策略团队付出很多精力去路演、写报告，但是市场中依然有不少朋友对这一问题认识不够充分，甚至错失良机。兴业证券策略团队真诚地希望客户朋友也能全面、准确、深入地认识核心资产对于中国未来股市发展的重要意义，充分获取中国核心资产牛市带来的收益，享受这一长牛的红利。

本书分为上下两篇，上篇是宏观视角，着重于理论和各板块都适用的共性分析，下篇是微观视角，着重于实践与各板块不同特质相结合的个性分析。在上篇中，首先明确了股票中核心资产的定义，并对其特质进行了清晰的分析，作为进一步分析讨论的基础。在第2章中，从行业格局"重构"的内部推力和全球资产配置格局"重构"的外部催化两方面论述——为什么中国股市会在当前阶段诞生核心资产，为什么核心资产在长期会实现很好的超额收益，而现在只是这一长趋势的开始。在第3章中，把视野放宽到全球，分析韩国、日本、印度、巴西、南非、俄罗斯等资本市场的历史经验，可以明显看出各地股票市场中的核心资产都是全球资产配置中的"香饽饽"。但是，非常可惜的是，优质公司的定价权却往往"肥水外流"，巨大的投资收益并没有被本地投资者享受到。中国正处于金融大开放的进程中（参见2019年下半年投资策略《开放的红利》），而全球流动性泛滥、资产荒，中国优质资产在全球中是非常好的选择，全球配置会带来长牛。有了前车之鉴后千万不可重蹈覆辙，需要与全球投资者"抢夺"核心资产的定价权。在第4章中，从外资视角出发，由静态分析转为动态分析，从美国股市"漂亮50"近20年（1970～1990年）的演化视角，以及印度股市30年的长牛行情，比较分析中国股市所处的阶段及投资启示。我们搭建了外资买卖A股核心资产"ISEF"模型，从实际操作层面把握A股核心资产的买卖时点及参考指标。

下篇是写作中最为辛苦的一部分，如果说上篇第1章是灵魂，第2～4章是骨骼，下篇的这5章则是血肉，共同构成了丰满的整体。上篇讲了核心资产是什么、为什么重要，下篇则旨在解决如何筛选各板块的核心资产这一难题。由于经济结构的复杂性，不同行业的差异性非常显著，对核心竞争力与关键资源的要求并不一样，不存在单一的尺度，需要根据不同行业的特点来筛选行业中的核心资产，因而我们根据中国股票市场行业的特点，分别针对消费品、周期品、制造业、科技成长（电子、计算机、通信及传媒）、金融地产5大板块，结合每个板块的特点，详细分析了为什么这些行业会诞生核心资产，以及如何有效筛选出该领域的核心资产。在分析中，我们结合了大量海外资本市场成熟的龙头企业核心资产案例，其中不乏大家耳熟能详的明星公司，也有不少知名度不高但是收益率颇高的隐形冠军，运用历史纵向研究、全球横向比较的方法，为读者全方位挖掘并展示了核心资产的魅力。

从1990年上海证券交易所成立到2020年近30年，中国股票市场正处在这样一个具有里程碑意义的时刻。在海外货币流动性泛滥、陷入资产荒的时刻，全球最好的资产在中国，中国最好的资产在股市。未来是一个全球配置的时代，是一个机构配置的时代，亦是一个居民配置的时代，"三重配置"会推动A股市场步入长牛。全球会有越来越多的资金配置中国资产，银行、保险、养老金、企业年金、职业年金等掌握巨量资金的机构也将越来越大比重地配置中国权益资产。同样，中国居民也会像美欧等发达市场的投资者一样，越来越多地提高权益资产在财富中的比重。在这个权益投资的时代，我们衷心希望通过长期深入的研究分析，能帮助投资者朋友在纷繁复杂的市场中寻找出长期主线。为此我们写下这本《投资核心资产：在股市长牛中实现超额收益（彩图版）》，将所有关于核心资产的深度研究进行系统性梳理，同时也将其作为庆祝中国股票市场成立30周年的前瞻性、系统性、启发性的献礼之作。

本书是兴业证券策略团队集体智慧的结晶，团队成员包括李美岑、王亦奕、张兆、张勋、张日升、李家俊及张媛，团队前成员周琳、孟一坤也为本书贡献了重要内容，全书由王德伦统稿。由于水平所限，难免有错误或疏漏之处，还请读者朋友多提意见、多多体谅。

兴业证券策略团队

致　谢

感谢兴业证券策略团队的所有成员：李美岑、王亦奕、张兆、张勋、张日升、李家俊、张媛、吴峰，以及周琳、孟一坤等已经有了新归宿的成员，正是大家的共同努力、勤奋研究才使得研究成果以更好的面貌展现出来。

感谢兴业证券张忆东先生。核心资产这个理念是他教给我的，他是首倡者和发明人，也是在研究上给我最大启发，在工作上给予我最大帮助的良师益友。

感谢兴业证券经济与金融研究院院长王斌先生，正是他营造的专业专注的研究氛围和不懈的培养使得我们研究员能不断成长，并专心研究、安心工作。

感谢兴业证券经济与金融研究院的各位领导和同事给予了我们策略研究工作大量启发和案例，以及平时工作中各方面的支持。

感谢兴业证券的领导给予研究院巨大的支持，支持研究员好好做研究，在工作上取得成绩。

感谢所有机构投资者客户，正是他们高标准的专业需求促使我们不断更深入地研究，把问题思考得更深入、更全面。

特别感谢机械工业出版社华章分社的编辑，正是他们的不断推动和鼓励，本书才得以面世。在本书的写作过程中，编辑们提供了大量非常专业可靠的建议，对没有写书经验的我们而言非常宝贵。感谢机械工业出版社所有领导和同仁的支持和帮助，使得本书顺利出版。

最后要感谢的是我的妻子，证券分析师是一个需要投入海量时间和精力的工作，她对家庭和孩子的辛勤付出为我创造了做好研究的条件，并在保证做好工作的前提下为我牺牲了所有休息时间。同样感谢所有家人，他们的爱和鼓励使我永远能充满干劲做好工作。

本书的所有不足都是因为作者水平有限，诚意接受各种指正和建议。

王德伦

兴业证券策略团队介绍

团队介绍

兴业证券策略团队是一支拥有深厚积淀和历史传承，一支广受市场好评，一支以专业、深度、前瞻研究风格著称的团队。兴业证券策略团队所在的兴业证券经济与金融研究院成立于1997年，是国内证券行业较早从事卖方研究的研究机构之一。在公司和研究院的大力支持下，兴业证券策略团队不断取得优异成绩，已经成为市场上颇具影响力的研究团队。团队成员多次受邀在中央电视台、《中国证券报》《上海证券报》《证券时报》《证券市场周刊》和第一财经等20多家权威媒体发表市场观点。部分团队成员是《证券时报》中国上市公司价值评选的评委成员，多次受邀担任外部专业圆桌论坛主持人和演讲人。在市场主流权威评选中，兴业证券策略团队连续多年多次斩获各类奖项，2020年获"新财富"最佳分析师策略研究第三名（2019年第三名，2017年第三名，2015年第四名，2014年第一名，2013年第一名，2012年第三名，2011年第一名）。

团队所获荣誉

2020年："新财富"最佳分析师策略研究第三名、"金牛奖"最具价值金牛分析师、首届 21 世纪金牌分析师策略研究第三名、新浪"金麒麟"最佳分析师策略研究第四名、《上海证券报》最佳投资策略分析师第五名。

2019 年："新财富"最佳分析师策略研究第三名、首届《上海证券报》最佳投资策略分析师第二名、《投资时报》金禧奖"2019 金融业杰出青年"、首届新浪"金麒麟"最佳策略分析师第三名、"水晶球"最佳策略分析师第四名。

2018 年："金牛奖"最具价值金牛分析师、"第一财经最佳分析师"策略第一名、"水晶球"最佳策略分析师第二名。

2017 年："新财富"最佳分析师策略研究第三名、中国保险资产管理业年度最受欢迎卖方分析师 IAMAC 奖策略研究第二名、中国证券业"金牛分析师奖"投资策略研究第四名、"水晶球"最佳策略分析师第五名、"第一财经最佳分析师"策略第五名。

2016 年：中国保险资产管理业年度最受欢迎卖方分析师 IAMAC 奖第二名、中国证券业"金牛分析师奖"投资策略研究第四名。

2015 年："新财富"最佳分析师策略研究第四名、中国证券业"金牛分析师奖"投资策略研究第五名、"第一财经最佳分析师"策略第一名、中国保险资产管理业年度最受欢迎卖方分析师 IAMAC 奖第一名。

2014 年："新财富"最佳分析师策略研究第一名、"水晶球"最佳策略分析师第一名、中国证券业"金牛分析师奖"投资策略研究第一名、中国保险资产管理业年度最受欢迎卖方分析师 IAMAC 奖第一名。

2013 年："新财富"最佳分析师策略研究第一名、"水晶球"最佳策略分析师第二名、"第一财经最佳分析师"策略第三名。

2012 年："新财富"最佳分析师策略研究第三名、"水晶球"最佳策略分析师第四名、中国证券业"金牛分析师奖"投资策略研究第五名、"第一财经最佳分析师"策略第二名。

2011 年："新财富"最佳分析师策略研究第一名、"水晶球"最佳策略分析师第二名、中国证券业"金牛分析师奖"投资策略研究第二名。

目　录

新 版 序

推荐序一

推荐序二

前　言

致　谢

兴业证券策略团队介绍

上篇　宏观视角

第1章　核心资产的定义与分类　/2

　　1.1　核心资产的定义　/2

　　1.2　核心资产的分类　/4

第2章　核心资产已经步入长期牛市，目前只是开始　/9

　　2.1　内部推力：行业格局改善推动龙头企业制胜　/9

2.2 外部催化：重视外资"定投"中国 /13

第 3 章 全球资产荒，抓紧抢资产 /36

3.1 金融开放带来长牛，好资产却"肥水外流" /36

3.2 韩国开放牛，外资大幅增持电子类核心资产 /38

3.3 日本 7 年开放牛，外资偏好高端制造、医药消费类核心资产 /42

3.4 中国台湾开放牛，外资拿走优质资产定价权 /45

3.5 金砖国家，外资牢牢把握各行业核心资产定价权 /47

第 4 章 中国看"老外"：核心资产买卖启示录 /55

4.1 美国"漂亮 50"的启示 /55

4.2 印度股市长牛的启示 /74

4.3 外资如何把握核心资产的买卖时点和参考指标 /88

下篇　微观视角

第 5 章 消费品板块核心资产研究 /117

5.1 为什么消费品板块最容易诞生核心资产 /117

5.2 海外启示录：日、韩、美、欧的成功经验 /121

5.3 如何有效筛选消费品板块中的核心资产 /158

第 6 章 周期品板块核心资产研究 /179

6.1 "夕阳"行业中也有"朝阳"资产 /180

6.2 如何筛选周期品板块核心资产 /192

第 7 章 制造业板块核心资产研究 /205

7.1 制造业企业"从大到伟大" /206

7.2　全球比较：来自制造强国的启示　/212

7.3　三层次挖掘中国制造业板块核心资产　/221

第 8 章　**科技成长板块核心资产研究**　/242

8.1　诞生未来核心资产的沃土　/243

8.2　海外启示录：四要素催生英德美日四国技术主导产业　/253

8.3　时代际遇，迎接科技核心资产大潮　/258

8.4　如何寻找 TMT 板块核心资产　/266

第 9 章　**金融地产板块核心资产研究**　/278

9.1　行行出状元，传统金融也有核心资产　/279

9.2　分蛋糕时代，龙头地产更加"核心"　/325

相关报告索引　/355

跋　/358

上篇

宏观视角

第 1 章

核心资产的定义与分类

1.1　核心资产的定义

虽然市场对于核心资产的研究和讨论已经非常广泛，不过关于"什么是核心资产，如何准确而清晰地定义核心资产"，依然有很多不甚清晰、模棱两可的表述，甚至有"能涨的就是核心资产""核心资产就是能涨的"等说法。**我们认为，核心资产就是中国各个行业及细分领域内具备核心竞争力、公司财务指标优秀、治理稳健的龙头企业。这是核心资产最准确、最完善、最本质的内涵，其他所有的描述都可视为对这三点的解释和补充。**具体可见《核心资产的世界》《"核心资产 50"标的组合》研究报告及一系列相关报告等。现在，证券金融类权威媒体在核心资产组织专栏文章中对比分析各家研究团队观点时，引用的定义一般是我们所下的定义。下面我们将对核心资产的内涵进行三个层次的说明，并在下文中对核心资产的外延、分类进行分析。

核心资产的第一层次要求是具有核心竞争力。核心竞争力是指能够适应中国经济从高速增长转向高质量发展的新形势，在行业优胜劣汰中胜出，强者恒强，盈利能力有保障甚至实现持续成长。通常，核心资产要么产品具有独特性，要么盈利模式有创新，从而满足消费升级的新需求，如贵州茅台和腾讯就是突出的代表。具有成本、资金、管理、技术等独特优势的企业能够顺应产业结构调整，如原材料行业的海螺水泥，处于成本曲线最下端，可以攫取市场份额。传统消费品行业中具有品牌力、渠道能力的企业也能够满足消费升级的需求。即使在新兴的行业中，龙头企业也可以凭借技术、平台等壁垒获得高于行业平均水平的增长。

核心资产的第二层次要求是具有和全球同业龙头企业对标的能力。从更高的层次看核心资产，需要在全球范围内对标研究行业龙头企业。首先，能够满足中国消费升级趋势的企业在全球来看都具有竞争力，可以称为核心资产。其次，中国制造业处于厚积薄发阶段，机械、化工、汽车、TMT、机电等领域具备技术突破、进口替代优势，并且逐步走出去在全球扩张的企业可以称为核心资产。最后，科技创新领域中具有全球领先优势的企业，如以 BAT 为代表的互联网巨头，以及 5G、人工智能、军工科技、生物医药等领域中的龙头企业都可能是中国的核心资产。在越来越开放的经济环境中，全球竞争力或是一种可取的标准。与全球同业巨头相比已经具备一定竞争优势的中国企业，可被称为龙头企业、中国的核心资产。

核心资产的第三层次要求是不能局限于某些行业或市值大小。核心资产不等同于大市值股票或者小市值股票，不等同于消费。核心资产不只是 2017 年以来表现较好的白酒、家电等消费股，也不只是上证 50 中占比较大的金融地产股。上证 50 以外也有很多细分行业的"小巨人"，也能够成为全球性的佼佼者，从中国细分行业的龙头企业变成全球的巨头。至少，我们要把制造业考虑进去。制造业中无论是 TMT、精细化工还是精密制造，都是由技术进步引发的消费升级新需求推动的。消费品行业也不只有白酒、家电，还有娱乐、文化、移动互联网等。传统周期品行业的龙头企业受益于供给侧结构性改革，市占率上升；消费品行业的龙头企业受益于消费升级；新经济龙头企业则受益于移动互联网、云技术等带来的商业模式的创新。此前我们重点推荐的大创新板块，从广义上来说也有望成为核心资产。**总之，各个行业竞争力提升的龙头企业，都有希望成为核心资产**。

1.2　核心资产的分类

在搞清楚核心资产的定义之后，下一个问题就是搞清楚如何分类。在路演交流中，我们常常会发现人们对于核心资产的认识较为片面、局部。不能说这种认识是错误的，因为它往往是结合行业认知与经验，建立在实践之上的。但是，也往往会以偏概全、挂一漏万，导致投资者错失很多机会。最常见的一类问题源于对核心资产定义不清晰，从而导致投资范围过窄。例如，有人认为核心资产就是外国没有而中国独有的（如白酒行业的核心资产就是茅台）。有人认为核心资产就是中国已经做到世界冠军，在全世界同行业中能排进前三的（如格力电器和美的集团）。以上两种说法本身没有错，选出来的也确实是核心资产，但是如果按照这样的标准去选择的话，则会大大限制核心资产的筛选范围，导致非常多的优质核心资产被遗漏。另一类问题是由对核心资产的分类不全面导致的。例如，很多人认为核心资产就等同于消费类行业的白马股（简称消费白马），一提核心资产脑子里想到的就是白酒、酱油、恒瑞、格力电器、美的集团，最多再加上中国平安。还有一类问题是将核心资产与高分红高股息率或者低估值蓝筹股混为一谈，这些都属于定义和分类不清。既然我们将核心资产定义为各行业及各细分领域的龙头，那么就绝不应该再有行业偏见。**除了消费品板块中有核心资产之外，制造业、周期品、金融地产、科技成长板块中也有核心资产！** 下面我们具体考察一下三大类核心资产。

1.2.1　制造类

关注拥有全球竞争力的龙头企业，从规模优势到制造业升级

从规模看，中国制造业企业在全球的竞争格局中有望赢家通吃。中国制造业增加值在全球的比重由 2004 年的 9% 提升至 2019 年的 28%，其他 3 个制造强国——美国、日本、德国均出现不同程度的下降。[⊖]中国制造业已经充分参与到全球的资源分配和竞争格局当中，部分龙头企业在其细分行业做到了领先甚至垄断。它们通过历史经营已经证明了其强大的赢家基因，未来会在行业的纵向一体

　　⊖　资料来源：世界银行。

化和横向扩张方面更具优势。赢家通吃局面在中长期将持续。

从技术看，中国制造业正在经历制造大国向制造强国的转变，全球顶尖企业不断脱颖而出。十九大报告指出创新是建设现代化经济体系的战略支撑，强调加快建设创新型国家。基础科学研究成为重点培育对象，先进制造业、互联网、现代服务业等新兴产业及基础设施网络建设都是未来重点。充分参与到全球竞争的优势子行业龙头企业在这一过程中，更加具备做大做强的创新基因。世界 500 强中中国公司的数量如图 1-1 所示。

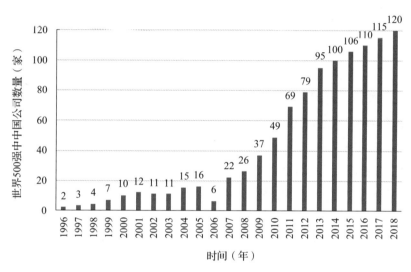

图 1-1　世界 500 强中中国公司的数量

资料来源：兴业证券经济与金融研究院整理。

除了传统制造业之外，我们切不可遗漏科技成长、高端制造行业中的龙头企业，它们中间将诞生很多未来的核心资产，有些甚至已经成为核心资产。例如，恒立液压、宁德时代等公司已经成为全球产业链的细分行业龙头企业；立讯精密、环旭电子等 TMT 类公司也都进入了外资买入 A 股占比前 50 的公司名单中；300 开头的创业板公司也不在少数，如爱尔眼科、聚光科技、华测检测等。

在新兴领域中，创新发展正推动人人互联的"To C"向万物智能互联的新"To B"演进。万物智能互联可以分为三类：人与人的连接、人与物的连接、物与物或机器与机器的连接。过去，无论是社交、电商、广告还是视频领域的发展，其实都得益于面向人的"To C"发展。在互联网流量红利逐渐见顶，"To C"发展接近瓶颈的背景下，以机器智能化、工业互联网、智能制造为代表的万物智能互联是未来创新发展的大方向。面向设备、智能互联将成为新"To B"。

产业快速发展离不开配套基础设施的大规模投入。2008～2012年，我国为应对国际金融危机加大了基础设施建设的投入，为未来的快递物流行业大发展构筑了坚实的基础。2010年以来，智能手机的性能提升与普及、3G和4G网络的大规模建设，则为后来移动游戏、在线视频等移动互联网市场的快速发展创造了条件。

类比过去，未来创新领域大发展所需的基础设施也在不断完善。通信领域的5G、计算机领域的云与大数据、半导体和新能源领域的设备制造等万物智能化、互联化所需的基础建设投入正在不断扩大。根据工信部数据：预计2020年新建5G基站78万座，2021～2025年预计每年建设超120万座5G基站。新"To B"产业链发展的机会在不断涌现，受益于物联网、云技术等技术研发和模式创新的新经济龙头企业有望迎来大发展，万物智能互联的应用场景非常丰富（见图1-2）。

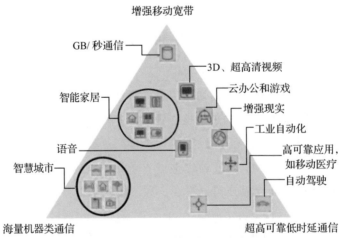

图 1-2 万物智能互联的应用场景非常丰富

资料来源：Wind，工信部，兴业证券经济与金融研究院通信组整理。

1.2.2　消费类
关注国内市占率占优，品牌化和渠道双强的龙头企业

品牌化和渠道双强：企业市占率提升，会产生规模效应。企业对下游提价能力强，则在成本上升的情况下仍能够保持毛利率和净利率的稳步提升。

从规模优势看，品牌化企业叠加渠道管理能够共同推动企业市占率的提升，扩大企业生产规模，凸显规模效应。

从经营效率看，脍炙人口的品牌化消费品企业长期毛利率和净利率提升趋势明显。品牌化企业对下游的溢价能力更强，提价弹性相比同行业其他企业更大，即使在成本提升阶段，这些公司也能够从收入端很好地转移成本上升的压力，而且能够进一步提升终端产品价格，从而保证净利率和毛利率平稳提升。

1.2.3　非贸易品及部分服务类
关注具有"硬资产"、聚焦化战略的细分行业龙头企业

所谓"硬资产"，是指企业拥有的某种稀缺资源。这种稀缺资源可以是企业天然具有的，也可以是企业发展过程中创造出来的，**但它们的共同特点是往往为某些或某个企业独有，或者在区域范围内"仅此一家"。同时，由于贸易限制或运输成本很高等其他原因，加上这类企业往往会采取聚焦化战略聚焦于这类稀缺资源，做到行业领导地位，这种稀缺性能够持续较长一段时间。拥有此类"硬资产"的企业即便可能只是区域性龙头企业，仍然可以成为"核心资产"从而受到资本的持续青睐。**"硬资产"可以是企业拥有的资源，也可以是企业的主要产品。具有区域垄断特点的海螺水泥、拥有传统医药处方的片仔癀等也都是中国的核心资产。在经济走势整体趋于平淡，增长亮点逐渐被充分挖掘的背景下，这类能够给企业带来持续稳定甚至不断增长的收益的"硬资产"存在价值重估的空间。

对于第三类核心资产的理解，一定要放在一个更大的视野中，即中国经济不但排名世界第二，更重要的是绝对体量足够大。我国经济体量位居世界前列，

因而能够容纳很多细分或者区域资产。⊖以上海机场为例，它并不需要做到世界第一、全球吞吐量最大，由于仅仅长三角两省一市的经济体量就顶得上欧洲的某一个国家了，所以上海机场能够成为核心资产。同理，我们巨大的经济体量还能够支撑首都机场、白云机场成为核心资产。再如海螺水泥，虽然有运输半径限制，但其半径覆盖区域内的经济体量已经足以支撑它成为核心资产，同理，华新水泥也能成为核心资产。由此可知，我国能够诞生的核心资产数量理应比绝大多数市场更多。

　　最后补充一点，本节对于核心资产的分类是从商业模式的角度大致划分的。为了更加清晰地分析如何筛选核心资产，我们将在第 5 章中结合行业领域各自的核心竞争优势与资源能力分别阐述。

⊖　资料来源：世界银行。

第 2 章

核心资产已经步入长期牛市，目前只是开始

2.1 内部推力：行业格局改善推动龙头企业制胜

核心资产已经步入独立的牛市，而且是一轮长牛，这既是"国内重构"、行业格局不断重整优化、集中度提升、资金机构化选择的结果，也是"全球重构"、外资配置中国、传统投资生态颠覆导致的结果。"两个重构"正是 2019 年度策略报告《重构创新大时代》的主题，目前正在一一被市场印证。

中国经济正在经历一轮广泛而深刻的变革，整体经济的周期性大波动在下降期，并逐渐平缓，货币政策等大幅度刺激与收缩也在减少，行业内的分化远大于行业之间的分化。各领域中的龙头企业开始与行业整体趋势相独立，在"分蛋糕"时代长期享受格局优化的红利。产业制度，尤其是股市和资本市场的制度变革更加倾斜于龙头企业，立足主业的核心资产将获得更多制度红利；投资机构、投资理念在外资的冲击与引领下发生深刻变化，进一步引发估值体系的彻底颠覆，短线的博弈思维将逐渐被长线的配置思维替代，核心资产已经进入了一轮

长期的牛市。中国股市进入新时代，目前只是刚刚开始。从"茅台"身上市场已经感受到了这种深刻变化，并进行了积极调整，而且取得了巨大的收益。但我们还是想提醒几个细节：①即使被全市场普遍认为是核心资产成色最足的茅台，前10大股东中也已经没有我们的主动公募产品和保险机构；②长江电力最近5年涨了4倍，但在热门的消费白马之外，其他行业领域的核心资产却被忽略；③大盘10年前3000点现在还是3000点，但是其中优质资产的价值都已经翻了几倍。总量和结构的区分越来越大，未来将出现一种现象：上证综指可能并非牛市，但是核心资产已经进入了一轮长牛。

2.1.1 供给侧结构性改革、国企改革、经济结构转型等推动了行业产能出清

中国经济进入低波动阶段，经济结构加速调整。改革开放以来，投资对我国经济持久高速增长起到了非常重要的作用。然而，以投资驱动的粗放式发展方式带来了杠杆率迅速攀升等一系列的问题，经济转型升级的需求日渐迫切。在调结构、去杠杆、出清传统过剩产能的过程中，增速换挡难以避免。目前，经济增速已经回落到1997～1998年和2008～2009年两轮经济见底时的区间。

以供给侧结构性改革为代表的一系列改革的推进，帮助经济在低波动状态下企稳。随着近几年一系列改革行为的深入推进，以周期行业为代表的传统行业加速出清，行业基本面有了较大改观，整体经济增速逐渐企稳。未来，随着经济结构调整的稳步推进，GDP增速可能仍会在一段时间内维持低波动状态（见图2-1）。

2.1.2 行业竞争格局改善，龙头企业竞争力提升

过去几年，产能加速出清，行业集中度不断提升，而龙头企业凭借相对健康的资产负债表和厚实的基础，逆势扩张产能，用低成本产能取代高成本产能的市场份额，甚至在行业底部不断并购扩张。未来随着行业基本面企稳，龙头企业将拥有更强的定价能力，盈利有望出现更大的改善。海螺水泥、三一重工等龙头企业在过去数年市占率不断上升（见图2-2），同时行业内其他资质一般的企业则债台高筑，难以

获得银行信贷支持，未来即使产品价格反弹也可能没有足够能力复产或者扩大产能。

图 2-1　GDP 增速进入低波动阶段

资料来源：Wind，兴业证券经济与金融研究院整理。

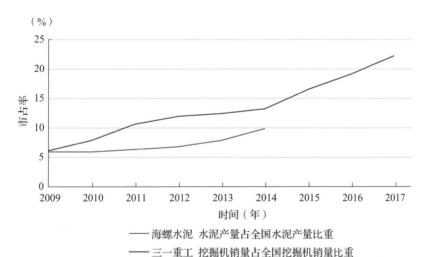

——海螺水泥　水泥产量占全国水泥产量比重
——三一重工　挖掘机销量占全国挖掘机销量比重

图 2-2　部分龙头企业市占率不断上升

资料来源：Wind，兴业证券经济与金融研究院整理。

因此，在经济进入稳态、加速出清、优胜劣汰的新阶段，龙头企业一方面可以通过行业整合不断提升市占率，定价权更强，进而提升研发能力和效率；另一方面，可以比行业多数企业更容易获得银行或其他融资渠道的支持，获得人才，获得财政支持。长期来看，龙头企业将拥有更强的竞争力，进而推动盈利持续改善，并由此形成良性循环。

2.1.3 各个行业竞争力提升的龙头企业，都有希望成为核心资产

龙头企业和跟随者的差距越来越大的现象不仅出现在周期性行业，也出现在消费、TMT 等行业。龙头企业正在依靠核心竞争优势逐步实现赢家通吃。以上市公司收入占工业企业收入的比例来看，计算机、通信和其他电子设备，酒、饮料和精制茶制造，汽车等行业龙头企业份额也开始上升。在中国经济转型新阶段，各个行业竞争力提升、估值和盈利匹配度高的龙头企业都有望成为核心资产。核心资产业绩优于行业及经济平均水平，核心竞争力也不断提升，价值将持续被重估。

2.1.4 资金导向也在转向"盈利驱动、价值投资"

监管层在努力培养价值投资的氛围。2017 年以来中国证券监督管理委员会（简称证监会）等有关部门出台了一系列的政策，对市场上"炒概念""炒故事"的行为进行了降温和约束，将市场往长期投资、价值投资方向进行引导。在市场资金导向逐渐发生变化的背景下，内生增长稳定、现金流充裕的价值股的投资机会不断凸显，其中行业龙头企业盈利前景往往更加确定，股息率和分红意愿往往更高，更是吸引了大量资金进入。

《关于规范金融机构资产管理业务的指导意见》（简称资管新规）落地后，银行、保险资金有望加大对优质股权的配置。资管新规发布后，金融机构资产管理业务迎来了规范化、净值化发展的新时代。一方面，打破刚兑有利于无风险利率下降，进而引导资金入市；另一方面，非标业务受到管制，金融机构要降低资金空转率和杠杆，回归业务本源，加大对优质股权资产的配置比例。根据《中国银行业理财市场报告（2017 年）》，银行理财产品配置权益类资产的比例未超过10%。截至 2018 年，数据显示我国保险资金配置权益类资产的比例也不到 12%（见图 2-3）。与此相对的是，OECD 国家养老金配置权益类资产的比例接近 30%（见图 2-4），美国养老金配置的公共基金股票类占比超 40%。与国外一些长期资

金相比，国内银行和保险资金对权益类资产的配置比例还有较大提升空间。

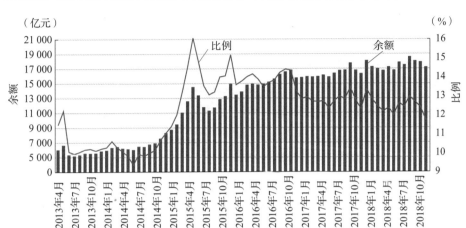

图 2-3　保险资金配置权益类资产情况

资料来源：Wind，兴业证券经济与金融研究院整理。

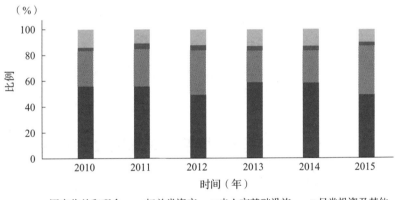

■固定收益和现金　■权益类资产　■未上市基础设施　■另类投资及其他

图 2-4　OECD 国家养老金配置

资料来源：OECD，Bloomberg，兴业证券经济与金融研究院整理。

2.2　外部催化：重视外资"定投"中国

关于外资对 A 股的影响已经有很多相关研究报告。兴业证券策略团队早在 2017 年即把外资流入作为核心变量来研究，代表作有《白马长嘶啸，挥鞭奔鹏城》（鹏城指深圳，题目意为买入深股通的白马龙头股），并且撰写了**外资流入系**

列报告，深度剖析了外资流入的历史背景、规模进度、行为特征、边际影响、估值特征以及将带来的长期生态变革等方方面面，**准确把脉了近三年外资作为最大边际资金的特点，以及由此驱动的核心资产牛市行情**。我们的外资流入系列报告及相关研究遥遥领先市场同业。例如，我们 2017 年做了很多研究，并得出了结论，到 2019 年市场才有相关类似研究，而且在研究内容和结论方面没有新的突破，基本上在我们的研究范围内。相对于很多善于营销、"能喊""敢喊""喊声大"的卖方研究团队，我们更擅长扎扎实实地做好研究，具备逻辑性和前瞻性。再比如，在 2017 年的研究报告和三地路演中，我们为了简明清晰地展示外资流入对本地市场的巨大冲击，列举了"台积电"的案例，即中国台股在国际化过程中产生了一轮牛市，但是机构投资者普遍跑输市场，原因恰恰在于作为中国台股中核心资产的台积电等被外资"锁仓"。"买不到台积电跑不赢市场"这个案例至今依然给众多投资者留下深刻印象。2017 年和现今的核心资产牛市，都印证了我们的观点。**外资流入成为撬动核心资产牛市的一把钥匙，随着 MSCI、富时罗素等国际指数相继纳入 A 股，全球资产配置格局将被重塑**。需要强调补充的是，**并不是因为 MSCI 等国际指数纳入 A 股所以外资才流入，而是因为 A 股市场的国际配置价值凸显，外资要配置，所以 MSCI 等国际指数才纳入 A 股。外资流入是因，MSCI 等国家指数纳入 A 股是果。**

2.2.1　MSCI、富时罗素、标普等国际指数纳入 A 股

MSCI 是全球领先的投资决策支持工具提供商，目前全球约有 8 万亿美元资产以其系列指数作为标的，绝大多数为股票类指数。

MSCI 自 2014 年以来每年均在审议是否将部分中国 A 股（指数加入比例为 5%）加入 MSCI 指数，最终在 2017 年决定将 A 股纳入其系列指数中，具体实施时间为 2019 年 5 月和 8 月，纳入因子分别是 2.5% 和 5%。此后 MSCI 纳入 A 股进程不断加快，持续提升 A 股纳入因子。截至 2019 年 8 月底，MSCI 将中国大盘 A 股纳入因子从 10% 提升至 15%；再次审议时间为 11 月 7 日，生效日期为 11 月 27 日；而后将审议 A 股纳入因子从 15% 提升至 20%，并纳入中盘股，纳入因子也为 20%。MSCI 纳入因子提升和成分扩充带来的配置资金及其增量的测算如表 2-1 所示。

表 2-1　MSCI 纳入因子提升和成分扩充带来的配置资金及其增量的测算

MSCI 指数类型	总资产（万亿美元）	A 股占各指数市值比（%）				A 股配置市值（亿美元）			
		纳入因子 5%，大盘股（2018 年 8 月）	纳入因子 15%，大盘股（2019 年 5 月）	纳入因子 20%，大盘股、中盘股（2019 年 8 月）	纳入因子 20%，大盘股、中盘股（2019 年 11 月）	纳入因子 5%，大盘股（2018 年 8 月）	纳入因子 10%，大盘股（2019 年 5 月）	纳入因子 15%，大盘股（2019 年 8 月）	纳入因子 20%，大盘股、中盘股（2019 年 11 月）
MSCI China	0.01	2.32	4.69	7.79	10.43	3	6	10	13
MSCI Asia ex-Japan	0.03	0.83	1.72	2.55	3.96	2	5	7	11
MSC EM	1.70	0.72	1.46	2.46	3.36	122	248	418	571
MSCI ACWI	3.20	0.09	0.18	0.27	0.42	29	58	86	134
A 股规模合计						156	317	522	730
当年纳入资金量							160	205	208

资料来源：MSCI，数据截至 2019 年 2 月 28 日，兴业证券经济与金融研究院整理。其中 MSCI ACWI、EM、Asia ex-Japan 指数跟踪的资金规模源于 2017 年 6 月 MSCI 官方公布的数据，MSCI China 资金规模来源于 Bloomberg 以该指数为标的的基金规模。因 Bloomberg 统计不全面，存在价值低估的可能。

2019 年 11 月，A 股纳入 MSCI 系列指数的标的除了大盘股外，拟新增中盘股成分，其成分股增加至 443 只（大盘股 268 只、中盘股 175 只），拟纳入成分如表 2-2 所示。从行业来看，银行、非银金融、食品饮料行业权重排名居前。

表 2-2　2019 年 11 月 MSCI 拟纳入成分（大盘股和中盘股）

证券代码	证券简称	类别	行业	权重（%）
600519.SH	贵州茅台	大盘股	食品饮料	4.73
601318.SH	中国平安	大盘股	非银金融	3.73
600036.SH	招商银行	大盘股	银行	2.90
000858.SZ	五粮液	大盘股	食品饮料	1.87
600900.SH	长江电力	大盘股	公用事业	1.55
601166.SH	兴业银行	大盘股	银行	1.49
600000.SH	浦发银行	大盘股	银行	1.34
601398.SH	工商银行	大盘股	银行	1.19
000002.SZ	万科 A	大盘股	房地产	1.16
600276.SH	恒瑞医药	大盘股	医药生物	1.16
601288.SH	农业银行	大盘股	银行	1.05
601668.SH	中国建筑	大盘股	建筑装饰	0.99
002415.SZ	海康威视	大盘股	电子	0.97
601601.SH	中国太保	大盘股	非银金融	0.97
000001.SZ	平安银行	大盘股	银行	0.93
601328.SH	交通银行	大盘股	银行	0.90
603288.SH	海天味业	大盘股	食品饮料	0.90
600030.SH	中信证券	大盘股	非银金融	0.89
300498.SZ	温氏股份	大盘股	农林牧渔	0.84
600016.SH	民生银行	大盘股	银行	0.84
600887.SH	伊利股份	大盘股	食品饮料	0.78
601766.SH	中国中车	大盘股	机械设备	0.75
002304.SZ	洋河股份	大盘股	食品饮料	0.74
600104.SH	上汽集团	大盘股	汽车	0.73
600050.SH	中国联通	大盘股	通信	0.73
000333.SZ	美的集团	大盘股	家用电器	0.72
601888.SH	中国国旅	大盘股	休闲服务	0.66
000651.SZ	格力电器	大盘股	家用电器	0.65
600048.SH	保利地产	大盘股	房地产	0.64
600585.SH	海螺水泥	大盘股	建筑材料	0.64

（续）

证券代码	证券简称	类别	行业	权重（%）
601818.SH	光大银行	大盘股	银行	0.59
000725.SZ	京东方 A	大盘股	电子	0.55
001979.SZ	招商蛇口	大盘股	房地产	0.55
601989.SH	中国重工	大盘股	国防军工	0.54
601211.SH	国泰君安	大盘股	非银金融	0.53
601688.SH	华泰证券	大盘股	非银金融	0.53
600028.SH	中国石化	大盘股	化工	0.53
601988.SH	中国银行	大盘股	银行	0.51
600309.SH	万华化学	大盘股	化工	0.51
601229.SH	上海银行	大盘股	银行	0.50
000568.SZ	泸州老窖	大盘股	食品饮料	0.49
002714.SZ	牧原股份	大盘股	农林牧渔	0.49
601390.SH	中国中铁	大盘股	建筑装饰	0.48
601169.SH	北京银行	大盘股	银行	0.47
002142.SZ	宁波银行	大盘股	银行	0.47
601006.SH	大秦铁路	大盘股	交通运输	0.46
600019.SH	宝钢股份	大盘股	钢铁	0.46
600031.SH	三一重工	大盘股	机械设备	0.46
601186.SH	中国铁建	大盘股	建筑装饰	0.45
000166.SZ	申万宏源	大盘股	非银金融	0.44
600837.SH	海通证券	大盘股	非银金融	0.44
601336.SH	新华保险	大盘股	非银金融	0.44
000063.SZ	中兴通讯	大盘股	通信	0.43
002475.SZ	立讯精密	大盘股	电子	0.43
601857.SH	中国石油	大盘股	采掘	0.42
600690.SH	海尔智家	大盘股	家用电器	0.40
002024.SZ	苏宁易购	大盘股	商业贸易	0.39
002594.SZ	比亚迪	大盘股	汽车	0.39
600999.SH	招商证券	大盘股	非银金融	0.38
300059.SZ	东方财富	大盘股	传媒	0.38
600015.SH	华夏银行	大盘股	银行	0.38
603259.SH	药明康德	大盘股	医药生物	0.37
300015.SZ	爱尔眼科	大盘股	医药生物	0.36
600340.SH	华夏幸福	大盘股	房地产	0.36

（续）

证券代码	证券简称	类别	行业	权重（%）
601933.SH	永辉超市	大盘股	商业贸易	0.36
601012.SH	隆基股份	大盘股	电气设备	0.35
601628.SH	中国人寿	大盘股	非银金融	0.33
601088.SH	中国神华	大盘股	采掘	0.33
600406.SH	国电南瑞	大盘股	电气设备	0.33
000776.SZ	广发证券	大盘股	非银金融	0.32
000876.SZ	新希望	大盘股	农林牧渔	0.32
000538.SZ	云南白药	大盘股	医药生物	0.32
600919.SH	江苏银行	大盘股	银行	0.31
600009.SH	上海机场	大盘股	交通运输	0.31
002027.SZ	分众传媒	大盘股	传媒	0.30
600547.SH	山东黄金	大盘股	有色金属	0.30
600010.SH	包钢股份	大盘股	钢铁	0.29
601225.SH	陕西煤业	大盘股	采掘	0.29
000338.SZ	潍柴动力	大盘股	汽车	0.29
600741.SH	华域汽车	大盘股	汽车	0.29
601985.SH	中国核电	大盘股	公用事业	0.29
601009.SH	南京银行	大盘股	银行	0.28
600346.SH	恒力石化	大盘股	化工	0.28
601939.SH	建设银行	大盘股	银行	0.28
601155.SH	新城控股	大盘股	房地产	0.27
603993.SH	洛阳钼业	大盘股	有色金属	0.27
002230.SZ	科大讯飞	大盘股	计算机	0.27
600588.SH	用友网络	大盘股	计算机	0.27
000895.SZ	双汇发展	大盘股	食品饮料	0.26
601669.SH	中国电建	大盘股	建筑装饰	0.26
300760.SZ	迈瑞医疗	大盘股	医药生物	0.25
600029.SH	南方航空	大盘股	交通运输	0.25
600436.SH	片仔癀	大盘股	医药生物	0.25
600958.SH	东方证券	大盘股	非银金融	0.24
300122.SZ	智飞生物	大盘股	医药生物	0.24
601899.SH	紫金矿业	大盘股	有色金属	0.24
000069.SZ	华侨城 A	大盘股	房地产	0.24
601901.SH	方正证券	大盘股	非银金融	0.24
600809.SH	山西汾酒	大盘股	食品饮料	0.24

（续）

证券代码	证券简称	类别	行业	权重（%）
600115.SH	东方航空	大盘股	交通运输	0.23
600383.SH	金地集团	大盘股	房地产	0.23
600606.SH	绿地控股	大盘股	房地产	0.23
600018.SH	上港集团	大盘股	交通运输	0.23
000661.SZ	长春高新	中盘股	医药生物	0.22
600886.SH	国投电力	大盘股	公用事业	0.22
600332.SH	白云山	大盘股	医药生物	0.22
002736.SZ	国信证券	大盘股	非银金融	0.22
601618.SH	中国中冶	大盘股	建筑装饰	0.21
600570.SH	恒生电子	大盘股	计算机	0.21
600893.SH	航发动力	大盘股	国防军工	0.21
600196.SH	复星医药	大盘股	医药生物	0.21
600438.SH	通威股份	大盘股	电气设备	0.21
300750.SZ	宁德时代	大盘股	电气设备	0.21
600352.SH	浙江龙盛	大盘股	化工	0.20
601877.SH	正泰电器	大盘股	电气设备	0.20
000963.SZ	华东医药	大盘股	医药生物	0.20
601600.SH	中国铝业	大盘股	有色金属	0.20
600061.SH	国投资本	大盘股	非银金融	0.20
601138.SH	工业富联	大盘股	电子	0.19
600795.SH	国电电力	大盘股	公用事业	0.19
300033.SZ	同花顺	大盘股	计算机	0.19
002157.SZ	正邦科技	中盘股	农林牧渔	0.19
002493.SZ	荣盛石化	大盘股	化工	0.19
002120.SZ	韵达股份	大盘股	交通运输	0.19
600705.SH	中航资本	大盘股	非银金融	0.19
000596.SZ	古井贡酒	中盘股	食品饮料	0.18
000100.SZ	TCL 集团	大盘股	电子	0.18
002311.SZ	海大集团	中盘股	农林牧渔	0.18
601788.SH	光大证券	大盘股	非银金融	0.18
300003.SZ	乐普医疗	大盘股	医药生物	0.18
600660.SH	福耀玻璃	大盘股	汽车	0.18
000768.SZ	中航飞机	大盘股	国防军工	0.18
601377.SH	兴业证券	大盘股	非银金融	0.17
002007.SZ	华兰生物	中盘股	医药生物	0.17

（续）

证券代码	证券简称	类别	行业	权重（%）
002001.SZ	新和成	中盘股	医药生物	0.17
600111.SH	北方稀土	大盘股	有色金属	0.17
000783.SZ	长江证券	大盘股	非银金融	0.17
002422.SZ	科伦药业	大盘股	医药生物	0.17
002236.SZ	大华股份	大盘股	电子	0.17
601727.SH	上海电气	大盘股	电气设备	0.17
300142.SZ	沃森生物	大盘股	医药生物	0.17
600703.SH	三安光电	大盘股	电子	0.17
002202.SZ	金风科技	大盘股	电气设备	0.17
600926.SH	杭州银行	大盘股	银行	0.17
600271.SH	航天信息	大盘股	计算机	0.16
601108.SH	财通证券	大盘股	非银金融	0.16
600482.SH	中国动力	大盘股	国防军工	0.16
002044.SZ	美年健康	大盘股	医药生物	0.16
600674.SH	川投能源	大盘股	公用事业	0.16
600085.SH	同仁堂	大盘股	医药生物	0.16
002146.SZ	荣盛发展	大盘股	房地产	0.16
000157.SZ	中联重科	大盘股	机械设备	0.16
601021.SH	春秋航空	大盘股	交通运输	0.16
002352.SZ	顺丰控股	大盘股	交通运输	0.16
300124.SZ	汇川技术	大盘股	电气设备	0.15
300347.SZ	泰格医药	大盘股	医药生物	0.15
000425.SZ	徐工机械	大盘股	机械设备	0.15
300601.SZ	康泰生物	大盘股	医药生物	0.15
002032.SZ	苏泊尔	中盘股	家用电器	0.15
601018.SH	宁波港	大盘股	交通运输	0.15
603589.SH	口子窖	中盘股	食品饮料	0.15
000703.SZ	恒逸石化	大盘股	化工	0.15
002410.SZ	广联达	中盘股	计算机	0.14
603899.SH	晨光文具	中盘股	轻工制造	0.14
002179.SZ	中航光电	中盘股	国防军工	0.14
002916.SZ	深南电路	中盘股	电子	0.14
601111.SH	中国国航	大盘股	交通运输	0.14
300144.SZ	宋城演艺	大盘股	休闲服务	0.14
300408.SZ	三环集团	大盘股	电子	0.14

（续）

证券代码	证券简称	类别	行业	权重（%）
600004.SH	白云机场	中盘股	交通运输	0.14
603369.SH	今世缘	中盘股	食品饮料	0.14
000656.SZ	金科股份	大盘股	房地产	0.14
002673.SZ	西部证券	大盘股	非银金融	0.14
600297.SH	广汇汽车	大盘股	汽车	0.14
600637.SH	东方明珠	大盘股	传媒	0.14
000860.SZ	顺鑫农业	中盘股	食品饮料	0.13
601998.SH	中信银行	大盘股	银行	0.13
002271.SZ	东方雨虹	中盘股	建筑材料	0.13
601607.SH	上海医药	大盘股	医药生物	0.13
600170.SH	上海建工	大盘股	建筑装饰	0.13
600600.SH	青岛啤酒	大盘股	食品饮料	0.13
002506.SZ	协鑫集成	中盘股	电气设备	0.13
002241.SZ	歌尔股份	大盘股	电子	0.13
601198.SH	东兴证券	大盘股	非银金融	0.13
600489.SH	中金黄金	大盘股	有色金属	0.13
600176.SH	中国巨石	中盘股	化工	0.13
601838.SH	成都银行	大盘股	银行	0.13
601919.SH	中远海控	大盘股	交通运输	0.13
600872.SH	中炬高新	中盘股	食品饮料	0.12
000961.SZ	中南建设	中盘股	房地产	0.12
600498.SH	烽火通信	中盘股	通信	0.12
600362.SH	江西铜业	大盘股	有色金属	0.12
600516.SH	方大炭素	大盘股	有色金属	0.12
603019.SH	中科曙光	中盘股	计算机	0.12
000728.SZ	国元证券	大盘股	非银金融	0.12
600183.SH	生益科技	中盘股	电子	0.12
000627.SZ	天茂集团	大盘股	非银金融	0.12
300450.SZ	先导智能	大盘股	机械设备	0.12
601555.SH	东吴证券	大盘股	非银金融	0.12
002050.SZ	三花智控	中盘股	家用电器	0.12
600487.SH	亨通光电	大盘股	通信	0.12
600867.SH	通化东宝	大盘股	医药生物	0.12
601800.SH	中国交建	大盘股	建筑装饰	0.12
002371.SZ	北方华创	中盘股	电子	0.12

（续）

证券代码	证券简称	类别	行业	权重（%）
601992.SH	金隅集团	大盘股	建筑材料	0.12
300014.SZ	亿纬锂能	中盘股	电子	0.12
600011.SH	华能国际	大盘股	公用事业	0.12
603833.SH	欧派家居	大盘股	轻工制造	0.12
000050.SZ	深天马 A	大盘股	电子	0.12
000786.SZ	北新建材	中盘股	建筑材料	0.12
600688.SH	上海石化	大盘股	化工	0.12
000709.SZ	河钢股份	大盘股	钢铁	0.12
600895.SH	张江高科	大盘股	房地产	0.12
601117.SH	中国化学	大盘股	建筑装饰	0.12
600066.SH	宇通客车	大盘股	汽车	0.12
002153.SZ	石基信息	大盘股	计算机	0.12
002466.SZ	天齐锂业	大盘股	有色金属	0.12
600109.SH	国金证券	大盘股	非银金融	0.11
000999.SZ	华润三九	大盘股	医药生物	0.11
002601.SZ	龙蟒佰利	中盘股	化工	0.11
600642.SH	申能股份	大盘股	公用事业	0.11
600369.SH	西南证券	大盘股	非银金融	0.11
000975.SZ	银泰资源	中盘股	有色金属	0.11
000625.SZ	长安汽车	大盘股	汽车	0.11
002405.SZ	四维图新	中盘股	计算机	0.11
601997.SH	贵阳银行	大盘股	银行	0.11
600068.SH	葛洲坝	大盘股	建筑装饰	0.11
300383.SZ	光环新网	中盘股	通信	0.11
601216.SH	君正集团	大盘股	化工	0.11
002299.SZ	圣农发展	中盘股	农林牧渔	0.11
000671.SZ	阳光城	中盘股	房地产	0.11
600875.SH	东方电气	大盘股	电气设备	0.11
000938.SZ	紫光股份	大盘股	计算机	0.11
002600.SZ	领益智造	中盘股	电子	0.11
600760.SH	中航沈飞	大盘股	国防军工	0.11
603986.SH	兆易创新	中盘股	电子	0.11
000977.SZ	浪潮信息	中盘股	计算机	0.11
000066.SZ	中国长城	中盘股	计算机	0.11
601360.SH	三六零	大盘股	计算机	0.11

（续）

证券代码	证券简称	类别	行业	权重（%）
002081.SZ	金螳螂	大盘股	建筑装饰	0.11
300628.SZ	亿联网络	中盘股	通信	0.11
600801.SH	华新水泥	中盘股	建筑材料	0.11
600118.SH	中国卫星	大盘股	国防军工	0.11
600522.SH	中天科技	中盘股	通信	0.11
002555.SZ	三七互娱	大盘股	传媒	0.11
601100.SH	恒立液压	中盘股	机械设备	0.11
000413.SZ	东旭光电	大盘股	电子	0.11
002129.SZ	中环股份	中盘股	电气设备	0.11
002049.SZ	紫光国微	中盘股	电子	0.11
002926.SZ	华西证券	大盘股	非银金融	0.11
600219.SH	南山铝业	中盘股	有色金属	0.10
300413.SZ	芒果超媒	大盘股	传媒	0.10
600655.SH	豫园股份	中盘股	商业贸易	0.10
601238.SH	广汽集团	大盘股	汽车	0.10
600208.SH	新湖中宝	大盘股	房地产	0.10
600816.SH	安信信托	大盘股	非银金融	0.10
600566.SH	济川药业	中盘股	医药生物	0.10
600089.SH	特变电工	大盘股	电气设备	0.10
002372.SZ	伟星新材	中盘股	建筑材料	0.10
300017.SZ	网宿科技	大盘股	通信	0.10
002353.SZ	杰瑞股份	中盘股	机械设备	0.10
300529.SZ	健帆生物	中盘股	医药生物	0.10
600027.SH	华电国际	大盘股	公用事业	0.10
300676.SZ	华大基因	中盘股	医药生物	0.10
600535.SH	天士力	大盘股	医药生物	0.10
601872.SH	招商轮船	中盘股	交通运输	0.10
002460.SZ	赣锋锂业	大盘股	有色金属	0.10
002010.SZ	传化智联	大盘股	交通运输	0.10
601099.SH	太平洋	中盘股	非银金融	0.10
600188.SH	兖州煤业	大盘股	采掘	0.10
600398.SH	海澜之家	大盘股	纺织服装	0.10
601878.SH	浙商证券	中盘股	非银金融	0.10
600536.SH	中国软件	中盘股	计算机	0.10
600153.SH	建发股份	大盘股	交通运输	0.10

（续）

证券代码	证券简称	类别	行业	权重（%）
002013.SZ	中航机电	中盘股	国防军工	0.10
002127.SZ	南极电商	中盘股	商业贸易	0.10
000630.SZ	铜陵有色	大盘股	有色金属	0.10
600038.SH	中直股份	中盘股	国防军工	0.10
000401.SZ	冀东水泥	中盘股	建筑材料	0.10
600161.SH	天坛生物	中盘股	医药生物	0.10
002439.SZ	启明星辰	中盘股	计算机	0.10
601233.SH	桐昆股份	中盘股	化工	0.10
002500.SZ	山西证券	大盘股	非银金融	0.10
002508.SZ	老板电器	大盘股	家用电器	0.10
002180.SZ	纳思达	大盘股	计算机	0.10
600779.SH	水井坊	中盘股	食品饮料	0.10
600845.SH	宝信软件	中盘股	计算机	0.10
002373.SZ	千方科技	中盘股	计算机	0.10
002558.SZ	巨人网络	大盘股	传媒	0.10
600256.SH	广汇能源	大盘股	化工	0.10
600909.SH	华安证券	大盘股	非银金融	0.09
600528.SH	中铁工业	中盘股	机械设备	0.09
300024.SZ	机器人	中盘股	机械设备	0.09
603885.SH	吉祥航空	中盘股	交通运输	0.09
601699.SH	潞安环能	大盘股	采掘	0.09
600426.SH	华鲁恒升	中盘股	化工	0.09
600583.SH	海油工程	大盘股	采掘	0.09
600704.SH	物产中大	中盘股	交通运输	0.09
600298.SH	安琪酵母	中盘股	农林牧渔	0.09
002385.SZ	大北农	大盘股	农林牧渔	0.09
002223.SZ	鱼跃医疗	中盘股	医药生物	0.09
603858.SH	步长制药	大盘股	医药生物	0.09
000402.SZ	金融街	大盘股	房地产	0.09
600673.SH	东阳光	中盘股	医药生物	0.09
300136.SZ	信维通信	中盘股	电子	0.09
002384.SZ	东山精密	大盘股	电子	0.09
603799.SH	华友钴业	大盘股	有色金属	0.09
600998.SH	九州通	大盘股	医药生物	0.09
000750.SZ	国海证券	中盘股	非银金融	0.09

（续）

证券代码	证券简称	类别	行业	权重（%）
600021.SH	上海电力	中盘股	公用事业	0.09
600160.SH	巨化股份	中盘股	化工	0.09
000031.SZ	大悦城	中盘股	房地产	0.09
300251.SZ	光线传媒	中盘股	传媒	0.09
600415.SH	小商品城	大盘股	商业贸易	0.09
300253.SZ	卫宁健康	中盘股	计算机	0.09
002507.SZ	涪陵榨菜	中盘股	食品饮料	0.09
002195.SZ	二三四五	大盘股	计算机	0.09
600977.SH	中国电影	大盘股	传媒	0.09
002797.SZ	第一创业	大盘股	非银金融	0.09
600372.SH	中航电子	大盘股	国防军工	0.09
601966.SH	玲珑轮胎	大盘股	化工	0.09
000423.SZ	东阿阿胶	大盘股	医药生物	0.09
601098.SH	中南传媒	大盘股	传媒	0.09
601866.SH	中远海发	大盘股	交通运输	0.09
002456.SZ	欧菲光	大盘股	电子	0.09
300433.SZ	蓝思科技	大盘股	电子	0.08
000686.SZ	东北证券	中盘股	非银金融	0.08
002465.SZ	海格通信	大盘股	国防军工	0.08
002110.SZ	三钢闽光	中盘股	钢铁	0.08
600739.SH	辽宁成大	大盘股	医药生物	0.08
601799.SH	星宇股份	中盘股	汽车	0.08
600376.SH	首开股份	中盘股	房地产	0.08
601598.SH	中国外运	中盘股	交通运输	0.08
002065.SZ	东华软件	大盘股	计算机	0.08
002812.SZ	恩捷股份	中盘股	化工	0.08
600675.SH	中华企业	中盘股	房地产	0.08
600699.SH	均胜电子	中盘股	汽车	0.08
600315.SH	上海家化	中盘股	化工	0.08
002399.SZ	海普瑞	中盘股	医药生物	0.08
002624.SZ	完美世界	大盘股	传媒	0.08
300070.SZ	碧水源	中盘股	公用事业	0.08
002268.SZ	卫士通	中盘股	计算机	0.08
000027.SZ	深圳能源	大盘股	公用事业	0.08
600521.SH	华海药业	中盘股	医药生物	0.08

（续）

证券代码	证券简称	类别	行业	权重（%）
600460.SH	士兰微	中盘股	电子	0.08
600584.SH	长电科技	中盘股	电子	0.08
002340.SZ	格林美	中盘股	有色金属	0.08
600820.SH	隧道股份	大盘股	建筑装饰	0.08
002294.SZ	信立泰	大盘股	医药生物	0.08
000932.SZ	华菱钢铁	中盘股	钢铁	0.08
000623.SZ	吉林敖东	中盘股	医药生物	0.08
000898.SZ	鞍钢股份	大盘股	钢铁	0.08
000983.SZ	西山煤电	大盘股	采掘	0.08
600549.SH	厦门钨业	中盘股	有色金属	0.08
600598.SH	北大荒	中盘股	农林牧渔	0.07
002563.SZ	森马服饰	大盘股	纺织服装	0.07
600466.SH	蓝光发展	中盘股	房地产	0.07
000046.SZ	泛海控股	大盘股	房地产	0.07
601958.SH	金钼股份	大盘股	有色金属	0.07
002124.SZ	天邦股份	中盘股	农林牧渔	0.07
600967.SH	内蒙一机	中盘股	国防军工	0.07
000883.SZ	湖北能源	大盘股	公用事业	0.07
000998.SZ	隆平高科	中盘股	农林牧渔	0.07
300072.SZ	三聚环保	中盘股	化工	0.07
600392.SH	盛和资源	中盘股	有色金属	0.07
002773.SZ	康弘药业	中盘股	医药生物	0.07
601333.SH	广深铁路	大盘股	交通运输	0.07
000729.SZ	燕京啤酒	中盘股	食品饮料	0.07
600808.SH	马钢股份	大盘股	钢铁	0.07
600885.SH	宏发股份	中盘股	电气设备	0.07
000960.SZ	锡业股份	中盘股	有色金属	0.07
300296.SZ	利亚德	中盘股	电子	0.07
600511.SH	国药股份	中盘股	医药生物	0.07
600863.SH	内蒙华电	中盘股	公用事业	0.07
000732.SZ	泰禾集团	中盘股	房地产	0.07
002078.SZ	太阳纸业	中盘股	轻工制造	0.07
600446.SH	金证股份	中盘股	计算机	0.07
000778.SZ	新兴铸管	中盘股	钢铁	0.07
600026.SH	中远海能	中盘股	交通运输	0.07

（续）

证券代码	证券简称	类别	行业	权重（%）
603883.SH	老百姓	中盘股	医药生物	0.07
000997.SZ	新大陆	中盘股	计算机	0.07
603077.SH	和邦生物	中盘股	化工	0.07
600373.SH	中文传媒	大盘股	传媒	0.07
600572.SH	康恩贝	中盘股	医药生物	0.07
600201.SH	生物股份	中盘股	农林牧渔	0.07
600380.SH	健康元	中盘股	医药生物	0.07
600879.SH	航天电子	中盘股	国防军工	0.07
002572.SZ	索菲亚	中盘股	轻工制造	0.07
000738.SZ	航发控制	中盘股	国防军工	0.07
000559.SZ	万向钱潮	大盘股	汽车	0.06
002092.SZ	中泰化学	中盘股	化工	0.06
600258.SH	首旅酒店	中盘股	休闲服务	0.06
600486.SH	扬农化工	中盘股	化工	0.06
002217.SZ	合力泰	中盘股	电子	0.06
601880.SH	大连港	中盘股	交通运输	0.06
002583.SZ	海能达	中盘股	通信	0.06
000513.SZ	丽珠集团	中盘股	医药生物	0.06
000830.SZ	鲁西化工	中盘股	化工	0.06
000060.SZ	中金岭南	大盘股	有色金属	0.06
000039.SZ	中集集团	大盘股	机械设备	0.06
601000.SH	唐山港	中盘股	交通运输	0.06
600648.SH	外高桥	中盘股	房地产	0.06
000028.SZ	国药一致	中盘股	医药生物	0.06
600500.SH	中化国际	中盘股	化工	0.06
600273.SH	嘉化能源	中盘股	化工	0.06
002152.SZ	广电运通	中盘股	计算机	0.06
000581.SZ	威孚高科	大盘股	汽车	0.06
002085.SZ	万丰奥威	中盘股	汽车	0.06
600782.SH	新钢股份	中盘股	钢铁	0.06
600567.SH	山鹰纸业	中盘股	轻工制造	0.06
000839.SZ	中信国安	大盘股	综合	0.06
000826.SZ	启迪环境	大盘股	公用事业	0.06
600643.SH	爱建集团	中盘股	非银金融	0.06
600282.SH	南钢股份	中盘股	钢铁	0.06

（续）

证券代码	证券简称	类别	行业	权重（%）
000503.SZ	国新健康	中盘股	医药生物	0.06
600056.SH	中国医药	中盘股	医药生物	0.06
601168.SH	西部矿业	中盘股	有色金属	0.06
002074.SZ	国轩高科	中盘股	电气设备	0.06
002038.SZ	双鹭药业	中盘股	医药生物	0.06
002019.SZ	亿帆医药	中盘股	医药生物	0.06
600582.SH	天地科技	中盘股	机械设备	0.05
600777.SH	新潮能源	中盘股	采掘	0.05
002603.SZ	以岭药业	中盘股	医药生物	0.05
600062.SH	华润双鹤	中盘股	医药生物	0.05
000598.SZ	兴蓉环境	中盘股	公用事业	0.05
600277.SH	亿利洁能	中盘股	化工	0.05
002174.SZ	游族网络	中盘股	传媒	0.05
000937.SZ	冀中能源	中盘股	采掘	0.05
600348.SH	阳泉煤业	中盘股	采掘	0.05
000681.SZ	视觉中国	中盘股	传媒	0.05
600260.SH	凯乐科技	中盘股	通信	0.05
000990.SZ	诚志股份	中盘股	化工	0.05
600835.SH	上海机电	中盘股	机械设备	0.05
002424.SZ	贵州百灵	中盘股	医药生物	0.05
600884.SH	杉杉股份	中盘股	电子	0.05
002745.SZ	木林森	中盘股	电子	0.05
600754.SH	锦江酒店	中盘股	休闲服务	0.05
002640.SZ	跨境通	中盘股	商业贸易	0.05
600717.SH	天津港	中盘股	交通运输	0.05
600787.SH	中储股份	中盘股	交通运输	0.05
600409.SH	三友化工	中盘股	化工	0.05
000887.SZ	中鼎股份	中盘股	汽车	0.05
600291.SH	西水股份	中盘股	非银金融	0.04

资料来源：MSCI（2019 年 7 月 18 日成分股市值模拟），兴业证券经济与金融研究院整理。

　　富时罗素是全球知名的指数公司，整体跟踪富时罗素的产品规模达到 16 万亿美元，其中跟踪全球类股票组合的指数规模为 1.7 万亿美元。

　　2018 年 9 月 27 日（北京时间），富时罗素宣布将 A 股纳入其 GEIS 体系，第一阶段 A 股纳入因子为 25%，25% 的纳入因子分为三步走：2019 年 6 月为

20%，2019 年 9 月为 40%，剩余 40% 在 2020 年 3 月实施完毕，也就是说 3 个
时间点的纳入因子将分别达到 5%、15% 和 25%（见表 2-3）。此次富时罗素纳入
A 股的指数为 FTSE China A Stock Connect All Cap Index。截至 2019 年 9 月 30
日，FTSE China A Stock Connect All Cap Index 成分股共 1082 只，其中大盘股
302 只、中盘股 414 只、小盘股 366 只。根据 ICB 行业分类，工业商品和服务、
银行、食品饮料等行业权重排名靠前。

表 2-3　富时罗素纳入 A 股阶段一分为三步走

阶段一	第一步	第二步	第三步
生效日期	2019 年 6 月 24 日	2019 年 9 月 23 日	2020 年 3 月 23 日
纳入因子（%）	5	15	25
A 股个股可投资比例（%）	1.5	4.5	7.5
吸引资金流入（亿美元）	24	48	48

资料来源：富时罗素，兴业证券经济与金融研究院整理。

另一全球指数公司——标普道琼斯指数也在 2018 年底向 A 股抛来橄榄枝，
并最终于 2019 年 9 月决定将 1099 只中国 A 股股票以 25% 的纳入因子正式纳入标
普新兴市场全球基准指数（S&P Emerging BMI），该决定于 2019 年 9 月 23 日开盘
时生效。这 1099 只 A 股股票中包含 147 只大盘股、251 只中盘股、701 只小盘股。
将它们以 25% 的纳入因子纳入之后，预计 A 股在标普新兴市场全球基准指数中所
占权重为 6%，A 股、H 股和海外上市中概股占该指数权重为 37%（见图 2-5）。

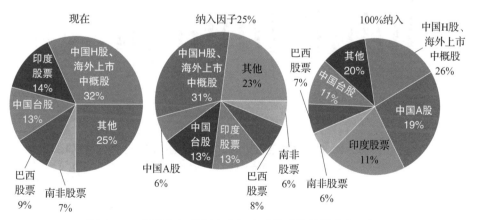

图 2-5　A 股纳入标普新兴市场全球基准指数的进程及权重

资料来源：标普道琼斯指数。

2.2.2　外资买的是各行各业的核心资产，不拘泥于某些行业 或市值规模

外资配置的方向广泛，不仅限于金融、消费或指数成分股。从陆股通持股占比居前 100 的标的的行业分布可以看出，家电、食品饮料、医药行业的个股数虽然居前，但每个行业也仅有 10 只左右的个股入选，并不占据绝对优势（见图 2-6）。从行业层面来看，外资持股比例居前的标的所处行业从传统周期行业的建材到新兴行业的计算机、电子，从制造业的机械到服务业的餐饮、旅游都有。从个股层面来看，陆股通持股占比居前 100 的标的中也绝不都是大市值公司，还包含了很多像恒立液压、广联达、顾家家居、福耀玻璃等多个中等市值规模的细分行业的龙头企业（见表 2-4）。因此，我们认为外资的配置方向不仅仅局限于金融、消费品行业，也不仅仅局限于大盘股，各个行业的细分龙头企业都有望获得外资的持续青睐。

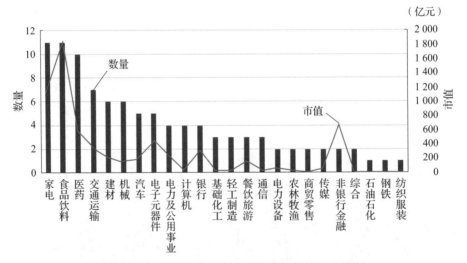

图 2-6　陆股通持股占比前 100 的标的的行业分布

资料来源：Wind，兴业证券经济与金融研究院整理，数据截至 2019 年 3 月 15 日。

表 2-4　陆股通持股占比前 100 的标的

证券代码	证券简称	上市板块	中信一级行业	陆股通持股占比（%）	证券代码	证券简称	上市板块	中信一级行业	陆股通持股占比（%）
600009.SH	上海机场	主板	交通运输	30.16	603585.SH	苏利股份	主板	基础化工	6.71
603816.SH	顾家家居	主板	轻工制造	23.15	000860.SZ	顺鑫农业	主板	食品饮料	6.91
002008.SZ	大族激光	中小板	电子元器件	18.50	300124.SZ	汇川技术	创业板	机械	6.69
601901.SH	方正证券	主板	非银行金融	16.76	000338.SZ	潍柴动力	主板	汽车	6.54
603515.SH	欧普照明	主板	家电	16.81	600138.SH	中青旅	主板	餐饮旅游	6.25
000333.SZ	美的集团	主板	家电	16.28	000423.SZ	东阿阿胶	主板	医药	6.27
300012.SZ	华测检测	创业板	电力及公用事业	15.95	600808.SH	马钢股份	主板	钢铁	6.66
600887.SH	伊利股份	主板	食品饮料	14.69	002463.SZ	沪电股份	中小板	电子元器件	6.01
300203.SZ	聚光科技	创业板	电力及公用事业	14.77	000789.SZ	万年青	主板	建材	6.52
600066.SH	宇通客车	主板	汽车	13.97	600176.SH	中国巨石	主板	建材	6.01
600276.SH	恒瑞医药	主板	医药	13.38	603737.SH	三棵树	主板	基础化工	5.91
601888.SH	中国国旅	主板	餐饮旅游	12.45	601939.SH	建设银行	主板	银行	5.72
000651.SZ	格力电器	主板	家电	12.18	002268.SZ	卫士通	中小板	计算机	5.55
600660.SH	福耀玻璃	主板	汽车	12.34	600801.SH	华新水泥	主板	建材	7.19
600258.SH	首旅酒店	主板	餐饮旅游	11.65	603288.SH	海天味业	主板	食品饮料	5.55
002508.SZ	老板电器	中小板	家电	11.79	002475.SZ	立讯精密	中小板	电子元器件	5.56
600885.SH	宏发股份	主板	电力设备	11.31	002032.SZ	苏泊尔	中小板	家电	5.40
000858.SZ	五粮液	主板	食品饮料	10.76	601100.SH	恒立液压	主板	机械	5.30

（续）

证券代码	证券简称	上市板块	中信一级行业	陆股通持股占比（%）	证券代码	证券简称	上市板块	中信一级行业	陆股通持股占比（%）
600690.SH	青岛海尔	主板	家电	10.33	600729.SH	重庆百货	主板	商贸零售	5.54
600900.SH	长江电力	主板	电力及公用事业	10.44	600668.SH	尖峰集团	主板	综合	5.32
000418.SZ	小天鹅A	主板	家电	10.10	000726.SZ	鲁泰A	主板	纺织服装	5.30
600298.SH	安琪酵母	主板	食品饮料	9.73	000921.SZ	海信家电	中小板	家电	5.54
600779.SH	水井坊	主板	食品饮料	9.57	002027.SZ	分众传媒	主板	传媒	5.25
600519.SH	贵州茅台	主板	食品饮料	9.55	000848.SZ	承德露露	主板	食品饮料	5.11
600201.SH	生物股份	主板	农林牧渔	9.42	601006.SH	大秦铁路	主板	交通运输	4.85
002415.SZ	海康威视	中小板	电子元器件	9.27	300136.SZ	信维通信	创业板	通信	4.74
600585.SH	海螺水泥	主板	建材	9.93	603868.SH	飞科电器	主板	家电	4.54
600323.SH	瀚蓝环境	主板	电力及公用事业	9.19	600125.SH	铁龙物流	主板	交通运输	4.07
600004.SH	白云机场	主板	交通运输	8.96	603658.SH	安图生物	主板	医药	4.53
600031.SH	三一重工	主板	机械	8.60	601229.SH	上海银行	主板	银行	4.37
000089.SZ	深圳机场	主板	交通运输	8.26	002410.SZ	广联达	中小板	计算机	4.37
002507.SZ	涪陵榨菜	中小板	食品饮料	8.54	603660.SH	苏州科达	主板	计算机	4.43
600859.SH	王府井	主板	商贸零售	8.21	603228.SH	景旺电子	主板	电子元器件	4.36
000581.SZ	威孚高科	主板	汽车	8.07	600309.SH	万华化学	主板	基础化工	4.30
000999.SZ	华润三九	主板	医药	7.99	000157.SZ	中联重科	主板	机械	4.17
002353.SZ	杰瑞股份	中小板	机械	8.36	002271.SZ	东方雨虹	中小板	建材	4.05

代码	名称	板块	行业	值	代码	名称	板块	行业	值
603833.SH	欧派家居	主板	轻工制造	8.00	002439.SZ	启明星辰	中小板	计算机	4.02
300347.SZ	泰格医药	创业板	医药	7.66	600787.SH	中储股份	主板	交通运输	3.99
002572.SZ	索菲亚	中小板	轻工制造	7.82	000568.SZ	泸州老窖	主板	食品饮料	3.90
600867.SH	通化东宝	主板	医药	7.70	000786.SZ	北新建材	主板	建材	3.98
002304.SZ	洋河股份	中小板	食品饮料	7.40	603060.SH	国检集团	主板	综合	3.67
000538.SZ	云南白药	主板	医药	7.54	600535.SH	天士力	主板	医药	4.04
002050.SZ	三花智控	中小板	家电	7.43	002583.SZ	海能达	中小板	通信	3.80
601318.SH	中国平安	主板	非银行金融	7.15	002614.SZ	奥佳华	中小板	家电	4.03
601098.SH	中南传媒	主板	传媒	7.35	600583.SH	海油工程	主板	石油石化	3.92
300015.SZ	爱尔眼科	创业板	医药	7.31	600036.SH	招商银行	主板	银行	3.87
600406.SH	国电南瑞	主板	电力设备	7.32	600926.SH	杭州银行	主板	银行	3.90
600029.SH	南方航空	主板	交通运输	7.24	002396.SZ	星网锐捷	中小板	通信	3.95
600741.SH	华域汽车	主板	汽车	7.24	603337.SH	杰克股份	主板	机械	3.67
603939.SH	益丰药房	主板	医药	7.08	002311.SZ	海大集团	中小板	农林牧渔	3.80

资料来源：Wind，兴业证券经济与金融研究院整理，数据截至 2019 年 3 月 15 日。黑体字部分为非金融行业的部分龙头企业。

2.2.3 外资在市场低位建仓，更像是在"定投中国"

外资也会考虑择时，而不是在任何时点都买入。目前市场上存在一部分对外资的误解，认为外资作为价值投资者，在配置核心资产时会"持续买入、长期持有"。这与实际情况是不符的。以家电和建筑行业为例，我们观察到当行业指数比较低迷，或者从高位回落时，往往外资净流入规模比较大并且能够持续。当行业指数持续上涨时，外资的净流入速度则有放缓迹象，甚至会出现净流出。如果我们进一步将外资大规模净流入和净流出的时点与公募基金加减仓的时点进行对应，还会发现外资是在与国内公募互作交易对手盘的感觉。因此，从这个角度来看，外资并不是任何时点都在单边买入，而是更偏好在市场比较低迷的时候加大配置力度，像是在"定投中国"一般。

2.2.4 外资持仓市值排名前 50 的标的汇总

外资持仓市值排名前 50 的标的如表 2-5 所示。

表 2-5 外资持仓市值排名前 50 的标的

证券代码	证券简称	行业	QFII 持股金额（亿元）	陆股通持股金额（亿元）	外资合计持股金额（亿元）	外资持股占比（%）
600519.SH	贵州茅台	食品饮料	67.94	1 044.0	1 111.9	25.1
601318.SH	中国平安	非银金融	—	715.1	715.1	8.2
000333.SZ	美的集团	家用电器	121.01	502.3	623.3	26.2
600276.SH	恒瑞医药	医药生物	48.64	354.0	402.6	22.9
000651.SZ	格力电器	家用电器	23.87	346.5	370.4	15.5
000858.SZ	五粮液	食品饮料	14.81	329.7	344.5	17.5
600036.SH	招商银行	银行	—	301.3	301.3	6.7
600009.SH	上海机场	交通运输	40.78	239.4	280.2	37.1
600887.SH	伊利股份	食品饮料	—	265.7	265.7	14.4
601888.SH	中国国旅	休闲服务	35.30	213.1	248.4	30.7
600900.SH	长江电力	公用事业	—	215.2	215.2	14.3
601688.SH	华泰证券	非银金融	184.17	19.2	203.4	21.7
002142.SZ	宁波银行	银行	182.18	20.3	202.5	38.5
600585.SH	海螺水泥	建筑材料	21.07	173.5	194.5	22.6
002415.SZ	海康威视	电子	—	185.3	185.3	20.7

（续）

证券代码	证券简称	行业	QFII 持股金额（亿元）	陆股通持股金额（亿元）	外资合计持股金额（亿元）	外资持股占比（%）
601169.SH	北京银行	银行	147.13	24.5	171.6	25.5
603288.SH	海天味业	食品饮料	—	161.2	161.2	22.6
600690.SH	海尔智家	家用电器	35.05	112.2	147.2	24.2
002304.SZ	洋河股份	食品饮料	9.77	130.1	139.9	22.4
601009.SH	南京银行	银行	104.20	28.3	132.5	29.9
601901.SH	方正证券	非银金融	—	101.2	101.2	35.4
000001.SZ	平安银行	银行	—	98.0	98.0	9.3
600104.SH	上汽集团	汽车	—	95.2	95.2	11.3
601166.SH	兴业银行	银行	—	92.8	92.8	3.4
300015.SZ	爱尔眼科	医药生物	22.17	68.0	90.1	25.5
000538.SZ	云南白药	医药生物	5.62	76.3	81.9	24.1
002008.SZ	大族激光	电子	18.29	60.5	78.8	28.4
300347.SZ	泰格医药	医药生物	13.87	64.4	78.2	32.3
000002.SZ	万科 A	房地产		76.3	76.3	4.9
600031.SH	三一重工	机械设备	—	74.8	74.8	10.3
601006.SH	大秦铁路	交通运输	—	70.9	70.9	15.6
601668.SH	中国建筑	建筑装饰	14.77	45.8	60.6	6.0
601398.SH	工商银行	银行		60.3	60.3	4.8
600000.SH	浦发银行	银行		51.5	51.5	2.9
002027.SZ	分众传媒	传媒		51.4	51.4	9.5
600030.SH	中信证券	非银金融		51.4	51.4	2.8
002475.SZ	立讯精密	电子		49.0	49.0	8.8
600660.SH	福耀玻璃	汽车	—	45.9	45.9	15.7
600019.SH	宝钢股份	钢铁	12.40	33.4	45.8	9.0
000338.SZ	潍柴动力	汽车		44.4	44.4	8.7
600741.SH	华域汽车	汽车		44.3	44.3	15.6
002032.SZ	苏泊尔	家用电器	11.06	32.6	43.6	38.5
600406.SH	国电南瑞	电气设备	—	42.9	42.9	11.9
601328.SH	交通银行	银行		41.0	41.0	2.8
601012.SH	隆基股份	电气设备	—	40.3	40.3	7.4
600028.SH	中国石化	化工		39.2	39.2	5.6
600029.SH	南方航空	交通运输		38.4	38.4	16.7
601939.SH	建设银行	银行		38.1	38.1	5.7
600066.SH	宇通客车	汽车	5.10	32.5	37.6	22.2

资料来源：Wind，兴业证券经济与金融研究院整理，数据截至 2019 年 6 月 30 日。

第 3 章

全球资产荒，抓紧抢资产

3.1 金融开放带来长牛，好资产却"肥水外流"

中国正迎来新一轮的金融大开放。无论是李克强总理提出的将中国金融开放提前到 2020 年，还是刘鹤副总理、银保监会主席郭树清提出的金融开放 11 条等，都明确了这一方向。兴业证券策略团队 2019 年中期策略报告《开放的红利》前瞻性地把握了这一大趋势，引领了全市场未来研究的方向。要深刻理解金融开放，这是四十年来增长动力的再一次变迁。改革开放 40 年，其中前 20 年主要的制度红利来自改革，从 1978 年农村改革到 1998 年城市国企改革，驱动了经济快速增长，近 20 年主要的红利来自开放，尤其是 2001 年加入 WTO，外向型经济确立，出口驱动经济再次腾飞，中国超过英国和日本，成为世界第二大经济体。随着红利逐步释放，中美贸易摩擦爆发，出口红利基本接近尾声。不过，我们出口红利只释放了一半，主要集中在经常账户的开放，带来商品市场的大繁荣。展望新时代，人民币加入 SDR（special drawing right，特别提款权）、沪港通、深港通、

A 股纳入 MSCI、债券通、沪伦通、QFII 放开额度限制……第二轮开放的红利将集中在金融市场，即资本账户开放已经出发。开放的红利需要从四个层面来理解，即股市、金融市场、产业、整体经济。这四个层面都将发生深远的变化。这个过程不仅使资本市场受益，也将在金融服务实体、间接融资模式向直接融资模式转变的过程中，在促进产业转型升级、经济高质量发展中扮演更重要的角色。中国需要与世界经济产生更多的连接与交融，经济发展未来的前途在于开放。

结论 1：金融大开放往往会伴随一波股市长牛。 我们考察了与我国类似的诸多经历了从金融不开放到金融开放这一转变的发达经济体与新兴经济体，发现金融开放往往伴随一波股市的长期牛市，其中日本涨了 7 年，指数翻番，印度涨了 30 年，指数涨了 10 倍！虽然各国都有着各自不同的国内经济环境或财政货币政策，我们无法一一剥离这些不同因素对股市的影响（如金融开放时利率下降，同样可能是造成牛市的原因之一），但是从国际视野考察金融开放的共性，能够带给我们与以往聚焦于国内政策不同的启发。

结论 2：股票大牛市往往"与我无关"，核心资产"肥水外流"，本土投资者没有充分享受到。 虽然金融开放带来了大牛市，但是非常令人惊讶和惋惜的是，一些经济体中大部分的核心资产都被外资"买走了"。例如，印度、巴西、南非、俄罗斯等市值排名前 50 的大公司中竟然有近九成外资持股比例超过 10%，接近一半外资持股比例约 50%！就连发达市场也不例外，韩国三星 90% 的股份在外资手上，日本东芝 70%、日产汽车 60% 的股份竟然也在外资手上！还有我们前面举的台积电的案例。

结论 3：中国股市有特殊性，控制权不会旁落，但边际定价权更容易被外资拿走。 毫无疑问，我国 A 股绝不会像印度、巴西、南非、俄罗斯等金砖国家那样被外资拿走绝大多数优质核心资产的控制权。最主要的原因在于我们拥有体制优势，大部分优质公司都是央企和国企，国家牢牢把握着这些公司的控制权。但是，凡事都有两面性，国有股大部分可以认为是实质上的非流通股，为了保持公有制的主体地位，还要考虑国有资产流失等问题，国有股不会随便买卖，所以实质上的流通股或自由流通股就很少了。那么，外资就不需要像在南非那样买到总股本的 70% ～ 80% 才能拿走定价权，只需要买入总股本的 20% ～ 30%，可能就超过流通股的 50% 了，这样边际定价权更容易旁落。

结论4：**中国核心资产的数量比大家想象的更多**。从金砖国家核心资产的分布来看，所处行业非常集中，基本上不是矿产就是金融，这是经济结构单一导致的。其中印度的核心资产稍微多样一点，还包括了少量的消费公司及信息软件公司，这是由于印度是人口和软件大国。毫无疑问，中国经济结构的丰富性远高于这些国家：①人口数量庞大，决定了我们会有更多消费品行业的核心资产；②完整的工业和科研体系，决定了我们会拥有更多科技成长类、工业制造类的核心资产；③经济总量全球领先，决定了我们会拥有更多区域类、细分领域、聚焦化类型的核心资产。印度、巴西、南非、俄罗斯各自大约有50～100个核心资产，**我们认为中国目前约有300个左右核心资产。未来随着科技成长类"大创新"龙头企业逐步发展，可能会有500个左右核心资产。**

结论5：**在全球资产荒时代，中国核心资产属于全球稀缺的好资产，我们要抓紧时间抢资产**。全球几十万亿美元（几百万亿元人民币）的资产处于负利率区间，本质上就是流动性泛滥，全球陷入资产荒。中国优质资产对于全球资金而言都具备强大的吸引力，股市、利率债市场都会迎来繁荣期！10年没涨，仍然处在3000点附近的中国股市，其中的核心资产还没有被外资"分割完毕"，对全球而言是非常稀缺的资产！**按照300个左右核心资产估算，中国核心资产市值约10万亿元左右，流通市值约3万亿～4万亿元。面对巨量海外资金和国内机构化资金的力量，核心资产将面临一轮系统性的重估！我们确实要抓紧时间抢核心资产！**

接下来，我们分别考察发达经济体如日本、韩国及新兴经济体印度、巴西、南非、俄罗斯等在金融开放中的股市表现，以及资本市场的种种经历，吸取国际经验。

3.2　韩国开放牛，外资大幅增持电子类核心资产

20世纪90年代，韩国多维度开放资本市场的背景条件包括：①经济增长由高速切换至稳定；②贸易开放红利耗尽，经常账户出现赤字；③直接融资渠道受重视；④赤字财政成为常态，有逆转赤字财政的客观要求（见图3-1）。

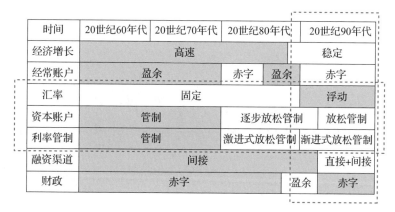

时间	20世纪60年代	20世纪70年代	20世纪80年代		20世纪90年代
经济增长	高速				稳定
经常账户	盈余		赤字	盈余	赤字
汇率	固定				浮动
资本账户	管制		逐步放松管制		放松管制
利率管制	管制		激进式放松管制	渐进式放松管制	
融资渠道	间接				直接+间接
财政	赤字			盈余	赤字

图 3-1　20 世纪 90 年代韩国多维度开放资本市场的背景条件

资料来源：Wind，兴业证券经济与金融研究院整理。

韩国金融开放措施包括汇率逐渐市场化，资本账户和利率管制逐渐放松。
20 世纪 90 年代，韩国进一步放开外汇资本项管制。1992 年，韩国证券市场正
式向外国投资者开放了直接投资渠道，全面开放了国内市场，带来外资流入。同
年，韩国开始实施第七个经济开发五年计划，提出行政改革、产业改革和金融体
制改革。

从韩国股市对外开放后经常项目和金融项目的变化来看，其在 1992 ～ 1998
年出现经常项目减少和金融项目增加的趋势（见图 3-2）。在这一背景下，外资
逐渐流入韩国股市，成为驱动牛市的重要因素。**金融开放大趋势下，外资在大部
分时间内净流入韩国股市，成为股市的重要驱动力量。**

韩国股市对外开放的阶段如下。

阶段 1：韩国金融开放初期。1992 年，韩国股市按 20% 纳入 MSCI，外资
流入驱动牛市。1992 年 8 月到 1994 年 11 月，韩国综指上涨 112%。

阶段 2：完全开放。1998 年，韩国股市按 100% 纳入 MSCI，在经济转型背景
下韩国科技产业与全球共振。1998 年 10 月到 1999 年 7 月，韩国综指上涨 152%。

具体从行业来看，韩国金融开放第一轮牛市期间，电信（涨幅达 535%）、钢
铁（涨幅为 312%）和零售（涨幅为 275%）等行业表现较好；第二轮牛市期间，
电信（涨幅达 383%）、零售（涨幅为 349%）、化工（涨幅为 322%）和银行（涨幅
为 300%）等行业表现较好（见图 3-3）。

（百万美元）

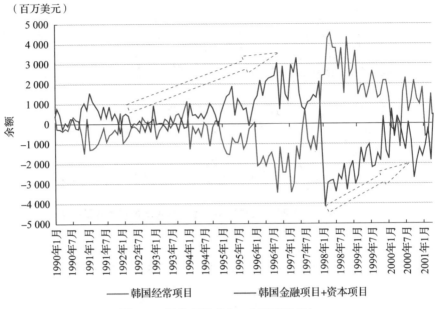

——韩国经常项目　　　　——韩国金融项目+资本项目

图 3-2　经常项目减少，金融项目增加

资料来源：Wind，兴业证券经济与金融研究院整理。

（%）

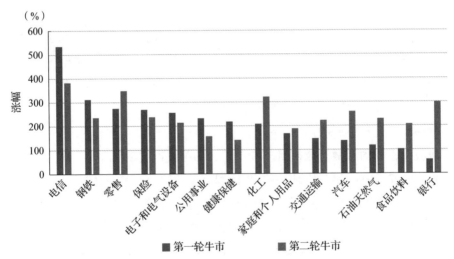

■ 第一轮牛市　　　■ 第二轮牛市

图 3-3　韩国金融开放期间行业表现

资料来源：Datastream，兴业证券经济与金融研究院整理。

在韩国金融开放第一轮牛市期间，共计 359 只股票中收益率超过 100% 的个股占比为 54.6%。在第二轮牛市期间，共计 613 只股票中收益率超过 100% 的个股占比为 79.7%。韩国两轮牛市诞生的大牛股如表 3-1 所示。

表 3-1　韩国两轮牛市诞生的大牛股

公司名称	GICS	1992 ～ 1994 年收益率（%）
大荣包装有限公司	材料	1 682.31
宝海酿造株式会社	食品、饮料和烟草	964.71
万镐制钢株式会社	材料	753.64
韩昌公司	技术硬件和装备	733.12
全纺株式会社	耐用消费品	692.55
天一高速有限公司	交运	549.50
三立综合食品有限公司	食品、饮料和烟草	546.62
T'Way 控股公司	材料	518.34
高丽制钢株式会社	材料	495.21
SK 电讯株式会社	通信服务	459.50
大韩纺织株式会社	耐用消费品	459.22
富光药品株式会社	生物医药	439.47
松昌企业控股公司	材料	436.77
汽车及印刷电路板公司	汽车和零部件	414.88
青湖 Comnet 有限公司	技术硬件和装备	405.19
公司名称	GICS	1998 ～ 1999 年收益率（%）
DAEHO P&C CO LTD	材料	25 366.67
SAMIL ENTERPRISE CO LTD	资本品	6 400.00
DAISHIN INFO & COMM CO LTD	软件服务	5 083.33
KOREA INFORMATION & COMMUNICATION	软件服务	4 318.54
HARIM HOLDINGS CO LTD	食品、饮料和烟草	3 987.84
POBIS TNC CO LTD	技术硬件和装备	3 654.43
BYON CO LTD	材料	3 604.13
Q CAPITAL PARTNERS CO LTD	多样金融	3 418.18
STUDIO SUMMER INC	耐用消费品	3 285.19
SEMYUNG ELECTRIC MACHINERY	资本品	2 677.78
韩松物流有限公司	交运	2 200.00
大元电缆有限公司	资本品	2 066.67
Dongwon 开发有限公司	房地产	2 020.00
DAEMYUNG CORP CO LTD	零售	1 958.72
HANIL FEED CO LTD	食品、饮料和烟草	1 925.00

资料来源：Wind、Datastream、Bloomberg，兴业证券经济与金融研究院整理。

　　韩国金融开放经验可能对于中国具有借鉴性，韩国股市的行业配置较宽，整个电子行业，包括技术硬件和设备，外资持股占比都比较高。韩国股市其实在1998年金融危机的时候都在开放，当时前30大公司里面最后只有三四家控制权还在本土资本手中，剩下全部被外资拿走了。而日本股市的丰富度比韩国更高，除了技术硬件和设备之外，**资本品**、汽车、消费和生物行业都表现很好，很多龙头企业外资持股占比都很高。

　　从股市配置看，外资长期增持韩国以三星为代表的技术硬件和设备龙头企业。外资在韩国技术硬件和设备行业内的持股集中在头部企业，其中在龙头企业三星的持股占比最高。外资长期增持是因为三星正逐渐成长为世界冠军企业。从数目上看，当前韩国技术硬件和设备行业有237家公司，但是外资持股占比超过30%的只有11家，集中化程度高。从时间序列上看，外资持续增持三星，其持股占比从2000年的53%提高到2018年的92.18%（见表3-2）。

表 3-2　外资持股占比

公司名称	2018 年外资持股占比（%）	2018 年总市值（百万韩元）
三星电子有限公司（P）	92.18	26 126 652.73
NextEye Co Ltd	56.35	154 081.34
三星电子有限公司	55.54	231 030 584.69
Skymoons technology Inc	52.86	40 481.94
SCD Co Ltd	52.74	54 129.11
三莹电子工业株式会社	45.12	237 000.00
大东电子有限公司	41.78	35 090.55
三星 SDI 有限公司（P）	38.26	15 059 432.07
Nuri Telecom Co Ltd	33.45	67 752.11
三星 SDI 有限公司	32.70	139 462.64

　　资料来源：KRX，Bloomberg，兴业证券经济与金融研究院整理。

3.3　日本 7 年开放牛，外资偏好高端制造、医药消费类核心资产

　　20世纪70年代中期，经济增长进入稳定期的日本面临扩大金融开放的客观需要，具体为固定汇率转变为浮动汇率，资本账户和利率管制逐渐放松，开始重视直接投资融资渠道。

就金融开放标志性事件来看，日本的利率市场化始于 1977 年。第二次世界大战后，日本依法设定存款利率的上限，从国债利率开始逐渐推进银行间市场和存贷款市场利率市场化。存款利率的市场化则经过了由大额到小额，由定期到活期，由利率本身到存款付利条件的过程。日本金融开放进程如图 3-4 所示。**日本金融开放经验对当前中国金融开放具有借鉴价值：适度开放可以享受货币升值、资本账户和利率放松带来的外资流入和慢牛行情，但是开放政策过度放松会导致经济泡沫化。**

图 3-4　日本金融开放进程

资料来源：兴业证券经济与金融研究院整理。

日本金融开放后，日经 225 指数涨幅翻倍，领跑全球。20 世纪 70 年代中期到 20 世纪 80 年代中期的日本资本市场自由化期间，受益于日元升值、外资持续流入，日本股市 1975 ～ 1982 年出现慢牛行情，日经 225 指数收涨 109%，股市收益率高于美国、德国、韩国等国家主要股指（见图 3-5）。

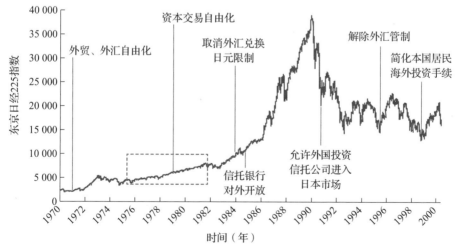

图 3-5　日本资本交易自由化期间，股市出现慢牛行情

资料来源：Wind，兴业证券经济与金融研究院整理。

日本金融开放后，企业 ROE 提升体现了直接融资的好处。1975～1980
年，日本利率快速下行，同时企业杠杆率从顶部回落。也就是说在这段时间
内，货币宽松并未使企业加杠杆，企业反而随着日元升值、外资流入股市带来
的慢牛行情，从银行间接融资转向直接融资，ROE 出现了较明显的改善（见
图 3-6）。

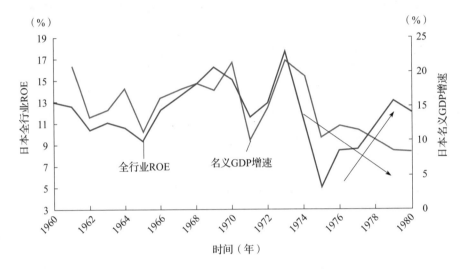

图 3-6　日本全行业 ROE 持续回升

资料来源：Wind，日本统计局，兴业证券经济与金融研究院整理。

2013～2018 年，中国降息、降准，整体利率维持下行趋势，供给侧结构性
改革和去杠杆降低了企业杠杆率。**展望未来，间接融资向直接融资转变有助于中
国上市企业 ROE 提升。**

从股市配置看，外资偏好日本高端制造、医药、消费等行业。与韩国相似
的是，外资在日本技术硬件和设备、半导体产品与设备等行业有较高的持股占
比；与韩国不同的是，外资在日本资本品、汽车与汽车零部件、制药、生物科技
和生命等行业持股占比也较高。

在汽车行业，外资对日产汽车持股占比最高，达到 63%。在制药、生物科
技和生命行业，外资对中外制药持股占比为 78%。部分行业外资持股占比最高
的企业数量如图 3-7 所示。

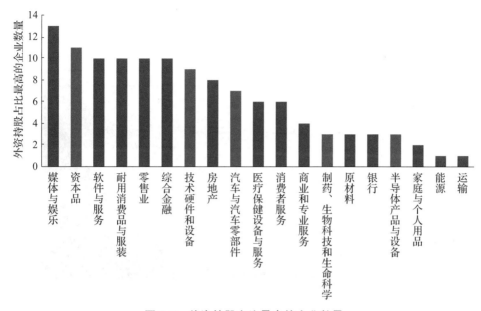

图 3-7　外资持股占比最高的企业数量

资料来源：KRX，Bloomberg，兴业证券经济与金融研究院整理。

3.4　中国台湾开放牛，外资拿走优质资产定价权

从股市配置看，外资主要集中投资中国台湾地区的电子和化工产业，而且偏好新兴市场中流动性高的大盘股。**外资参与集中度极高，具有马太效应，盯着优质核心资产买**。Huang 和 Shiu 早在 2009 年学术论文中，就指出了外资参与本地市场的高度集中度。他们绘制出外资参与中国台湾地区市场的"不平等曲线"，2009年七成的外资资金集中于 20% 标的。如果我们把被纳入 Vanguard 指数的标的定义为"优质资产"，那么时至今日仍有近六成外资资金集中于榜单上市值前 10 的中国台湾本地交易所上市的证券。外资对优质资产的定价权可见一斑（见图 3-8）。

外资参与度高的标的超额收益明显。简言之，外资集中度高的股票表现明显优于集中度低的股票，即新兴市场股市外国持有的本地效应（Local Effects of Foreign Ownership in an Emerging Financial Market）。我们以中国台湾地区为例，自纳入 MSCI 以来，台交所加权股价指数上涨了 1.81%，但外资持股占比较高的

十多只股票全都大幅跑赢大盘。其中，台积电的外资持股占比为 77.53%，年化收益率高达 19.19%（见图 3-9）。

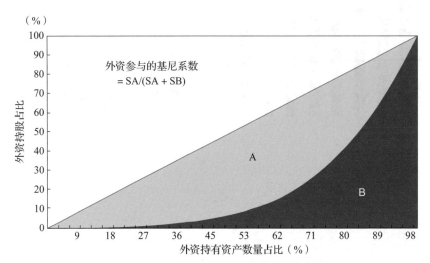

图 3-8　外资对中国台湾市场优质资产定价权较强

资料来源：RD Huang, CY Shiu, Local Effects of Foreign Ownership in an Emerging Financial Market: Evidence from Qualified Foreign Institutional Investors in Taiwan, Financial Management, 2009, 38 (3):567-602, Bloomberg，兴业证券经济与金融研究院整理。

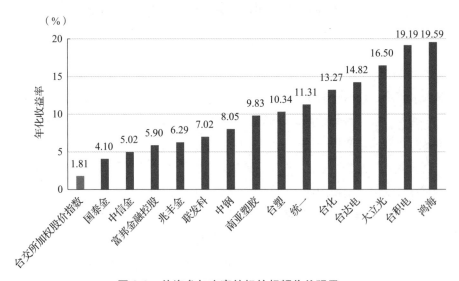

图 3-9　外资参与度高的标的超额收益明显

资料来源：Bloomberg，兴业证券经济与金融研究院整理。

3.5　金砖国家，外资牢牢把握各行业核心资产定价权

从发展中国家的角度看，在宏观经济环境良好、外汇储备充足，前期进行金融改革，且部分开放的条件下，更容易享受到长期慢牛的开放红利。

印度案例：1992 年是金融开放的起点，印度允许外资投资印度股票和债券市场。1993 年，外国证券公司获准在印度营业。1997 年，印度将外资参股本国证券机构比例从 24% 提高到 30%，且允许外资投资印度境内股权衍生工具。

俄罗斯案例：2004 年 6 月，俄罗斯新货币调控法生效实施。这是俄罗斯资本账户项下金融开放的标志性事件。

渐进开放是对未来中国比较好的一个路径。同样是开放，俄罗斯的开放是激进式的，积累了很多风险没有化解。印度的开放是渐进式的，**红利持续时间非常长。发展中国家金融开放的特点对比如表 3-3 所示。因此，**这次我国开放的红利有可能带来我们历史上的第一次真正意义上的长牛。

表 3-3　发展中国家金融开放的特点对比

特点	金砖国家		东南亚国家		拉美国家	
	印度	俄罗斯	印尼	泰国	智利	墨西哥
宏观经济	良好	较好	良好	良好	良好	较差
金融改革	先于	同时	同时	同时	先于	同时
外汇储备	充足	充足	充足	不足	充足	充足
汇率制度	管理浮动	自由浮动	自由浮动	固定	管理浮动	固定
开放模式	渐进	激进	渐进	激进	渐进	激进
开放顺序	资本流入	资本流出	资本流出	资本流入	资本流入	资本流出
调整方式	动态	静态	动态	动态	动态	静态
开放幅度	部分放开	全面放开	部分放开	全面放开	部分放开	部分放开
外债管理	良好	较差	较差	较差	良好	较差
开放自主性	被动	被动	自主	自主	自主	自主
总体评价	成功	失败	成功	失败	成功	失败

资料来源：谢世清，周庆余，《发展中国家资本账户开放的国际经验与借鉴》。兴业证券经济与金融研究院整理。

除了中国之外，其他金砖国家无论是巴西、南非还是印度、俄罗斯，核心资产的外资持股占比都非常高，一半以上公司的外资持股占比在 50% 左右。然而，对于平均每个经济体而言，只有 10% 左右公司的外资持股占比超过 10%。

借鉴历史经验，**我们需要在这轮开放红利中，牢牢把握核心资产的定价权**。

巴西的优势行业是矿产。俄罗斯的优势行业除了石油、天然气等矿产和银行以外，没什么别的，国家经济体的行业结构非常单一。印度就好很多，除了矿产和银行之外，消费、生物、汽车、金融等都是优势行业。

巴西部分核心资产的外资持股占比如表 3-4 所示。

表 3-4　巴西部分核心资产的外资持股占比

公司名称	指数内权重（%）	指数内排名	外资持股占比（%）	GICS
淡水河谷公司	0.53	17	68.53	金属与采矿
巴西国家石油公司	0.49	20	9.47	石油、天然气与消费用燃料
Banco Itau Holding Financeir	0.47	22	0.96	商业银行
巴西布拉德斯科银行	0.47	23	13.06	商业银行
AMBEV	0.36	34	85.24	饮料
B3 SA-Brasil Bolsa Balcao	0.32	42	81.87	资本市场
巴西伊塔马投资银行	0.29	46	77.24	商业银行
巴西银行	0.28	50	18.70	商业银行
Lojas Renner	0.16	105	83.37	多样化零售
Suzano Papel e Celulose	0.13	127	39.15	纸类与林业产品
Ultrapar Participacoes	0.12	143	60.35	石油、天然气与消费用燃料
Rumo	0.11	165	53.30	公路与铁路
巴西银行	0.10	172	18.97	保险
巴西电信公司	0.09	197	45.24	综合电信业务
巴西桑坦德银行	0.08	218	99.85	商业银行
Kroton Educational	0.08	227	85.76	综合消费者服务
Lojas Americanas	0.08	228	27.54	多样化零售
Localiza Rent a Car	0.08	238	77.88	公路与铁路
Cia de Concessoes Rodoviaria	0.08	239	41.83	交通基本设施
IRB	0.07	251	30.77	保险
Klabin	0.07	271	88.98	容器与包装
WEG	0.07	275	27.30	机械制造
JBS	0.07	282	28.16	食品
Raia Drogasil	0.07	285	79.13	食品与主要用品零售
Equatorial Energia	0.07	288	43.13	电力公用事业
Cielo	0.06	312	31.65	信息技术服务
Magazine Luiza	0.06	316	24.55	多样化零售

（续）

公司名称	指数内权重（%）	指数内排名	外资持股占比（%）	GICS
Gerdau	0.06	325	0.73	金属与采矿
BRF	0.06	341	55.48	食品
Hypera	0.06	350	89.66	制药
巴西分销集团公司	0.05	415	7.53	食品与主要用品零售
BR Malls Participacoes	0.05	421	59.44	房地产管理与开发
Cia Energetica de Minas Gerais	0.05	423	9.95	电力公用事业
巴西中央电力公司	0.05	429	12.23	电力公用事业
Sul America	0.04	450	99.57	保险
BTG Pactual	0.04	455	0.00	资本市场
Petrobras Distribuidora	0.04	474	15.74	专营零售
B2W Cia Digital	0.04	479	31.92	网络营销与直销零售
Estacio Participacoes	0.04	480	67.19	综合消费者服务
巴西航空工业公司	0.04	502	73.31	航空航天与国防
Natura	0.04	516	85.89	个人用品
Multiplan Empreendimentos Imobiliarios	0.04	524	65.09	房地产管理与开发
Engie Brasil Energia	0.04	526	10.20	独立电力生产商与能源
圣保罗州立基础卫生公司	0.04	531	20.65	水公用事业
巴西中央电力公司	0.04	533	12.23	电力公用事业
Porto Seguro	0.03	561	13.13	保险
Tim Participacoes	0.03	567	8.94	无线电信业务
CVC Brasil Operadora e Agencia de Viagens	0.03	590	50.37	酒店、餐馆与休闲
Cosan	0.03	599	12.33	石油、天然气与消费用燃料
Bradespar	0.03	609	4.60	金属与采矿

资料来源：Bloomberg，兴业证券经济与金融研究院整理。

南非部分核心资产的外资持股占比如表 3-5 所示。

表 3-5　南非部分核心资产的外资持股占比

公司名称	指数内权重（%）	指数内排名	外资持股占比（%）	GICS
纳斯派斯有限公司	1.77	5	63.53	网络营销与直销零售
标准银行集团有限公司	0.33	40	58.95	商业银行
沙索有限公司	0.30	45	54.00	化学制品
第一兰特有限公司	0.29	48	80.65	综合金融服务

（续）

公司名称	指数内权重（%）	指数内排名	外资持股占比（%）	GICS
MTN 集团	0.21	77	65.41	无线电信业务
桑勒姆有限公司	0.19	82	57.67	保险
南非联合银行集团有限公司	0.17	95	78.97	商业银行
Old Mutual	0.15	107	34.58	保险
莱利银行集团有限公司	0.15	108	42.38	商业银行
让幕果有限公司	0.14	111	56.82	综合金融服务
南非 Bid 公司	0.13	129	75.11	食品与主要用品零售
AngloGold Ashanti	0.11	163	82.23	金属与采矿
沃达康集团有限公司	0.10	177	93.43	无线电信业务
莱特购控股有限公司	0.10	185	68.38	食品与主要用品零售
Growthpoint 房地产有限公司	0.10	186	44.10	权益型房地产投资信托
Capitec 银行	0.09	192	44.37	商业银行
必得维斯特集团有限公司	0.09	208	69.31	工业集团企业
RMB 控股有限公司	0.08	222	30.77	综合金融服务
Redefine 房地产有限公司	0.08	243	53.03	权益型房地产投资信托
Discovery 有限公司	0.07	248	79.82	保险
Mr Price 集团有限公司	0.07	263	0.00	专营零售
阿斯彭医药保健控股有限公司	0.07	292	47.42	制药
南非 Woolworths 控股有限公司	0.06	317	60.40	多样化零售
Sappi 有限公司	0.06	326	48.49	纸类与林业产品
金田有限公司	0.06	327	78.84	金属与采矿
英美铂业有限公司	0.06	329	92.48	金属与采矿
盟迪有限公司	0.06	330	72.61	纸类与林业产品
Clicks 集团有限公司	0.06	335	77.66	食品与主要用品零售
虎牌有限公司	0.06	338	71.32	食品
SPAR 集团有限公司	0.06	343	60.11	食品与主要用品零售
NEPI Rockcastle	0.06	345	51.53	房地产管理与开发
Foschini 集团有限公司	0.05	383	68.34	专营零售
Truworths 国际有限公司	0.05	387	71.99	专营零售
爱索资源有限公司	0.05	390	64.86	石油、天然气与消费用燃料
Life Healthcare 集团控股公司	0.05	433	63.43	医疗保健提供商与服务
Netcare 有限公司	0.05	434	57.01	医疗保健提供商与服务
天达有限公司	0.04	451	58.06	资本市场
兰特商业投资控股有限公司	0.04	456	33.83	保险

（续）

公司名称	指数内权重（%）	指数内排名	外资持股占比（%）	GICS
因帕拉白金控股有限公司	0.04	495	60.39	金属与采矿
Barloworld 有限公司	0.04	507	59.61	贸易公司与经销商
AVI 有限公司	0.04	514	69.99	食品
Telkom SA SOC	0.03	572	41.18	综合电信业务
Sibanye Gold	0.03	605	84.26	金属与采矿
Northam Platinum	0.03	620	25.54	金属与采矿
Pick n Pay Stores	0.03	650	40.45	食品与主要用品零售
Hyprop 投资有限公司	0.03	665	49.79	权益型房地产投资信托
MMI 控股有限公司	0.02	700	63.97	保险
JSE 有限公司	0.02	715	75.84	资本市场
Liberty 控股有限公司	0.02	727	27.25	保险
Motus Holdings	0.02	805	0.00	专营零售

资料来源：Bloomberg，兴业证券经济与金融研究院整理。

印度部分核心资产的外资持股占比如表 3-6 所示。

表 3-6　印度部分核心资产的外资持股占比

公司名称	指数内权重（%）	指数内排名	外资持股占比（%）	GICS
印度瑞来斯实业公司	1.03	10	22.94	石油、天然气与消费用燃料
印度房地产开发融资公司	0.87	13	79.83	互助储蓄银行与抵押信贷
Infosys 科技有限公司	0.75	14	71.82	信息技术服务
塔塔咨询服务有限公司	0.48	21	10.81	信息技术服务
Axis 银行	0.34	37	95.24	商业银行
Hindustan Unilever	0.34	39	92.37	居家用品
Maruti Suzuki	0.23	67	90.26	汽车
ITC 有限公司	0.22	74	51.46	烟草
HCL 科技有限公司	0.15	110	22.05	信息技术服务
BAJAJ 金融有限公司	0.12	134	16.08	消费信贷
印度石油天然气有限公司	0.12	144	3.97	石油、天然气与消费用燃料
Larsen & Toubro 有限公司	0.12	146	37.34	建筑与工程
太阳药业有限公司	0.12	149	25.76	制药
马亨德拉有限公司	0.11	158	43.49	汽车
亚洲涂料有限公司	0.11	161	37.41	化学制品
Bharti Airtel	0.10	176	29.33	无线电信业务

（续）

公司名称	指数内权重（%）	指数内排名	外资持股占比（%）	GICS
马辛德拉技术有限公司	0.10	180	34.89	信息技术服务
Yes 银行	0.09	195	58.74	商业银行
泰坦公司	0.09	199	17.07	纺织品、服装与奢侈品
巴拉特石油公司	0.09	203	10.87	石油、天然气与消费用燃料
Ultratech Cement	0.09	206	17.21	建筑材料
JSW 钢铁有限公司	0.09	207	33.39	独立电力生产商与能源
印度国家银行	0.08	214	5.48	商业银行
印度煤炭有限公司	0.08	231	3.97	石油、天然气与消费用燃料
印度石油有限公司	0.08	232	4.09	石油、天然气与消费用燃料
UPL 有限公司	0.08	236	50.39	化学制品
Bharti Infratel	0.07	256	42.40	综合电信业务
Wipro 有限公司	0.07	260	11.96	信息技术服务
Hero Motorcorp	0.07	261	53.79	汽车
Eicher Motors	0.07	262	31.78	汽车
韦丹塔有限公司	0.07	269	80.10	金属与采矿
雀巢印度有限公司	0.07	284	88.86	食品
Godrej Consumer Products	0.07	286	62.31	个人用品
NTPC 有限公司	0.07	290	8.69	独立电力生产商与能源
Bajaj Finserv	0.06	296	13.12	保险
Zee 娱乐企业	0.06	306	41.70	媒体
Bajaj 汽车有限公司	0.06	318	21.67	汽车
Grasim 工业有限公司	0.06	324	21.23	建筑材料
阿达尼港口和经济特区有限公司	0.06	331	85.66	交通基本设施
Dabur India	0.06	336	14.91	个人用品
Indiabulls 住房金融有限公司	0.05	351	64.16	互助储蓄银行与抵押信贷
塔塔汽车有限公司	0.05	389	16.91	汽车
Hindalco 工业有限公司	0.05	401	23.36	金属与采矿
Ambuja 水泥有限公司	0.05	402	85.71	建筑材料
Havells India	0.05	409	59.44	电气设备
Britannia 实业有限公司	0.05	414	85.99	食品
GAIL 印度有限公司	0.05	426	14.00	燃气公用事业
Aurobindo Pharma	0.05	431	75.48	制药
Piramal 企业有限公司	0.05	435	90.23	制药
鲁宾有限公司	0.05	436	26.14	制药

资料来源：Bloomberg，兴业证券经济与金融研究院整理。

俄罗斯部分核心资产的外资持股占比如表 3-7 所示。

表 3-7　俄罗斯部分核心资产的外资持股占比

公司名称	指数内权重（%）	指数内排名	外资持股占比（%）	GICS
俄罗斯联邦商业储蓄银行	0.61	16	17.20	商业银行
卢克石油公司	0.42	25	99.70	石油、天然气与消费用燃料
俄罗斯天然气工业公司	0.25	60	8.61	石油、天然气与消费用燃料
鞑靼石油公司	0.23	69	68.15	石油、天然气与消费用燃料
诺瓦泰克公司	0.18	93	91.76	石油、天然气与消费用燃料
诺里尔斯克镍业公司	0.11	162	89.17	金属与采矿
苏尔古特石油天然气公司	0.09	204	96.41	石油、天然气与消费用燃料
俄罗斯石油公司	0.09	205	44.64	石油、天然气与消费用燃料
Transneft 公开合股公司	0.08	233	96.60	石油、天然气与消费用燃料
埃罗莎公司	0.07	270	0.00	金属与采矿
谢韦尔钢铁公司	0.05	398	99.80	金属与采矿
俄罗斯外贸银行公众股份公司	0.04	442	23.61	商业银行
莫斯科联合交易所	0.04	445	57.13	资本市场
苏尔古特石油天然气公司	0.04	485	99.50	石油、天然气与消费用燃料
新利佩茨克钢铁公司	0.04	493	99.89	金属与采矿
Inter RAO UES 公开合股公司	0.04	535	13.96	电力公用事业
Polyus 公开合股公司	0.03	615	99.73	金属与采矿
PhosAgro 公开合股公司	0.03	617	36.64	化学制品
Rostelecom 公司	0.02	749	5.41	综合电信业务
马格尼托哥尔斯克钢铁股份公司	0.02	831	99.92	金属与采矿
俄罗斯水电公司	0.02	953	13.03	电力公用事业
Safmar Financial Investment	0.01	1 019	99.99	消费信贷
西斯特能源公司	0.01	1 081	99.85	无线电信业务
M Video 公司	0.01	1 277	31.79	专营零售
苏尔古特石油天然气公司	0.01	1 287	99.50	石油、天然气与消费用燃料
巴什石油公司	0.01	1 294	1.19	石油、天然气与消费用燃料
Raspadskaya 公司	0.01	1 353	5.16	金属与采矿
乌拉尔钾肥公开合股公司	0.01	1 391	0.47	化学制品
俄罗斯航空公司	0.01	1 421	18.73	航空公司
Rosseti 公共股份有限公司	0.01	1 659	1.16	电力公用事业
Rostelecom 公司	0.00	1 848	40.40	综合电信业务
Detsky Mir 公开合股公司	0.00	2 300	37.64	专营零售

（续）

公司名称	指数内权重（%）	指数内排名	外资持股占比（%）	GICS
罗斯石油公开合股公司	0.00	2 571	100.00	石油、天然气与消费用燃料
TMK PAO	0.00	2 575	93.37	能源设备与服务
巴什石油公司	0.00	2 632	96.31	石油、天然气与消费用燃料
Mechel 公司	0.00	2 647	99.89	金属与采矿
Magnit 公开合股公司	0.00	3 476	70.19	食品与主要用品零售
莫申戈电力公司	0.00	3 785	1.14	电力公用事业
TGC-1 公开合股公司	0.00	3 825	38.23	电力公用事业
OGK-2 电力公司	0.00	3 839	2.43	独立电力生产商与能源

资料来源：Bloomberg，兴业证券经济与金融研究院整理。

第 4 章

中国看"老外"：核心资产买卖启示录

4.1 美国"漂亮50"的启示

回顾 1970～1990 年美国"漂亮50"的表现，共包含两个重要阶段——泡沫化和国际化。所谓泡沫化，即无业绩支撑的股价大幅上涨；所谓国际化，即企业自身业务的国际化和投资者结构的国际化。当前中国版"漂亮50"涨幅大幅超越沪深300，我们认为中国的"漂亮50"更加类似于美国"漂亮50"20世纪80年代的国际化阶段。

4.1.1 1970～1972 年美国"漂亮50"的泡沫化

"二战"之后，美国经济迅速恢复。在以原子能和电子信息技术发明与应用为先导的第三次科技革命带动下，美国经济在20世纪五六十年代高速发展。在1973年石油危机带来的滞胀前，20世纪50年代，美国股票市场稳步上涨，20

世纪 60 年代虽然股票市场仍处于上涨趋势，但是波动开始加大。20 世纪 60 年代后期，美国经济增速开始下滑，但仍然维持 3% 附近的中枢，同时核心资产通胀已开始出现，市场波动更大，投机氛围更加浓重。在"漂亮 50"泡沫化之前，美国股市在 20 世纪 60 年代依次经历了新兴产业、并购到概念类股票的泡沫阶段。1950 ～ 1982 年，美国 GDP、CPI 和标普 500 趋势如图 4-1 所示。

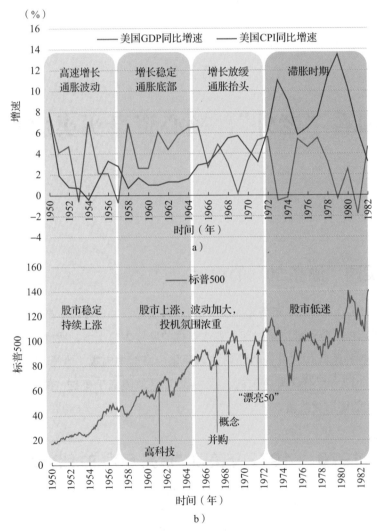

图 4-1　1950 ～ 1982 年美国 GDP、CPI 和标普 500 趋势

资料来源：Wind，兴业证券经济与金融研究院整理。

20 世纪 60 年代初期，美国资本市场方面掀起了一场电子热，主要原因是 20 世纪 40 ～ 60 年代以计算机、航天技术等为代表的第三次科技革命。1959 ～ 1962 年，新发行的股票一路高涨，并且大都以 "电子" "太空" 等热词命名，获得了远超业绩的估值。然而，这些股票在经营过程中遇到了诸如技术不成熟、扩张过快等严重问题，最终股价一泻千里，使投资者损失惨重。电子热时期的部分明星股如表 4-1 所示。

表 4-1　电子热时期的部分明星股

公司简称	上市日	发行价（美元）	首发上市日报买价（美元）	1961 年最高报买价（美元）	1962 年最低报买价（美元）
博登电子（Boonton Electronics）	1961 年 3 月 6 日	5.5	12.25	24.5	1.625
美国地球物理（Geophysics Corp. of America）	1960 年 12 月 8 日	14	27	58	9
太空水力技术（Hydro-Space Technology）	1960 年 7 月 19 日	3	7	7	1
妈妈做的小甜饼（Mother's Cookie）	1961 年 3 月 8 日	15	23	25	7

资料来源：Burton G.Malkiel, *A Random Walk Down Wall Street*，兴业证券经济与金融研究院整理。

20 世纪 60 年代中期，市场热点转向并购类股票，尤其是跨行业并购。高估值企业会通过不断并购来提升业绩，进而提升股价。此次并购类股票炒作热潮在 1968 年前后结束，标志性事件如下：1968 年中，并购类明星股 Litton Industries 宣布业绩不达预期；1969 年，Saul Steinberg 试图并购 Chemical Bank 失败。同时，利率大幅上升也是并购热降温的重要因素。并购热时期的部分明星股如表 4-2 所示。

表 4-2　并购热时期的部分明星股

公司简称	1967 年最高价（美元）	1967 年 PE	1968 年 PE	1969 年 PE
自动喷洒器（Automatic Sprinkler）	73.625	51	10.875	13.4
利顿工业（Litton Industries）	120.5	44.1	55	14.4
特利达因（Teledyne）	71.5	55.8	28.25	14.2

资料来源：Burton G. Malkiel, *A Random Walk Down Wall Street*，兴业证券经济与金融研究院整理。

　　20 世纪 60 年代后期，市场热点从并购类股票转向概念类股票，偏好选择那些具有让人兴奋的概念和背后有可信、有说服力的"故事"的股票。比如，全美学生营销公司称其是一家为年轻人提供专门服务的公司，但它仅仅是个出售杂志、书籍、磁带、海报、假期工作指南、学生通讯录、生活娱乐计划、计算机服务、机票及各种各样学生消费品的混合企业。投资者相信"青春活力"的故事，给予了其乐观的盈利预期和高估值。美国四季护理中心宣扬的则是医疗保健概念，讲述随着人口老龄化，国家及私人医疗保险计划的推行，医疗保健类股票前景无限。业绩系统公司的故事恰如其名，吸引了以"业绩"为导向的投资者，然而其主营业务是堂食外卖特许快餐连锁。概念热时期的部分明星股如表 4-3 所示。

表 4-3　概念热时期的部分明星股

公司简称	1968～1969 年最高股价（美元）	1968～1969 年最高 PE	1970 年最低股价（美元）	下降百分比（%）
全美学生营销公司（National Student Marketing）	35.25	111.7	0.875	98
美国四季护理中心（Four Seasons Nursing Centers of America）	90.75	113.7	0.2	99
业绩系统公司（Performance Systems）	23	—	0.125	99

资料来源：伯顿·马尔基尔，《漫步华尔街》，兴业证券经济与金融研究院整理。

　　20 世纪 60 年代，美国经济进入了又一个扩张期。在这期间，美国参与了越南战争，产生了巨额的政府支出和财政赤字，出台了一系列减税和放宽折旧的措施。这些措施使得美国产出，尤其是军工产业产出和通胀都快速增长。到 1968 年美国退出越南战争时，为了控制日趋严重的通胀，政府开始削减军费和其他政府支出，缩紧通货和信用。

　　然而，这些措施带来的副作用却使整个经济陷入衰退。政府支出下降使得军工产业开始萎缩，不可避免地对其他工业造成了影响。利率大幅度提升也显著影响了企业资金周转和信贷市场的表现。主要依靠信贷销售的住房建筑和汽车工业于 1969 年初开始缩减产量。在军用产业、汽车工业和建筑业产量不断下降的背景下，美国爆发了战后第五次经济危机。

美国政府支出与利率变化如图 4-2 所示。

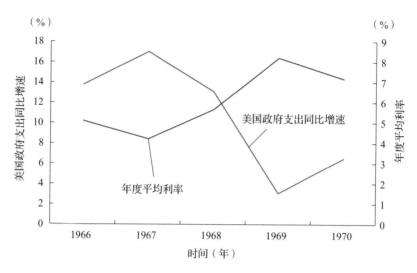

图 4-2 美国政府支出与利率变化

资料来源：Wind，兴业证券经济与金融研究院整理。

　　为了缓和经济危机，美国政府再次采取了宽松政策。在 1971 年的萧条阶段，美国政府于 6 月公布了新的加速折旧法，把企业的机器设备使用年限缩短了 20%。同年 8 月，美国政府宣布实施"新经济政策"，还恢复了 1969 年暂停实施的投资减税优惠办法，规定新设备投资一年内减税 10%，3 年内继续减税 7%。与此同时，利率也在不断下调。

　　在低税率、低利率和低通胀的环境下，美国经济和企业的状况开始改善。美国的低利率、低通胀环境如图 4-3 所示。宏观层面上产出再度增加，微观层面上企业利润重拾升势，消费者信心也开始增长。这为有稳定盈利前景的企业创造了有利的预期。

　　20 世纪 60 年代末期，美国股票市场在依次经历了高科技股票、并购类股票、概念股的提升估值阶段之后，重新坚持"理性原则"。叠加了美国宽松政策带来的消费信心提升后，投资者投资的标的由概念股转为有业绩支撑的、前景良好的大盘成长股，如柯达、雅芳、麦当劳等。当时这种股票大概有 50 只左右，通常统称为"漂亮 50"。

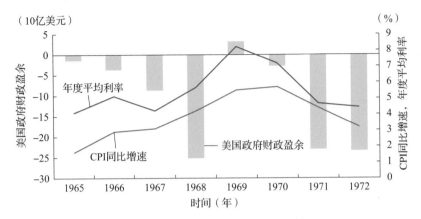

图 4-3　美国的低利率、低通胀环境

资料来源：Wind，兴业证券经济与金融研究院整理。

当时美国各机构的"漂亮 50"名单不一，我们选取了一份具有代表性、相对权威的"漂亮 50"名单，摘录自杰里米·J. 西格尔的 *Valuing Growth Stocks：Revisiting The Nifty Fifty* 和 *The nifty-fifty revisited：Do Growth Stocks Ultimately Justify Their Price？* 两篇文献。从行业分布看，"漂亮 50"名单中的公司主要分布在消费、医药和信息技术等第三产业，日常消费、可选消费、医疗和信息技术行业的公司的个数分别为 13、11、6、6，4 个行业公司总数占比超过 70%。

时至今日，"漂亮 50"中的大多数公司仍然存在，且部分公司已逐步从美国龙头企业成长为世界龙头企业。

能源领域：斯伦贝谢是世界上最大的油田服务公司。

材料领域：国际香料香精是香料香精行业产品创造的先行者和最主要的制造商；**陶氏化学**是世界上最大的塑料生产厂商，2015 年宣布将与杜邦化工合并（目前还在进行内部整合），完全合并后它将会成为全球最大的化工巨擘。

工业领域：通用电气是全球领先的数字工业服务商，是世界范围内少见的国际化、多样化发展的成功典范，业务涉及航空、发电、可再生能源、石油天然气、运输、医疗、数字等多个领域，遍及全球 180 多个国家；**3M** 在医疗产品、高速公路安全、办公文教产品、光学产品等核心市场占据领导地位。

　　金融领域：美国运通是全球最大的旅游服务及综合性财务、金融投资及信息处理跨国公司。

　　可选消费领域：麦当劳是全球著名的快餐连锁店；**迪士尼**是全世界第一大传媒娱乐企业。

　　日常消费领域：宝洁是目前全球最大的日用品生产商之一；**雅芳、露华浓**作为知名美容化妆品品牌，广誉全球；**吉列**是世界剃刀和刀片领域的领先品牌，2005 年被宝洁收购；**菲利普莫里斯**是世界上最大的烟草公司，生产万宝路；**安海斯 - 布希**是美国最大的啤酒酿造公司，2008 年宣布与比利时最大的英博集团合并，成为全世界规模最大的啤酒制造集团，**安海斯 - 布希**以子公司的形式存续；**可口可乐**和**百事可乐**是全球著名的饮料制造商。

　　医疗保健领域：强生是全球知名的医疗保健产品、医疗器材及药品制造商；**辉瑞**在全球生物制药企业中排名第一；**默克**（总部位于德国，在美国上市交易的为其分公司）也是全球排名居前的制药公司；**百时美施贵宝**是**百时美**和**施贵宝**于 1989 年合并而成的，旗下品牌美赞臣和康复宝分别致力于营养和保健（康复）产品的研究和开发；**美国医院供应公司**和**百特公司** 1985 年合并成**百特国际**，专注于慢性病及危重治疗领域，是全球医疗行业的领先企业之一。

　　信息技术领域：德州仪器是全球领先的半导体公司；**IBM** 是世界最大的信息技术和业务解决方案公司。

　　美国"漂亮 50"所处行业与主营业务如表 4-4 所示。

表 4-4　美国"漂亮 50"所处行业与主营业务

中文简称	公司名称	GICS 一级	GICS 二级	主营业务
哈利伯顿	Halliburton	能源	能源设备与服务	油田服务
斯伦贝谢	Schlumberger	能源	能源设备与服务	油田服务
路易斯安那	Louisiana Land & Exploration	能源	石油、天然气等燃料	石油天然气开发
陶氏化学	Dow Chemical	材料	化工	塑料生产
国际香料香精	International Flavors & Fragrances	材料	化工	香料香精生产
路博润	Lubrizol	材料	化工	油品添加剂

（续）

中文简称	公司名称	GICS 一级	GICS 二级	主营业务
埃默里空运	Emery Air Freight	工业	运输	航空货运
百得	Black & Decker	工业	资本品	电动工具
通用电气	General Electric	工业	资本品	综合工业
国际电报电话	International Telegraph & Telephone	工业	资本品	流体技术设备
3M	Minnesota Mining & Manufacturing	工业	资本品	研磨材料、黏合剂等生产
国民城市银行	First National City	金融	银行	银行
MGIC	M.G.I.C. Investment	金融	银行	私人按揭保险
美国运通	American Express	金融	多样金融	信用卡
克雷斯吉	Kresge (S.S.)	可选消费	零售业	百货连锁
彭尼	Penney J.C.	可选消费	零售业	百货连锁
西尔斯	Sears Roebuck & Co.	可选消费	零售业	百货连锁
简洁模式	Simplicity Patterns	可选消费	耐用消费品与服装	服装
麦当劳	McDonald's	可选消费	消费者服务	快餐连锁
迪士尼	Disney Walt	可选消费	媒体	动画电影制作
宝洁	Procter & Gamble	日常消费	家庭与个人用品	消费日用品
雅芳	Avon Products	日常消费	家庭与个人用品	护肤品
切斯伯勒—旁氏	Chesebrough Ponds	日常消费	家庭与个人用品	护肤品
露华浓	Revlon	日常消费	家庭与个人用品	护肤品
吉列	Gillette	日常消费	家庭与个人用品	剃须刀
伊士曼柯达	Eastman Kodak	日常消费	家庭与个人用品	摄影器材
宝丽来	Polaroid	日常消费	家庭与个人用品	拍立得
休伯莱恩	Heublein	日常消费	食品、饮料与烟草	酒精饮料和食品
安海斯 – 布希	Anheuser-Busch	日常消费	食品、饮料与烟草	啤酒
施利茨酿酒	Schlitz Joe Brewing	日常消费	食品、饮料与烟草	啤酒
可口可乐	Coca-Cola	日常消费	食品、饮料与烟草	无酒精饮料
百事	PepsiCo	日常消费	食品、饮料与烟草	无酒精饮料
菲利普莫里斯烟草公司	Philip Morris Cos.	日常消费	食品、饮料与烟草	烟草
强生	Johnson & Johnson	医疗保健	医疗保健设备与服务	医疗保健产品、医疗器材
辉瑞	Pfizer	医疗保健	制药、生物科技与生命科学	制药

（续）

中文简称	公司名称	GICS 一级	GICS 二级	主营业务
默克集团	Merck & Co.	医疗保健	制药、生物科技与生命科学	制药
美国家庭用品公司	American Home Products	医疗保健	制药、生物科技与生命科学	制药
礼来	Lilly Eli & Co.	医疗保健	制药、生物科技与生命科学	制药
先灵	Schering	医疗保健	制药、生物科技与生命科学	制药
百时美	Bristol-Myers	医疗保健	制药、生物科技与生命科学	制药
施贵宝	Squibb	医疗保健	制药、生物科技与生命科学	制药
美国医院供应公司	American Hospital Supply	医疗保健	医疗保健设备与服务	医疗用品
百特	Baxter Labs	医疗保健	医疗保健设备与服务	医疗用品
普强	Upjohn	医疗保健	制药、生物科技与生命科学	制药
德州仪器	Texas Instruments	信息技术	半导体产品与设备	半导体和计算机
IBM	International Business Machines	信息技术	技术硬件与设备	计算机硬件及软件
AMP	AMP	信息技术	技术硬件与设备	连接器和传感器
伯勒斯	Burroughs J.P. & Sons	信息技术	技术硬件与设备	商用设备制造
迪吉多	Digital Equipment	信息技术	技术硬件与设备	计算机
施乐	Xerox	信息技术	软件与服务	文案管理、处理

资料来源：西格尔，*Valuing Growth Stocks: Revisiting The Nifty Fifty, The nifty-fifty revisited: Do Growth Stocks Ultimately Justify Their Price?* Bloomberg, Wind，兴业证券经济与金融研究院整理。

1971 ～ 1972 年，美国"漂亮 50"各行业涨幅远远超过标普 500，算术平均涨幅 102%，接近标普 500 的 3 倍（同期标普 500 涨幅仅为 36%）。美国"漂亮 50"各行业与标普 500 表现如图 4-4 所示。尤其是 1972 年，在市场出现整体震荡甚至下滑的时候，美国"漂亮 50"仍在上涨，出现了所谓的"**二层次市场**"（见图 4-5），即市场分为上层的 50 只股票（美国"漂亮 50"）和下层的"橡皮"（其他股票处于下跌趋势）。当时，投资者对美国"漂亮 50"出现了投资幻觉，他们认为这些公司业绩如此之好，付出多少代价购买其股票都无所谓，股价总会一路飙升，让他们获得巨大的收益。1972 年底，美国"漂亮 50"平均 PE 达到41.5，而同期标普 500 的 PE 为 19，美国"漂亮 50"平均 PE 是标普 500 的 2.2 倍。

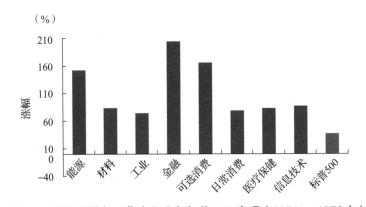

图 4-4 美国"漂亮 50"各行业与标普 500 表现（1971 ~ 1972 年）

资料来源：西格尔，*Valuing Growth Stocks: Revisiting The Nifty Fifty*，兴业证券经济与金融研究院整理。

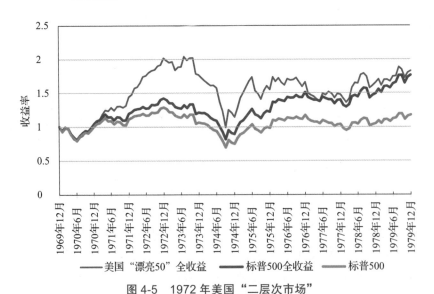

图 4-5 1972 年美国"二层次市场"

资料来源：WRDS，Bloomberg，兴业证券经济与金融研究院整理。

泡沫破灭的诱因是石油危机引发的滞涨带来了整个资本市场的下跌，"漂亮50"的高估值不再。1973 年 3 月，布雷顿森林体系完全崩溃，美元大幅贬值。同年 10 月第四次中东战争爆发，全球石油出口量降低，石油价格首次出现大幅度上涨，国际油价从每桶 3 美元涨到每桶 12 美元。美元贬值和油价飙升带来的输入型通胀使本就推行宽松货币政策的美国通胀率迅速提高。为应对空前的通胀，美国联邦储备系统（简称美联储）不得不再次提高利率，从而降低市场流动性。同时，过高的通胀和不断提高的融资成本逐渐侵蚀企业的利润，股市由牛转熊，被严重高估的美国"漂亮50"泡沫最大，因此下跌也最惨。从 1972 年底市场高点到 1974 年 9 月市场低点，美国"漂亮50"组合 50 只股票的算术平均跌幅是 50%，同期标普 500 下跌 43%（见图 4-6）。

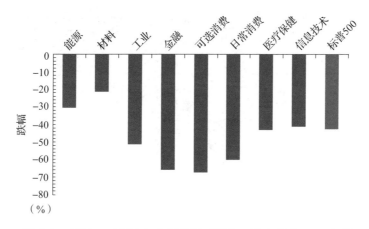

图 4-6　1972 ～ 1974 年 9 月美国"漂亮 50"与标普 500 表现

资料来源：　西格尔，*Valuing Growth Stocks: Revisiting The Nifty Fifty*，兴业证券经济与金融研究院整理。

4.1.2　20 世纪 80 年代美国"漂亮 50"的国际化

20 世纪 80 年代初是美国经济一个重要分水岭，随着里根政府的执政，美国摆脱"滞胀"，进入稳定增长和低通胀时代，股市也相应进入长牛阶段。美国"漂亮50"在里根新政（减税、降费、放松管制、推动市场化竞争）的推动和全球化大浪潮的洗礼中，竞争力提升，机构投资者占股比例增加，股票表现也更为突出。

根据西格尔的研究，以 1998 年 8 月为最终考核节点，市场指数为基准，在 1976 年之后，美国"漂亮 50"相比标普 500 开始被低估，一直持续至 20 世纪 90 年代。尤其是在 1980 年，美国"漂亮 50"相比标普 500 被严重低估，此时投资超额收益率十分显著（见图 4-7）。且从长期看，1972 年美国"漂亮 50"仅被小幅高估，因为其后来的业绩增长能够弥补其当期高估值。1972 ～ 1996 年，美国"漂亮 50"EPS（每股收益）增长率为 11%，相比之下，标普 500 仅为 8%。

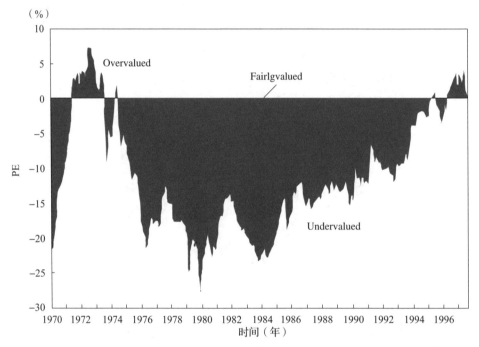

图 4-7   美国"漂亮 50"相比标普 500 估值（1970 年 12 月～ 1996 年 12 月）

注：Fairlyvalued 表示在时间区间内，美国"漂亮 50"和标普 500 收益率相同；Overvalued 表示美国"漂亮 50"在时间区间内表现弱于标普 500；Undervalued 则表示美国"漂亮 50"在之后的时间区间内表现强于标普 500。

资料来源：西格尔，*Valuing Growth Stocks: Revisiting The Nifty Fifty*，兴业证券经济与金融研究院整理。

我们的数据统计结果与西格尔类似，在我们的统计区间——1980 年 12 月～ 1995 年 12 月，美国"漂亮 50"持续跑赢标普 500，且平均 PE 相比标普 500 在 1973 年达到最高点之后逐步下降。1984 ～ 1995 年，美国"漂亮 50"的个股算术平均 PE 相比标普 500 基本持平，表明"漂亮 50"股票取得相对收益完全依靠超额业绩实现。从 ROE 角度也可得到论据支持，1980 年后美国"漂亮 50"ROE 均值几乎每年都高于美国市场 ROE 均值（见图 4-8）。

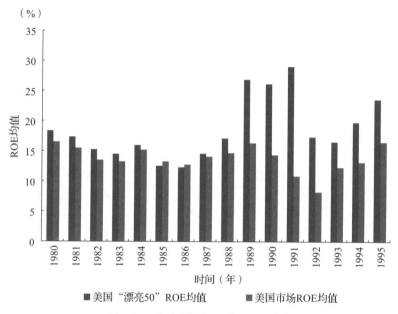

图 4-8　美国"漂亮 50"ROE 均值

资料来源：WRDS，Datastream，兴业证券经济与金融研究院整理。

经济条件：摆脱"滞胀"后的平稳期。美国 20 世纪 80 年代摆脱了 70 年代的"滞胀"，GDP 增速在下降之后趋于平稳，通胀回落，货币环境中性。美国各行业优秀企业竞争力提升，依靠盈利改善不断驱动股价，带动美股指数实现了长牛行情。同时，20 世纪 80 年代的两次税改降低了居民税负，带动了个人可支配收入占个人总收入比例的提升。

企业层面：美国企业参与全球竞争。20 世纪 80 年代，一方面，里根推动减税、降费、放松管制、推动市场化竞争，美国国内企业优胜劣汰；另一方面，在全球经济一体化进行中，美国企业参与全球化更为积极，体现在美国对外直接投资占 GDP 比例高于发达经济体整体等方面。龙头企业抓住全球化的机遇对外扩张，最终实现收入和利润快速增长，如可口可乐、通用电气等在 20 世纪 80 年代增速均高于行业平均增速（见图 4-9）。以可口可乐为例，其在美国国内的市场份额由 1980 年的 36% 进一步上升至 1990 年的 41%，1988 年可口可乐在年报中称在全球碳酸软饮料市场（除美国和苏联⊖外）的销售份额攀升至 45%，创下当时历史最高水平。

图 4-9　可口可乐收入和利润增速高于行业平均
资料来源：兴业证券经济与金融研究院海外组整理。

投资者结构：401K 和海外部门的力量。20 世纪 80 年代，美国资本市场上投资者机构化加速进行，住户和非营利组织投资占比迅速下降。两类机构投资者迅速发展，一是 401K 在税收优惠的政策下吸引众多职员和企业参加，在经济转好和股市频创新高的背景下，私人养老金逐渐成为投资共同基金和股市的重要力量；二是全球资本流动加快，海外资金流入美国。美国股市投资者占比情况如图 4-10 所示。

彼得·林奇在其著作《战胜华尔街》⊜中也表达了外资在 20 世纪 80 年代进入美国股市带动绩优蓝筹股上涨这一观点。他在书中指出，当时股票型基金跑输市场的原因之一为，外资大量涌入美国股市，专投名声显著的大公司大盘股，增加了指数上涨的可能。美国股票型基金和标普 500 收益率如图 4-11 所示。

⊖　于 1991 年 12 月 25 日解体。

⊜　已由机械工业出版社出版。

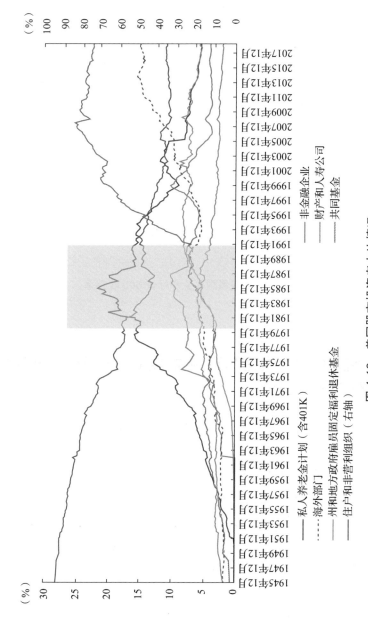

图 4-10　美国股市投资者占比情况

资料来源：美联储，兴业证券经济与金融研究院整理。

图 4-11　美国股票型基金和标普 500 收益率

资料来源：Peter Lynch, *Beating the Street*，兴业证券经济与金融研究院整理。

4.1.3　当前 A 股"漂亮 50"更加类似美国 20 世纪 80 年代的"漂亮 50"

我们认为当前 A 股"漂亮 50"的行情并非 1970～1972 年美国的泡沫化"漂亮 50"，更加类似美国 20 世纪 80 年代的国际化"漂亮 50"。1970～1972年，美国"漂亮 50"产生的背景是 20 世纪 60 年代以来大的投机环境，当前我国价值投资取向也越发明显。另外，美国"漂亮 50"泡沫破灭主要源于石油危机带来的严重"滞胀"危机，当前我国发生严重"滞胀"的可能性微乎其微。此外，中国版"漂亮 50"近两年的上涨业绩支撑相比 1970～1972 年美国"漂亮 50"要多很多。中国当前整体投资环境更加类似美国 20 世纪 80 年代，经济层面上增速平稳，产业结构优化；企业层面上，近几年来中国公司在全球相关领域排名越发靠前；投资者层面上，海外资金流入和养老金入市正在进行中。

1.经济层面：经济增速平稳，产业结构优化

中国经济经过几十年的高速增长后，当前进入中速增长、高质量发展的阶段。在经济体量巨大的大环境中，中国一直在维持 GDP 增速稳定、通胀波动率低的格局。从经济结构上看，我国第三产业对于 GDP 的贡献率在 2015 年后持续高于第二产业，产业结构持续优化（见图 4-12）。我国宏观背景与美国 20 世纪80 年代类似，在这样的经济环境中，微观层面各领域加大分化，大浪淘沙，劣质企业被淘汰，优质企业通过扩大市占率强化自身发展。

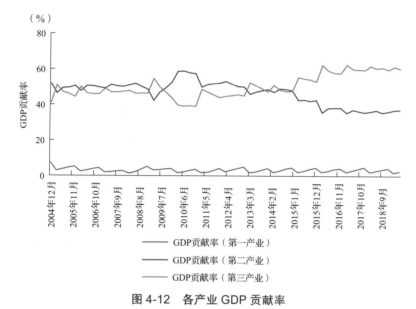

图 4-12 各产业 GDP 贡献率
资料来源：Wind，兴业证券经济与金融研究院整理。

2.企业层面：中国企业在世界崭露头角

中国作为全球产业链最完备的国家之一，加上人口奠定的消费大国基础，龙头企业在全球其行业内均能拔得头筹。近几年来中国企业在全球相关领域排名越发靠前。

从人口来看，中国人口在全球排名前列。消费领域的龙头企业如果能在中国相关领域做到第一，基本上也会在全球排名靠前。

从工业上来看，中国拥有完备、完整的工业体系，从生产螺钉、飞机大炮、高科技产品，到制造这些产品的产品和机器，所以未来中国会在更多的制造领域、产业链以及产业链的环节上诞生出优质的核心资产。

我们的经济体很大，所以未来会有一批聚焦型的公司。迈克尔·波特的三大竞争战略之一即聚焦于某个行业或者某个地区。比如海螺水泥不需要做到全世界第一，只要在中国这个区域里面做好就可以，再比如上海机场，所以中国会有很多聚焦型的龙头企业。全球营业收入排名前10%的上市企业中，中国企业数量占比及变化和收入占比及变化如图4-13所示。

3. 投资者层面：海外资金流入和养老金入市

2001年加入WTO后，我国迎来了第一轮经常账户开放的红利，使得中国经济在过去20年实现腾飞式发展，成为全球第二大经济体。那么展望未来10年，促进我国经济进一步发展的红利将来自何处？我们认为来自金融账户的逐步开放。它是一种慢慢见效的红利，未来不但会对股市，还会对金融市场、整个产业和经济带来巨大的变化和机遇，对部分企业而言也是挑战。

从2015年开始，我国金融账户的开放就在逐步加速。2015年"8·11"汇改，2015、2017年分别开通沪港通、深港通；2018年开通债券通；近年加入MSCI、巴克莱指数等。我国金融账户的开放已经全面提速，将吸引海外资金流入中国股市。从外资持股占全部A股流通市值比例的趋势看，2015年底后，该比例逐步上升，从2015年底的1.44%升至2019年第一季度末的3.71%。从外资配置结构看，外资整体超配中国的核心资产。泸股通和深股通累计资金净流入如图4-14所示。

养老金入市正在加速落地中，养老金到账通过社保理事会进行投资的金额已经从2017年3月的1000余亿元，增加至2019年3月的6000余亿元。我国当前存量养老金规模巨大。截至2018年，城乡居民基本养老保险基金结存和城镇职工基本养老保险基金结存之和达到了60 000亿元，且中国在老龄化进程中养老金规模将进一步扩大。根据国际经验，养老金会因为保值增值的需求加大增配权益类资产。部分发达国家养老金资产结构如图4-15所示。

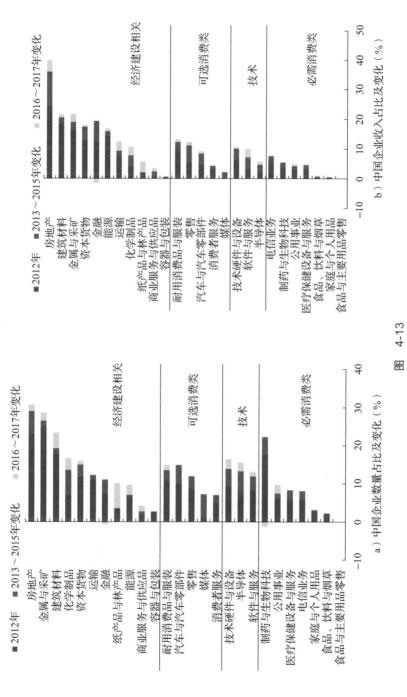

图 4-13

资料来源：兴业证券经济与金融研究院宏观组整理。

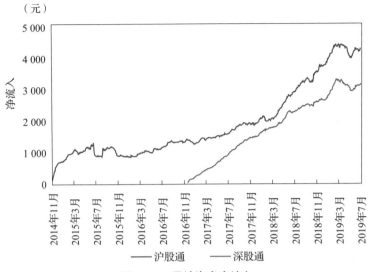

图 4-14 累计资金净流入

资料来源：Wind，兴业证券经济与金融研究院整理。

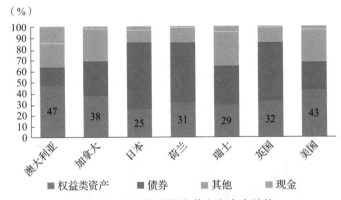

图 4-15 部分发达国家养老金资产结构

资料来源：Willis Towers Watson，兴业证券经济与金融研究院整理。

4.2 印度股市长牛的启示

　　印度 Sensex30 从 1992 年自由化改革至今涨幅为 14 倍，综合考虑收益与风险后近 20 年内的收益风险比为 56.84%，在全球重要股指中排名第一。中印两国均为新兴市场国家中经济高速增长的国家，印度在长达十几年时间内保持长牛行情，中国可以借鉴。一方面，伴随着经济高速增长，优秀上市公司的盈利能够持续增长，这是长牛的核心驱动因素；另一方面，市场制度不断变革，上市公司受到严格监管，盈利质量高且稳定增长，在扩大开放，外资流入后逐渐成为估值重要驱动力之一。此外，长期贬值未必会改变外资持续增持权益类资产的信心。

4.2.1 印度股市的市场表现

我们从 1999 年数据开始进行统计发现，Sensex30 在 20 年间涨幅高达 11 倍，仅次于俄罗斯 RTS 和圣保罗 IBOVESPA（分别上涨 20.9 倍和 14 倍）。但是考虑到不同国家市场波动存在较明显差异，同时对收益与风险加以综合考虑后，我们发现 Sensex30 的收益风险比明显高于其他国家和地区。这表明在过去 20 年间，印度股市市场表现明显优于其他国家和地区重要股指。部分国家和地区主要股指表现如表 4-5 所示。

表 4-5 部分国家和地区主要股指表现

指数简称	20 年期间涨跌幅（%）	年化收益率（%）	年化波动率（%）	收益风险比（%）
Sensex30	1 114.84	13.34	23.47	56.84
圣保罗 IBOVESPA	1 413.39	14.60	29.80	48.98
俄罗斯 RTS	2 094.58	16.75	36.54	45.85
道琼斯工业指数	188.46	5.46	17.99	30.34
澳大利亚标普 200	149.06	4.68	15.53	30.14
韩国综合指数	255.25	6.56	24.58	26.70
纳斯达克指数	265.03	6.71	25.48	26.33
标普 500	138.53	4.46	19.05	23.39
恒生指数	167.88	5.07	23.45	21.60
深证成指	209.78	5.83	28.23	20.67
德国 DAX	137.34	4.43	23.50	18.85
上证综指	150.09	4.70	24.97	18.84
台湾加权指数	64.36	2.52	21.73	11.61
日经 225	52.34	2.13	23.63	9.03
法国 CAC40	35.92	1.55	22.71	6.83
富时 100	25.91	1.16	18.58	6.26

注：数据分析时间段从 1999 年起，截至 2019 年 8 月 2 日。

资料来源：Wind，兴业证券经济与金融研究院整理。

4.2.2　印度股市的驱动力分析

自 1991 年印度开放经济以来，Sensex30 经历了长期增长，但这主要发生在 2000 年之后，从 2002 年 3000 点增长至 2019 年 6 月近 40 000 点的高点。这段时间里，印度正是世界上增长率最快的国家之一（2002 年至今，印度 GDP 不变价同比增速为 6.91%，略弱于同期中国 GDP 增速 9.22%）。

从 Sensex30 2002 年以来（因 2002 年开始 Sensex30 每股收益（EPS）出现持续 6 年的上涨，我们选择以此为分析基点）的市场走势来看，除了 2008 ～ 2009 年 2 月底由于全球金融危机快速下跌之外，Sensex30 在大部分时间里均保持较好的上涨态势。印度 Sensex30 市场表现如图 4-16 所示。

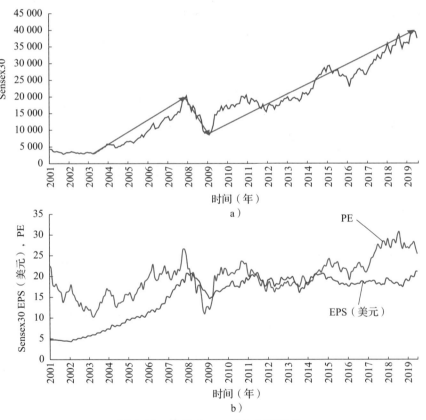

图 4-16　印度 Sensex30 市场表现

资料来源：Bloomberg，兴业证券经济与金融研究院整理。

我们根据 PE 和 EPS 走势将 2002 年以来 Sensex30 的走势分为 6 个部分，并详细分析不同阶段的市场特征和行情驱动力。

第一阶段：估值下降，盈利上升（PE 从 2002 年 2 月底的 18 降至 2003年 4 月的 10.2，EPS 从 4.34 美元升至 5.98 美元）。2002 年 3 月～ 2003 年 4月，市场走势较为平稳。"9·11"事件后，全球经济恶化，全球制成品贸易量自 1982 年以来首次出现下跌，印度股市 PE 持续回落（PE 从 2002 年 2月底的 18 降至 2003 年 4 月的 10.2）。金融危机后，东南亚各国经济增速大幅度下降，正在发展中的印度经济也受到一定程度影响，进入底部区域。2002 年第一季度，全球经济才出现一定恢复性增长迹象（2001 年印度 GDP 增速低至 3.84%）。印度储备银行资料显示，2002 ～ 2003 年印度工业与服务业开始复苏，其中工业复苏主要依靠制造业，服务业增长基于建筑、融资、保险、房地产和商业服务的优化。两大产业的增长提升使印度 GDP 增速从 2001 ～ 2003 年底部区域的 3.80% ～ 4.82% 上升到 2004 ～ 2007 年的 7.86% ～ 8.06%，出口增长从 2002 年的 4.31% 升至 2003 年的 21.09%（见表 4-6）。持续上升的 EPS 表明印度经济已经处于复苏之中（2002 ～ 2003 年，EPS 从 4.34 美元升至 5.98美元）。

表 4-6　印度 GDP 增速等指标

年份	GDP 增速（%）	家庭消费支出增长（%）	政府消费支出增长（%）	固定资本形成总额增长（%）	商品和服务出口增长（%）
1996	7.57	6.11	7.80	16.27	31.40
1997	7.55	7.73	4.64	3.05	6.29
1998	4.05	3.09	11.25	8.89	−2.33
1999	6.18	6.58	12.19	9.71	13.88
2000	8.85	6.16	11.78	7.93	18.00
2001	3.84	3.41	1.38	−1.39	18.15
2002	4.82	5.90	2.35	15.30	4.31
2003	3.80	2.83	−0.19	−0.44	21.09
2004	7.86	5.88	2.78	10.57	9.58
2005	7.92	5.16	3.98	23.98	27.18
2006	7.92	7.46	8.82	16.44	26.09
2007	8.06	4.94	4.05	13.87	20.39

资料来源：Wind，兴业证券经济与金融研究院整理。

　　第二阶段：估值上升，盈利上升（2003 年 5 月～ 2007 年 12 月，PE 从 10.2 升至 25.1，EPS 从 5.95 美元升至 20.69 美元）。2003 年 5 月～ 2007 年 12 月，Sensex30 持续上涨，呈现 PE 和 EPS 双双拉涨带来的戴维斯双击行情，印度经济被市场看好。印度出口持续增长，在 2005 年达到历史最高点，之后增速有所减缓但仍维持在高水平。另外，外部需求增加，印度 GDP 进入猛增时期，2004 ～ 2007 年增速连续处于较高水平。2003 ～ 2007 年，印度商品和服务进口、出口增长如图 4-17 所示。此时，经济基本面数据持续向好，全球 GDP 和贸易不断增长，印度 EPS 向上趋势持续增强。2003 年 5 月，Sensex30 PE 13，接近历史底部的 10 倍，估值持续向上修复也显示印度股市持续上升具有较强的驱动力。

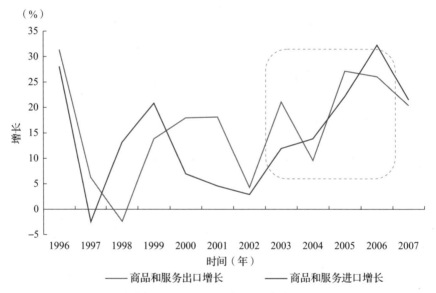

图 4-17　印度商品和服务进口、出口增长（2003 ～ 2007 年）

资料来源：Bloomberg，兴业证券经济与金融研究院整理。

　　第三阶段：估值下降，盈利下降（2008 年 1 月～ 2009 年 2 月，PE 从 21.8 降至 12，EPS 从 20.7 美元降至 14.7 美元）。2008 年 1 月～ 2009 年 2 月，受金融危机的影响，全球经济进入衰退阶段，印度 GDP 增长明显放缓，工业进入周期性低迷。国内外需求疲软，导致印度出口总额在 2008 ～ 2009 年首次出现负增长——市场快速下跌，PE 和 EPS 双双下跌，指数快速回落。虽然印度的经济增长并非特别依赖于西方发达国家，但是印度不断增长的服务业和制造业对全球经济的依赖度较高，相比 1992 年和 2001 年更容易受到全球经济衰退的不利影响，因此印度股市未能免受全球危机的打击，增长出现了阶段性大幅回落。印度 GDP 增速如图 4-18 所示。

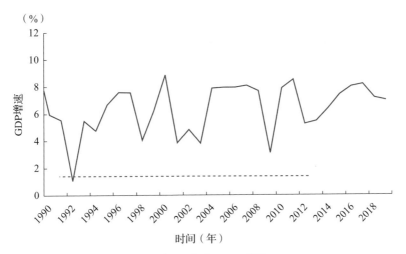

图 4-18　印度 GDP 增速

资料来源：Bloomberg，兴业证券经济与金融研究院整理。

第四阶段：估值平稳，盈利平稳（2009 年 3 月～ 2013 年 8 月，PE 为 17 ～ 20，EPS 为 15 ～ 20 美元）。 2009 年 3 月 ～ 2013 年 8 月，Sensex30 持续上涨，但 PE 和 EPS 没有比较明显的变化趋势。扩张性的货币与财政政策为应对金融危机做出了巨大贡献，印度经济进入加速恢复阶段，同时通货膨胀率上涨至 2010 年的 11%，CPI 加速上涨，之后印度政府开始撤回货币刺激政策缓解通货膨胀压力。总体来看，印度经济在全球危机后进入稳步上升进程，实际 GDP 增速从 2008 ～ 2009 年的 3.09% 升至 2009 ～ 2010 年的 7.86%。出口增幅也有大幅度提升，货物出口增速从 2008 ～ 2009 年的 –15% 上升到 2009 ～ 2010 年、2010 ～ 2011 年的 37% 和 34%。

第五阶段：估值上升，盈利平稳（2013 年 9 月～ 2018 年 8 月，PE 从 17.5 升至 30.7，EPS 为 17 ～ 19 美元）。 2013 年 9 月 ～ 2018 年 8 月，Sensex30 持

续上涨，EPS 较为平稳，主要由 PE 拉动经济增长。该时段的上扬趋势主要基于货币政策持续宽松带来的"水牛"行情。此外，投资环境的改善、透明有效的监管与法律制度的推行也是提升印度股市估值的重要因素。印度贴现率和Sensex30 市盈率如图 4-19 所示。

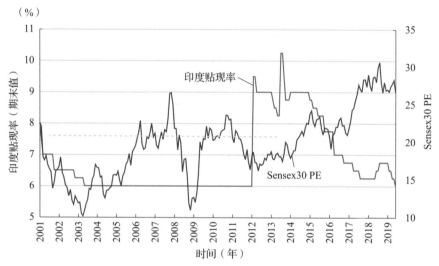

图 4-19   2012 ～ 2018 年印度贴现率和 Sensex30 市盈率

资料来源：Bloomberg，CEIC，兴业证券经济与金融研究院整理。

第六阶段，估值下降，盈利上升（PE 从 30.7 降至 25.3，EPS 从 17.8 美元升至 21.1 美元）。 2018 年 9 月至今，Sensex30 持续上涨（PE 开始回落，但EPS 持续上升）。从这段时间来看，Sensex30 的 EPS 仍然持续上升，这意味着Sensex30 相关股票仍然具备较好的盈利能力。在这个阶段，影响市场走势的主要因素应该是估值下降。这可能是由于投资者开始预期印度股市牛市达到历史高点后难以为继，估值承压。

综合前文基于估值和盈利两个维度对印度股市六个阶段的分析，我们认为印度股市长牛的原因可以划分为经济和制度两方面：①在经济因素方面，2002年以来，盈利持续增长是推动印度股市长牛的核心因素（见图 4-20）。印度宏观经济保持较高增速（2002 年至今平均增速 6.91%)，企业盈利收入得以持续性增长。②在制度因素方面，印度主要通过长期完善政策制度，保持对外开放，从而促进市场良性发展，提高外资在印度市场中的活跃度。估值长期震荡提升显示印度市场持续受到外资青睐。

图 4-20　盈利持续增长是推动印度股市长牛的核心因素

资料来源：兴业证券经济与金融研究院整理。

盈利持续增长是印度股市长牛的核心动力。印度过去 40 年的数据研究显示，Sensex30 的主要增长年度始终伴随着强劲的 GDP 增长。[一]年回报率超过 50% 的时点与印度经济的主要转折点相吻合，伴随着 GDP 增长的改善。在 1985 年印度推出第一次经济改革时，Sensex30 增加了 93%，部分措施包括取消行业许可，废除建筑材料的价格和分销控制及引入修改后的增值税。当年印度 GDP 增长了 5.25%，高于前一年的 3.82%。同样在 1988 年，Sensex30 50% 的增长得益于 GDP 9.6% 的惊人增长。随着始于 1991 年 12 月的经济自由化，开放外国投资，降低关税以及放松管制市场，Sensex30 在 1991 年和 1992 年飙升了 82% 和 37%。1999 年、2003 年和 2009 年 Sensex30 的大幅增长也与前几年印度经济增长回升密切相关。由于政府推行大规模财政刺激措施，印度经济从次贷危机的打击中复苏，2008 年 GDP 增长了 3.89%，2009 年增长了 8.48%。与之相应的是，Sensex30 2008 年下降了 51%，2009 年上涨了 81%。

整体来看，印度经济具有盈利持续增长的潜力。具体来看，第一，当前印度经济具备经济体量大和增速快两个特点，能够保持较大的增长惯性；第二，印

[一]　Lokeshwarri SK 发表在 *BusinessLine* 上的文章 *Does stock market mirror the economy*。

度产业结构以服务业为主，能够对接发达国家产业需求，且工业具有较大的发展空间；第三，印度具有年轻的人口结构（见图 4-21）和高素质的经管人才，如 Google CEO 桑德·皮查伊、微软 CEO 萨蒂亚·纳德拉等。

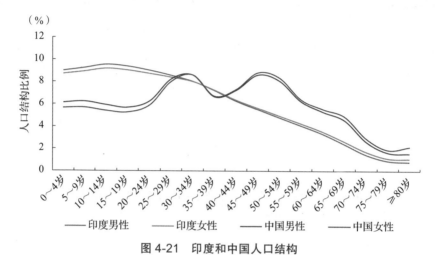

图 4-21　印度和中国人口结构

资料来源：Wind，兴业证券经济与金融研究院整理。

4.2.3　印度股市长牛重要因素——制度、改革、开放

印度股市建设时间早，英属殖民地制度优势下更重视资本市场

印度股市起源于 1830 ～ 1840 年孟买存在的场外交易市场。1875 年，类似美国梧桐树协议，22 名股票经纪人成立了亚洲最早的证券交易所——孟买证券交易所（BSE）。随后印度的区域性证券交易所快速发展，加尔各答、坎普尔和蒲娜等 20 多个交易所陆续成立。20 世纪 80 年代末，印度证券市场资本总额已达到 400 亿美元，在新兴市场国家中排名第三，上市公司约 6500 多家。[一]1992 年，印度证券交易委员会（SEBI）成立，同时印度股市开启国际化，快速发展，成长为新兴市场国家资本市场发展的典范。

证券化率，指的是一国各类证券总市值与该国 GDP 的比率。在实际计算中，证券总市值通常用股票总市值代表。证券化率越高，意味着证券市场

　　㊀　李蒲贤. 试析印度国际投资的有利环境［J］. 南亚研究季刊，1993（3）.

在国民经济中的地位越重要，因此它是衡量一国证券市场发展程度的重要指标。

一般而言，发达国家由于市场机制高度完善，证券市场历史较长、发展充分，证券化率整体上要高于发展中国家。但是我们可以观察到印度证券化率明显高于巴西、俄罗斯和中国，更接近美国 1990 ～ 2000 年这一阶段的证券化率水平（见图 4-22）。这显示印度证券市场在 2000 年之后呈现出较大发展，这在很大程度上受益于印度资本市场的多样化竞争格局。高度证券化水平也使得印度利用现有金融资产发展经济的能力较强。

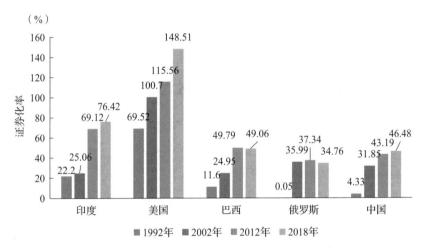

图 4-22　印度证券化率领先于部分新兴市场国家
资料来源：新浪，兴业证券经济与金融研究院整理。

与美国类似，印度受英国影响较大，所以较好地继承了英国经济制度。根据张广南等研究，英属和西葡属殖民地宗主国制度存在较大差异，而且由于宗主国制度上的**"路径依赖"**，所属殖民地政策存在明显不同（见表 4-7）。正是这种制度上的差异导致了殖民地之间经济绩效的显著差异，这解释了不同殖民地经济发展差异的根源。[○]呼应前文的市场表现，相比曾作为英国殖民地的印度，曾作为葡萄牙殖民地的巴西股市在 20 年间有更高的涨幅，但是也

○　张光南，凌文娟，杨子晖. 英属和西葡属殖民地制度与经济发展［A］. 大珠三角论坛，2009.

具有更高的波动性。因此，巴西圣保罗 IBOVESPA 的收益风险比要低于印度 Sensex30。

表 4-7　英国和西葡殖民地政治制度、行政体制、法律体系、宗教信仰和经济政策比较

国别	英国	西葡
政治制度	君主立宪，王权受法律约束	王权巩固
行政体制	议会责任制	邦联总督制
法律体系	习惯法	罗马法
宗教信仰	政教分离	政教合一
经济政策	重商主义	重农主义

资料来源：兴业证券经济与金融研究院整理。

4.2.4　自由化改革：强监管保障公司质量利好盈利稳定增长

1991 年，国际政局不稳，海湾战争导致石油价格上涨。印度在发生经济危机后向 IMF（国际货币基金组织）求助，之后根据 IMF 要求加强了监管，并简化了融资规则吸引外国投资，按照国际标准建了以公司治理为主要内容的经济改革，且在 1992 年通过《印度证券交易委员会法》，其中主要内容为：

改革发行制度，加强对上市公司信息披露的监管。

加强市场建设，改善投资者结构。23 个交易所采用公司制，电子屏幕显示交易系统。逐步开发股票期货、股指期货等衍生产品，形成股票、债券、基金、金融衍生产品等比较完整的产品体系。

对外开放政策。实行外国机构投资者（FII）制度，国外投资者可以自由出入印度证券市场，没有投资额度和时间限制，以及投资没有锁定期等。同时，对 FII 在上市公司的持股比例有限制。

1992 年之前，印度资本市场被政府严格监管，企业发行股票的权利（规模、价格等）由政府决定，机构投资者以国内机构为主，信息披露质量不高（1988 年，发行招股说明书只有 4 页），清算系统效率低下（至少 14 天），风险管理和投资者保护机制不健全等。1992 年，伴随着自由化经济改革，印度采取的资本

市场改革措施如下。

废除《1947 年资本发行管制法案》，取消资本规模下限。

废除发行核准制度，实行注册制。

废除政府定价，推行市场化发行定价。

允许企业回购股份。

对 FII 开放，投资所得扣税后可自由汇出。

允许印度市场纳入 MSCI 新兴市场指数。

发布《外国投资者指引》。

上市公司强制信息披露。

上市条件要求连续三年分红，连续三年盈利才能决定发行价。

成立证券交易委员会监管资本市场。

成立国家证券交易所。

制定《有价证券和交易委员会管理法》。

印度股市采取注册制（上市公司多），且监管严格（退市数量多）。根据上海证券交易所（简称上交所）数据资料，2007 年～ 2018 年 10 月，伦敦证券交易所凭借 9.5% 高居退市率榜首，纳斯达克（NASDAQ）、纽约证券交易所和德国证券交易所的退市率均在 6% 以上。其中，BSE 的退市率为 2.2%，即退市 1381 家，而同期上交所与深圳证券交易所（简称深交所）分别退市 35 家与 21 家，退市率仅为 0.2% 和 0.1%。严苛的退市机制使得印度股市的竞争激烈，自身竞争力较低的公司在竞争中被不断剔除，发展前景较好的优质公司为了保持自身竞争力也在不断进行改革优化，由此印度股票市场具备较大优势。

如图 4-23 所示，1993 ～ 1996 年，陆续有 3552 家上市公司在印度股票市场挂牌上市，此后上市公司数量趋于平缓。2014 年后，印度上市公司数量较往年有大幅度提升。另外值得关注的是，在 2004 年有高达 974 家公司在 BSE 退市。除去少数合并和收购的案例，其余主要是由于公司违反上市协议条款被勒令退市。这从侧面也可以说明，BSE 的监察制度与体系十分严格。印度 BSE 上市与退市公司数量变化如图 4-23 所示。

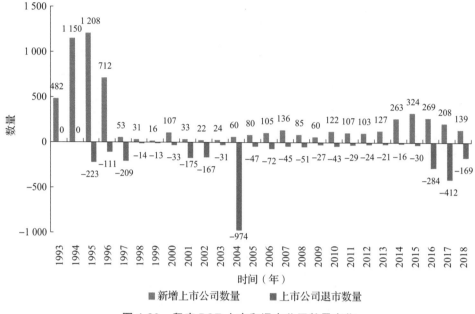

图 4-23　印度 BSE 上市和退市公司数量变化

资料来源：CEIC，兴业证券经济与金融研究院整理。

4.2.5　对外开放和外资流入是推动印度股市长牛的重要估值驱动力

印度经济主要受国内消费驱动，但是自由化后印度贸易份额快速增长，许多印度公司向全球出口商品，并且在证券交易所上市筹集资金，来自国外的公司收入逐渐增长。此外，随着印度经济扩大对外开放程度，印度作为一个封闭经济体的产品和价格差异逐渐缩小，因此印度公司的市场表现逐渐受到全球经济发展影响。这一逻辑在 2008 年全球金融危机中表现较为突出。从股市维度来看，印度对外开放进程促进了股市走牛，特别是在 1992 年之后对外开放深化阶段（放松外汇管理体制和资本出入境制度）之后。印度走牛行情如图 4-24 所示。

外资流入对印度股市产生了深刻影响。印度股票市场对外开放程度较高，FII 是印度市场上规模最大的机构投资者。考虑到 FII 在印度投资波动性较强，我们推断 FII 投资的是印度权益类资产。我们发现 2003 年之后，外资购买印度

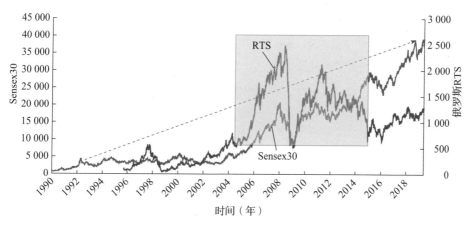

图 4-24　印度走牛行情

资料来源：Wind；谢世清，周庆余，《发展中国家资本账户开放的国际经验与借鉴》。兴业证券经济与金融研究院整理。

权益类资产净额与 Sensex30 PE 之间存在较为同向的关系，这表明外资流入在一定程度上对印度股市估值体系产生了较为显著的影响。我们发现在 2003 ～ 2007 年全球经济危机之前，2003 年 Sensex30 PE 为 12 时，外资持续买入印度权益类资产，一直到 2007 年底 Sensex30 PE 为 27.6。之后随着全球经济危机，外资快速流出印度股市，但是在 2018 年 11 月 Sensex30 PE 低至 11.6 时，外资再次大量买入。之后，我们发现当 Sensex30 PE 为 15 ～ 20 时，外资会保持较为活跃的买入态势，在 Sensex30 PE 超过 20 之后，FII 投资波动性会大大增强。

关于外汇汇率，卢比对美元汇率长期呈贬值趋势，主要是因为印度经常账目赤字。这些问题无法彻底解决与印度政府对于卢比贬值管控无力也有关。然而，如图 4-25 所示，在卢比长期贬值的情况下，FII 仍然继续追加印度权益类投资，说明即使在贬值压力巨大的环境下，国际资金仍看好印度市场的长期发展前景。

4.2.6　印度长牛股市驱动力分析对中国 A 股的借鉴意义

基于前文分解印度股市盈利和估值的分析框架，一言以蔽之，印度股市长牛的基本条件是盈利的可持续增长。优秀的上市公司盈利持续增长为整个资本市场提供可良性循环的示范效应，推动这些公司强者恒强。此外，从 1992 年开始股市改革，1997 年提高外资参股本国证券机构比例、允许外资投资印度境内股权衍生工具，2000 年后 BSE 将对低质量上市公司强制退市等这一事件轴来看，印度一直不断强化股市制度改革力度，加大对外开放，使改革和外资成为提升市场估值的重要驱动力。我们可以看到印度卢比面临长期贬值的趋势，也没有改变外资持续增持印度权益资产的信心。

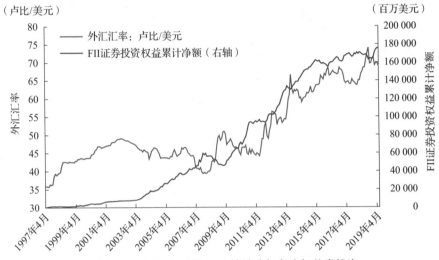

图 4-25 卢比长期贬值，FII 持续追加印度权益类投资

注：在数据采集方面，由于受数据时段限制，为统一时间和更直观有效地进行数据分析比较，我们以 1997 年为基点，将原有累计值做清空处理。

资料来源：CEIC，兴业证券经济与金融研究院整理。

4.3 外资如何把握核心资产的买卖时点和参考指标

外资买卖核心资产的时点和参考指标为广大投资者所关心。我们针对这些问题再次前瞻性提出兴业证券经济与金融研究院的 ISEF 模型（见图 4-26）。

"I"（Increasing ROE），ROE 提升型：企业 ROE 出现阶段性提升，突破 10% 后外资迅速流入。典型代表：恒立液压、三一重工。

"S"（Stable ROE），ROE 稳定型：优质资产的 ROE 长期稳定且高于 20%，外资在底部建仓，长期持有。在个股估值过高、A 股存在阶段性系统风险、面临 30% 的持股限制时，外资会暂缓流入，考虑兑现部分盈利。典型代表：美的集团、贵州茅台、上海机场。

"I&S"，ROE 稳定提升型：公司 ROE 稳定提升，外资持股比例跟随 ROE 稳定上升。当标的估值过高或公司 ROE 出现下滑时，外资会谨慎观望或小幅减仓。典型代表：中国国旅、爱尔眼科。

"E"（Event Shock），事件冲击型：公司基本面受到外生事件的短期冲击；对业绩造成实质性影响的，外资持股占比持续下行；理性评估，外资持股占比回升。典型代表：海康威视、恒瑞医药。

"F"（Familiar Industries），产业相似型：除了传统认知的"白马"核心资产，一些"黑马"核心资产、"隐形冠军"也是外资偏好的。这类细分龙头企业主要具备几类特征：①从投资者信息角度看，市场认知尚不充分，属于"黑马"。②从全球视角看，某些国家存在类似产业、公司，海外机构投资者曾经投资过此类公司。③从产业生命周期角度来看，对于公司估值、成长性、产业发展等问题，海外机构投资者的相关投资经验更丰富，判断更有前瞻性，更容易捕捉"黑马"。典型代表：聚光科技、华测检测。

图 4-26　ISEF 模型

资料来源：兴业证券经济与金融研究院整理。

样本选择：我们从外资持股占比排名前 50 的股票（见表 4-8）中，选择了 11 只有代表性的个股作为研究对象进行分类分析（即 ISEF）。11 只个股外资持股占比平均为 27.5%，近 1、3、5 年相对沪深 300 的平均超额收益为 20%、148%、300%，十分显著（见表 4-9）。

恒立液压、三一重工是 ROE 提升型的代表。

美的集团、贵州茅台、上海机场是 ROE 稳定型的代表。

海康威视和恒瑞医药是事件冲击型的代表。

聚光科技、华测检测是产业相似型的代表。

表 4-8　外资持股占比排名前 50 的股票

证券简称	自由流通股占比（%）	总股本占比（%）	中信一级行业	证券简称	自由流通股占比（%）	总股本占比（%）	中信一级行业
宁波银行	37.7	15.7	银行	洋河股份	24.5	8.3	食品饮料
苏泊尔	36.3	6.6	家电	海螺水泥	23.5	12.2	建材
方正证券	35.4	17.3	非银行金融	云南白药	23.4	9.1	医药
上海机场	35.2	16.5	交通运输	一心堂	23.2	9.4	医药
爱尔眼科	33.6	11.9	医药	恒瑞医药	23.1	13.9	医药
重庆啤酒	33.0	13.2	食品饮料	欧普照明	22.9	3.9	家电
泰格医药	32.9	20.7	医药	海天味业	22.9	5.7	食品饮料
华润三九	32.8	11.9	医药	宇通客车	22.7	13.4	汽车
恒立液压	32.6	9.5	机械	华新水泥	22.7	9.6	建材
中国国旅	31.9	14.9	餐饮旅游	首旅酒店	22.1	10.2	餐饮旅游
药明康德	31.0	3.1	医药	浙江鼎力	22.1	8.0	机械
深圳机场	30.7	13.2	交通运输	海康威视	20.5	7.1	电子元器件
聚光科技	30.3	19.1	电力及公用事业	益丰药房	20.4	7.2	医药
南京银行	29.9	18.9	银行	老板电器	20.4	9.5	家电
三花智控	29.2	11.7	家电	白云机场	19.5	9.5	交通运输
美的集团	28.9	18.6	家电	华能水电	19.0	1.9	电力及公用事业
华测检测	28.5	21.7	电力及公用事业	顾家家居	18.4	3.6	轻工制造
贵州茅台	26.7	9.6	食品饮料	启明星辰	18.3	11.5	计算机
宏发股份	25.8	13.7	电力设备	三诺生物	18.1	8.9	医药
杰瑞股份	25.7	12.3	机械	瀚蓝环境	18.1	9.9	电力及公用事业
海尔智家	25.6	15.1	家电	涪陵榨菜	17.9	10.5	食品饮料
北京银行	25.5	13.8	银行	海能达	17.5	7.5	通信
环旭电子	25.4	5.5	电子元器件	中际旭创	17.3	3.0	通信
安琪酵母	24.6	13.4	食品饮料	尚品宅配	17.2	5.5	轻工制造
中南传媒	24.5	8.7	传媒	国药一致	16.9	5.6	医药

资料来源：Wind，兴业证券经济与金融研究院整理，数据统计时间截至 2019 年 7 月 31 日。

表 4-9 11 只个股

证券代码	证券简称	外资持股占比① (%)	相对沪深 300 超额收益② (%)			平均 ROE③ (%)			归属母公司净利润年化增长率④ (%)		
			近 1 年	近 3 年	近 5 年	近 1 年	近 3 年	近 5 年	近 1 年	近 3 年	近 5 年
601100.SH	恒立液压	32.6	25	257	296	20	11	7	119	136	30
600031.SH	三一重工	11.7	52	163	104	21	10	7	192	253	16
000333.SZ	美的集团	28.9	9	90	290	26	26	27	17	17	31
600519.SH	贵州茅台	26.7	28	205	568	34	31	30	30	31	18
600009.SH	上海机场	35.2	29	188	483	16	15	14	15	19	18
601888.SH	中国国旅	31.9	18	296	401	20	18	17	22	27	19
300015.SZ	爱尔眼科	33.6	12	130	415	18	20	19	36	33	35
002415.SZ	海康威视	20.5	-17	69	242	33	34	34	21	25	30
600276.SH	恒瑞医药	23.1	8	169	429	23	23	23	26	23	27
300012.SZ	华测检测	28.5	82	82	87	10	7	10	102	14	13
300203.SZ	聚光科技	30.3	-26	-26	-9	18	16	14	34	35	30

①外资持股占比为外资持股占自由流通股本的比例，数据统计时间截至 2019 年 7 月 31 日。

②个股相对沪深 300 的超额收益，收盘价统计时间为 2019 年 7 月 31 日。

③平均 ROE 为近 1、3、5 年 ROE 的算术平均值。

④归属母公司净利润年化增长率为近 1、3、5 年归属母公司净利润的年化复合增长率。

资料来源：Wind，兴业证券经济与金融研究院整理。

4.3.1　ROE 提升型
ROE 提升，外资持股占比快速提高

对于 ROE 提升的优质资产，外资在底部入场，随着 ROE 提升加仓，在 ROE 上升超过 10% 时加快流入速度；持股周期一般 5～8 个季度，能够充分享受公司和行业上行周期带来的利好。市场普遍认为外资机构在投资 A 股时，青睐的标的均是类似贵州茅台、格力电器这样的龙头企业"白马股"。

实际上，以恒立液压和三一重工为例，这种属于制造业的核心资产在出现阶段性 ROE 提升时，也会得到外资的关注。

1. 恒立液压：21 个月，ROE10% 升至 20%，外资持股占比 5% 升至 30%

2017～2019 年，恒立液压净利润由 2017 年第一季度的 1381% 逐步下滑至 2019 年第一季度的 108%。ROE 由 2017 年第一季度的 3.5% 逐步上行，在 2017 年第四季度达到 10%，2019 年第一季度达到 21%。恒立液压股价上涨最快的阶段是 2017 年第四季度到 2019 年第一季度，股价实现了近 2 倍的涨幅。

我们发现以公募、保险、社保为代表的内资机构投资者和以 QFII、陆股通为代表的外资机构投资者，在恒立液压持股占比中出现了比较不一致的变化。

内资机构投资者占恒立液压自由流通股比例提升最快的阶段是 2017 年，从 10% 提升至 40%，对应该公司净利润增速最快的阶段。相反，外资机构投资者持股占比提升最快的阶段是 2018 年，从 5% 提升至 30%，对应该公司 ROE 提升最快的阶段（见图 4-27）。从这个角度可以看出，内资与外资在股票关注的核心指标上会出现一定程度的差异化。

2. 三一重工：外资持股占比由 5% 升至 15%，股价实现 80% 涨幅

从宏观背景来说，在 2015～2019 年经历了供给侧结构性改革之后，周期性龙头企业盈利出现了较大幅度改善。

三一重工归属母公司净利润增速由 2012～2015 年的负增长逐步转正，2016～2018 年归属母公司净利润增速分别为 4000%、928%、192%（见图 4-28a）。

同时，相对净利润而言变化慢的变量三一重工 ROE 在 2014 年～2017 年 ROE 持续低于 10%。进入 2018 年以来，其 ROE 持续提升，从 2017 年的 8% 左右提升至 20% 左右。

图 4-27 恒立液压内外资持股占比

注：外资持股占比指（陆股通、QFII、RQFII）持股数占公司自由流通股本比例，内资持股占比指（公募基金、保险、社保）持股数占公司自由流通股本比例。

资料来源：Wind。

如图 4-28b 所示，在三一重工 ROE 不到 10% 之前，外资持股占比仅 5%

左右，而随着 ROE 由 10% 上升至 20%，即 2018 ～ 2019 年，外资持股占比由 5% 左右提升至 15%。在这期间，三一重工股价实现 80% 涨幅。

相较于净利润出现大幅改善，外资更关注的是 ROE 的提升，尤其是 ROE 突破 10% 的关键时点。

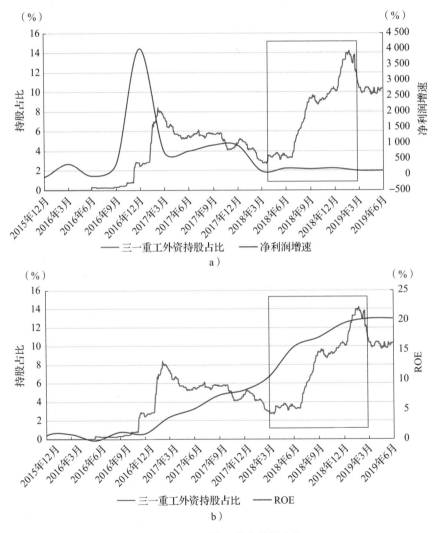

图 4-28　三一重工外资持股占比

注：外资持股占比指（陆股通、QFII、RQFII）持股数占公司自由流通股本比例。

资料来源：Wind。

3. "I" 型持股周期小于 10 个季度，ROE 超过 10% 时快速流入

结合相关分析，针对此类 ROE 提升型的个股分析外资买卖点，我们可以得出两个结论。

外资持股周期一般在 4 ～ 10 个季度。如德意志银行持有恒立液压已超过 8 个季度，从估算收益来看，其整个周期收益大致为 75%。

ROE 是外资选股、判断买入卖出较为重要的指标，我们认为 ROE 10% 以上是外资买卖较为重要的标准。以恒立液压为例，德意志银行从 2017 年第一季度开始持有恒立液压（与恒立液压 ROE 从底部开始上升的时点基本一致），并在 2018 年第一季度恒立液压 ROE 突破 10% 时大量加仓，持股占比由 9.49% 升至 14.52%（见表 4-10）。

表 4-10　德意志银行持股占比

日期	德意志银行持股占比[①]（%）	恒立液压 ROE（%）
2017 年 6 月 30 日	3.49	5.62
2017 年 9 月 30 日	10.38	8.17
2017 年 12 月 31 日	9.49	9.93
2018 年 3 月 31 日	14.52	11.97
2018 年 6 月 30 日	14.68	16.39
2018 年 9 月 30 日	13.89	18.61
2018 年 12 月 31 日	13.21	18.40
2019 年 3 月 31 日	8.31	20.67
估算收益率[②]（%）	75	

①表内数字为德意志银行持股占恒立液压自由流通股的比例。
②根据德意志银行持股占比变动情况及恒立液压季度成交均价估算。如 2019 年第一季度仍有持仓则统一按在第二季度全部卖出处理。
资料来源：Wind，兴业证券经济与金融研究院整理。

4.3.2　ROE 稳定型
底部建仓，估值过高兑现部分浮盈

我国在各行各业存在一批优质资产，这些优质资产的 ROE 长期稳定且高于

20%，是大多数投资者心中的"白马股"，如大家熟知的美的集团、贵州茅台、上海机场等。

此类"白马股"是内资、外资机构投资者的第一选择。从 2015 年沪港通开通以来，核心资产开启独立牛市，外资买卖此类标的的时点、指标成为大多数投资者关心的焦点。

整体而言，通过分析，我们可以得出三个结论。

PE 是外资买卖重要的参考指标。例如，美的集团 PE 在 2017 年第四季度～ 2018 年第一季度超过 20，外资持股占比基本稳定在 20% 左右。贵州茅台 PE 在 2017 年第三季度～ 2018 年第一季度超过 30，接近 40——外资出现一定幅度的流出，但仍然保持一定持股水平。

当全球风险资产波动，A 股面临阶段性系统风险时，部分外资机构选择暂缓流入，观察等待，兑现部分浮盈。

外资持股 30% 限制成为阶段性制约外资继续配置我国资产的因素之一。根据证监会 2012 年《关于实施〈合格境外机构投资者境内证券投资管理办法〉有关问题的规定》第九条第二款规定："所有境外投资者对单个上市公司 A 股的持股比例总和，不超过该上市公司股份总数的 30%。"外资在持续购买优质"白马股"过程中，可能会受到外资（QFII、RQFII、陆股通）占单只 A 股总股本比例不超过 30% 规定的限制。随着我国开放的步伐越来越快，这条限制可能会逐步消失。

1. 美的集团：PE 超过 20 大概率会影响外资买卖行为

自美的集团上市以来，我们观察发现其 ROE 一直维持在 20% 以上，十分稳定；外资持股占比也处于持续稳步提升的状态。目前美的集团外资（QFII、陆股通）占自由流通股本的比例也在 25% 附近。美的集团内外资持股占比如图 4-29 所示。

具体而言，PE 超过 20、大盘阶段性调整时是外资的主要卖出阶段。

2017 年第四季度～ 2018 年第一季度，美的集团估值持续上升，PE（TTM，滚动 12 个月）由 20 升至 25，创历史新高。这一阶段，外资持股占比基本稳定在 20% 左右，有 1% ～ 2% 的外资选择了兑现收益卖出。

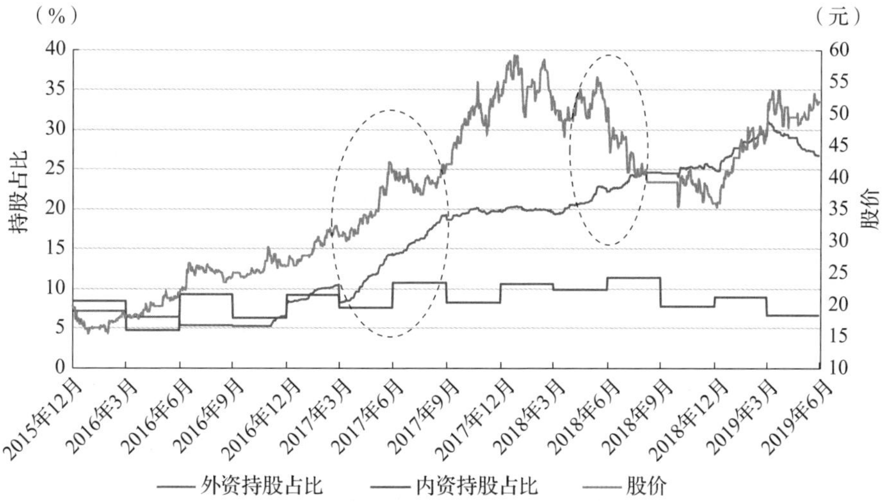

图 4-29 美的集团内外资持股占比

注：外资持股占比指（陆股通、QFII、RQFII）持股数占公司自由流通股本比例，内资持股占
比指（公募基金、保险、社保）持股数占公司自由流通股本比例。

资料来源：Wind，兴业证券经济与金融研究院整理。

2018 年，虽然美的集团 PE 逐步下行，但由于信用风险、中美贸易摩擦
的影响，A 股从 3000 点下跌至 2500 点附近，在这种大盘的阶段性压力和风险
下，外资在这一阶段也选择阶段性放缓此前持股占比由 20% 提升至 25% 的加仓
节奏。

2. 贵州茅台：PE 30 以上外资也可能嫌"贵"了

自 2005 年以来，贵州茅台的 ROE 虽然略有波动，但整体一直在 20% ～
40% 内波动，稳定保持在平均 30% 的高 ROE 水平。

自 2011 年起，外资通过 QFII 持续流入购买贵州茅台，在其股价低于每股
200 元时，外资持股占比就接近 10%。随着 2015 年沪港通开通，2018 年 A 股纳
入 MSCI，外资持股占比持续提升，目前外资（QFII、RQFII、陆股通）占贵州
茅台自由流通股本比例达 30% 左右。

具体而言，PE 超过 30 是外资卖出贵州茅台的主要阶段。从现阶段可得数

据来看，PE 30 以上的贵州茅台，外资可能也嫌"贵"了。我们认为市场对外资行为的龙头标的贵州茅台股价上涨的驱动因素存在一定"误解"，主要在于以下方面。

1）市场普遍认为贵州茅台在 2017 年股价上涨是因为外资流入，但从数据（陆股通 +QFII）角度来看，2017 年贵州茅台 PE 一路从 25 上行至 40，外资持股占比却从 25% 下滑至 20%。因此，2017 年贵州茅台股价上涨的核心动力可能并不是外资。

2）2019 年第二季度，市场又一次较为激烈地讨论"核心资产""抱团"等，甚至部分投资者感叹难以理解外资不计较 PE、成本持续买入贵州茅台。其实我们从数据层面可以看到，当时外资持股占比是持续下行的，即 2019 年第二季度贵州茅台 PE 超过 30，外资持股占比也从 30% 下滑至 25%（见图 4-30）。

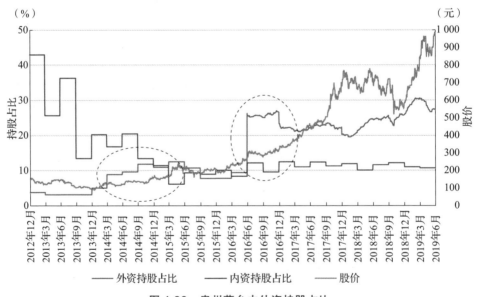

图 4-30   贵州茅台内外资持股占比

注：外资持股占比指（陆股通、QFII、RQFII）持股数占公司自由流通股本比例，内资持股占比指（公募基金、保险、社保）持股数占公司自由流通股本比例。

资料来源：Wind，兴业证券经济与金融研究院整理。

3.上海机场：两重制约——30% 外资持股限制和 PE 超过 25

2012 年以来，上海机场 ROE 持续稳定在 10% 以上，并以 15° 斜率向上，呈稳步抬升态势。

根据目前可得数据，我们发现自从 2017 年开始，外资（QFII、RQFII、陆股通）占上海机场自由流通股本比例基本稳定在 40% 左右，占总股本比例也接近 30% 外资持股占比上限，这是阶段性制约外资进一步流入的因素。而 PE 超过 25 是外资阶段性卖出的因素。抛开外资因为 30% 限制而无法进一步买入的影响，我们看到在 2015 年第二和第三季度、2018 年第二季度、2019 年第二季度三个阶段，上海机场 PE 超过 25，对应外资持股占比均分别出现了 10%、5%、5% 左右的减少（见图 4-31）。

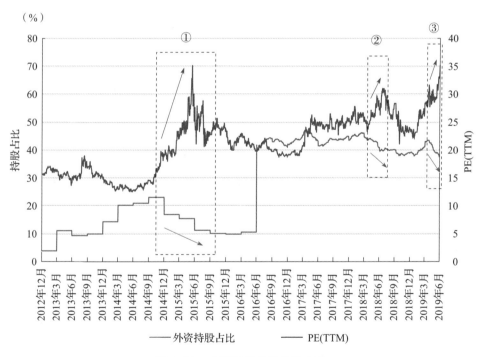

图 4-31　上海机场外资持股占比

注：外资持股占比指（陆股通、QFII、RQFII）持股数占公司自由流通股本比例。

资料来源：Wind，兴业证券经济与金融研究院整理。

4.3.3 "S"型

持股周期 10 ～ 20 个季度，收益 2 ～ 3 倍，估值是卖点重要因素

我们在"I"型（ROE 提升型）分析中，得出两个结论：①外资机构持股周期一般为 4 ～ 10 个季度，小于 10 个季度。② ROE 是外资选股、判断买入卖出较为重要的指标，我们认为 ROE 10% 以上是外资买卖较为重要的标准。

那么对于"S"型，在持股周期、买卖时点上是否存在类似的结论呢？根据分析，我们大致得到如下几个结论。

外资持股周期一般为 10 ～ 20 个季度。比如美的集团、美林国际和高瓴资本持股周期 11 ～ 14 个季度，持股占比稳定在 1.5% ～ 3.0%。瑞银、GIC、奥本海默基金和易方达资管（中国香港）持有贵州茅台 14 ～ 17 个季度，持股占比一般在 1% ～ 4%。瑞银、富达基金（中国香港）、易方达资管（中国香港）持有上海机场 12 ～ 21 个季度，持股占比 1.5% ～ 3.0%（见表 4-11）。

估值因素是卖点的考量因素之一。比如 2017 年第四季度至 2018 年第一季度美的集团 PE 上升突破 20 时，外资暂缓流入；2017 年和 2019 年第二季度贵州茅台 PE 两次超过 30，外资持股占比下降 5%；2015 年第二和第三季度、2018 第二季度、2019 第二季度上海机场 PE 3 次超过 25，外资持股占比分别出现了 10%、5%、5% 的减少。

持股占总股本 30% 限制外资进一步买入。比如上海机场，2016 年第三季度开始，外资（QFII、RQFII、陆股通）占上海机场自由流通股本比例接近 40%，此后基本维持在 35% ～ 45%。影响外资进一步扩大其对上海机场持股占比的主要因素在于对个股 30%（占总股本）的限制。

估算收益率 2 ～ 3 倍。奥本海默基金和易方达资管（中国香港）曾连续持有贵州茅台 15 个季度左右，持有期回报率超过 300%；易方达资管（中国香港）持有上海机场 21 个季度，浮盈 294%。与此同时，外资机构底仓筹码相对稳定，部分浮动筹码跟随股价进行一定幅度的加减仓。整体而言，由于 ROE 稳定型资产具备较强安全边际，长期稳定持有更能获得可观收益。

表 4-11　美的集团、贵州茅台、上海机场外资持股占比

日期	美的集团 外资持股占比（%）			贵州茅台 外资持股占比（%）				上海机场 外资持股占比（%）	
	美林国际	高瓴资本	瑞银集团	GIC	奥本海默基金	易方达资管（中国香港）	瑞银集团	富达基金（中国香港）	易方达资管（中国香港）
2011 年 6 月 30 日			1.11						
2011 年 9 月 30 日			1.17						
2011 年 12 月 31 日			1.22						
2012 年 3 月 31 日			1.16						
2012 年 6 月 30 日			1.03				1.73		
2012 年 9 月 30 日			1.05				1.95		
2012 年 12 月 31 日			1.15				2.20		
2013 年 3 月 31 日			1.28				2.65		
2013 年 6 月 30 日			1.29				2.48		
2013 年 9 月 30 日			1.28				2.06		
2013 年 12 月 31 日	2.40		1.73				3.00		
2014 年 3 月 31 日	2.32		1.75				3.01		2.17
2014 年 6 月 30 日	2.61		2.08	1.18			3.21		2.03
2014 年 9 月 30 日	2.12		2.09	1.98			2.83		3.00
2014 年 12 月 31 日	2.19		2.08	2.18	1.65	2.89	1.29	1.46	3.26
2015 年 3 月 31 日	2.27		1.89	3.93	1.64	2.94	1.20	2.20	2.36
2015 年 6 月 30 日	2.75		1.52	3.48	1.62	2.90	0.96	1.88	2.20
2015 年 9 月 30 日	1.67			3.20	1.62	2.78		2.77	2.20
2015 年 12 月 31 日	1.72	1.61		3.24	1.62	2.78		2.69	2.16
2016 年 3 月 31 日	1.65	1.56		3.76	1.62	2.78		3.02	2.16
2016 年 6 月 30 日	1.73	2.06		4.24	1.62	2.80		3.03	2.16

（续）

日期	美的集团 外资持股占比 (%)			贵州茅台 外资持股占比 (%)			上海机场 外资持股占比 (%)		
	美林国际	高瓴资本	瑞银集团	GIC	奥本海默基金	易方达资管（中国香港）	瑞银集团	富达基金（中国香港）	易方达资管（中国香港）
2016 年 9 月 30 日		2.78		3.28	1.49	2.80		3.19	2.16
2016 年 12 月 31 日		2.89		1.12	1.49	2.80		2.95	2.16
2017 年 3 月 31 日		2.95		1.03	1.49	2.77		2.52	2.16
2017 年 6 月 30 日		2.88		1.01	1.49	2.77		1.58	2.16
2017 年 9 月 30 日		2.78		0.95	1.21	2.74		1.53	2.16
2017 年 12 月 31 日		2.75			1.03	2.73			2.16
2018 年 3 月 31 日		2.59			0.93	2.73			2.16
2018 年 6 月 30 日		2.52			0.93				2.16
2018 年 9 月 30 日		2.51							2.16
2018 年 12 月 31 日		1.66							2.16
2019 年 3 月 31 日		1.46							2.16
估算收益率（%）	66	120	57	122	326	368	60	69	294

注：根据 QFII 季度持股变动情况和股票季度成交均价估算外资机构在持有期间的收益率，2019 年第一季度仍有持仓的统一按在第二季度全部卖出处理。

资料来源：Wind，兴业证券经济与金融研究院整理。

4.3.4 "I&S"型
ROE 阶段性下滑是卖点重要参考因素

中国改革开放 40 年发展历程沉淀了一批优质资产，这批优质资产随着中国经济的腾飞从"小巨人"走向"大白马"，对应财务指标企业的 ROE 也逐步提升而转向稳定。结合前面我们所谈到的"I"和"S"两种类型，我们认为"I & S"是混合型，典型案例我们选择了爱尔眼科、中国国旅作为参考。

对于这类"I&S"（ROE 混合型），外资机构投资行为兼具"I"（ROE 提升型）和"S"（ROE 稳定型）两种模式特点，具体如下。

外资持股占比随 ROE 稳定上升，对应的持股周期一般为 7 ～ 14 个季度，也处于较长稳定水平。

标的 PE 过高、ROE 阶段性大幅下滑、大盘面临阶段性压力时，外资会选择谨慎观望或降低仓位。

1. 中国国旅：2013 ～ 2016 年 ROE10%，2017 ～ 2019 年 20%，外资持股占比提升 20%

2013 ～ 2016 年，中国国旅 ROE 水平在中游，即维持在 10% 左右，外资持股占比基本在 0 ～ 10% 波动。

2017 ～ 2019 年，中国国旅 ROE 持续提升至 20% 左右，与此同时外资持股占比从 10% 快速提升至 30%，而且几乎与 ROE 的提升速度保持同步。

2018 年第一和第二季度、2019 年第一季度，中国国旅 PE 超过 35，虽然 ROE 仍在持续提升，但外资持股占比并未提高，反而出现 3% ～ 5% 的下滑（见图 4-32）。从估值角度来看，估值是卖点的重要考虑因素之一。

2. 爱尔眼科：PE 超过 80，ROE 下滑，卖点的重要参考

ROE 提升：2015 ～ 2017 年，ROE 上行超过 20%，外资持股占比由 3% 迅速升至 10%。

ROE 稳定：2015 年以来，ROE 基本保持在 15% 以上，2018 年后企稳至 18%，外资稳定流入，持股占比接近 30%。

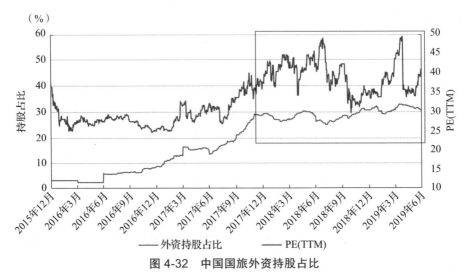

图 4-32　中国国旅外资持股占比

注：外资持股占比指（陆股通、QFII、RQFII）持股数占公司自由流通股本比例。

资料来源：Wind，兴业证券经济与金融研究院整理。

2018 年，PE 超过 80 时，外资暂缓加仓，2017 年第四季度 ROE 下滑、2018 年底大盘面临调整时，部分外资降低了仓位。

2015 ～ 2017 年，爱尔眼科的 ROE 均保持在 15% 以上并且逐渐上升超过 20%。深股通开通后，2017 年爱尔眼科外资持股占比由 3% 迅速提升至 10%。2018 年以来，外资持股占比持续大幅度增加，目前持股占比接近 30%。爱尔眼科 ROE 在 2017 年第四季度由 22% 下滑至 13%，由于 ROE 出现大幅度下滑，外资出现 3% 左右的急剧撤离（见图 4-33）。

2018 年、2019 年第二季度，爱尔眼科 PE 在 80 或以上，外资持股占比在此阶段基本保持平稳或小幅度下降（见图 4-34）。

4.3.5　"E" 型

事件影响基本面，部分外资卖出

在股票研究中，事件冲击可以是某一突发事件对公司短期股价造成的冲击，也可以是某一事件对某公司基本经营情况造成影响，进而对企业财务产生影响。**我们在此主要研究的是公司基本面受到某些事件影响，进而造成投资机构买卖行为的变化。**

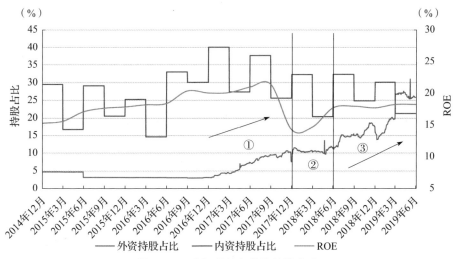

图 4-33　爱尔眼科内外资持股占比

注：外资持股占比指（陆股通、QFII、RQFII）持股数占公司自由流通股本比例，内资持股占
　　比指（公募基金、保险、社保）持股数占公司自由流通股本比例。
资料来源：Wind，兴业证券经济与金融研究院整理。

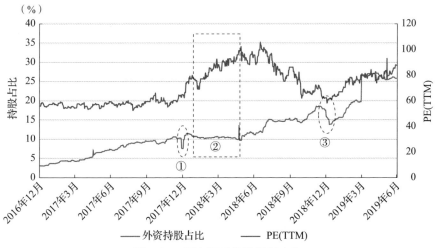

图 4-34　爱尔眼科外资持股占比

注：外资持股占比指（陆股通、QFII、RQFII）持股数占公司自由流通股本比例。
资料来源：Wind，兴业证券经济与金融研究院整理。

我们选择了海康威视、恒瑞医药两只标的作为研究对象。

海康威视从 2018 年 4 月中美贸易摩擦开始，外资（陆股通 +QFII）持股占比就逐步从 35% 持续回落至 20%。

恒瑞医药由于 2018 年第三和第四季度带量采购政策的冲击，外资（陆股通 +QFII）持股占比由 28% 降至接近 20%。在带量采购政策落地、影响范围明晰后，恒瑞医药外资持股占比在 2019 年第一季度又逐步回升。

1. 海康威视：受中美博弈冲击，外资持股占比由 2018 年 4 月的 35% 降至 20%

海康威视海外业务收入占总收入 30% 左右。随着 2018 年 4 月中美贸易摩擦开始，部分投资者认为这可能会对海康威视经营情况造成影响，出于对未来不确定性的担忧，部分外资选择阶段性卖出海康威视。

从数据层面我们可以看到，从 2018 年第二季度开始，部分外资持续卖出，海康威视外资持股占比从 35% 逐步下滑。海康威视 2018 年净利润增速 20%，2019 年第一季度净利润增速 –15%（见图 4-35），业绩大幅度下滑，进一步加重了投资者对海康威视经营情况的担忧。**截至 2019 年第二季度，海康威视的外资持股占比由 35% 下滑至 20%**（见图 4-36）。

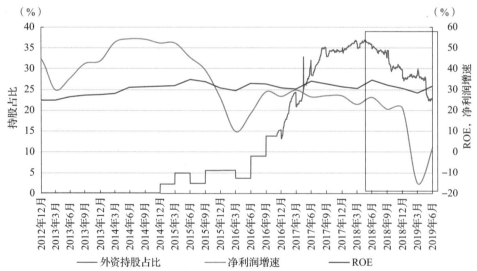

图 4-35　2019 年第一季度净利润下降 15% 加剧担忧，海康威视外资持股占比下滑至 20%

注：外资持股占比指（陆股通、QFII、RQFII）持股数占公司自由流通股本比例。

资料来源：Wind，兴业证券经济与金融研究院整理。

图 4-36　海康威视内外资持股占比

注：外资持股占比指（陆股通、QFII、RQFII）持股数占公司自由流通股本比例，内资持股占
　　比指（公募基金、保险、社保）持股数占公司自由流通股本比例。
资料来源：Wind，兴业证券经济与金融研究院整理。

2. 恒瑞医药：带量采购政策短期冲击，外资持股占比 U 型变化（28%—20%—25%）

2018 年，医药带量采购政策出台，可能会对部分医药公司经营造成冲击。市场开始担忧此举会阶段性对相关企业盈利带来不利影响，医药板块出现较大幅度调整。以恒瑞医药为例，部分投资者担忧公司基本面情况，选择阶段性减持恒瑞医药。我们看到 2018 年恒瑞医药外资持股占比由 28% 下降至 20%。2019 年第一季度，随着政策逐步明了、清楚，情绪性冲击减弱，投资者开始理性评估政策影响，不确定性降低。作为医药龙头企业，恒瑞医药外资持股占比回升至25%（见图 4-37）。

恒瑞医药 ROE 如图 4-38 所示。

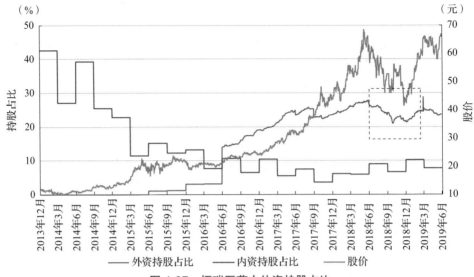

图 4-37   恒瑞医药内外资持股占比

注：外资持股占比指（陆股通、QFII、RQFII）持股数占公司自由流通股本比例，内资持股占
比指（公募基金、保险、社保）持股数占公司自由流通股本比例。

资料来源：Wind，兴业证券经济与金融研究院整理。

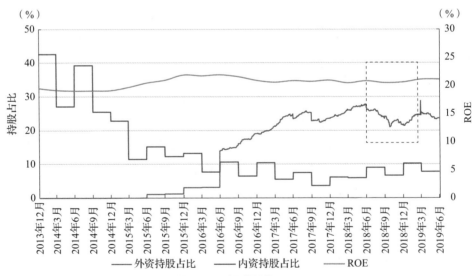

图 4-38   恒瑞医药 ROE

注：外资持股占比指（陆股通、QFII、RQFII）持股数占公司自由流通股本比例，内资持股占
比指（公募基金、保险、社保）持股数占公司自由流通股本比例。

资料来源：Wind，兴业证券经济与金融研究院整理。

4.3.6 "F"型
类比生命周期，捕捉细分龙头企业

传统而言，大家认为海外机构投资者主要聚焦于大家耳熟能详的"白马股"。但经过过去几年时间，我们逐步发现海外机构投资者不仅购买传统龙头企业，还包括一些细分龙头企业。

1. SGS：全球检测设备龙头企业，2001～2008 年实现 700% 涨幅

瑞士通用公证行公司（SGS）盈利快速增长，8 年时间 ROE 提升至 35%，股价上涨超 700%。

SGS 是全球最大的综合性检测认证服务公司，提供覆盖油气化工、农产品、消费品、工业、采矿、汽车、环保、生命科学等方面的检测服务。

2001～2008 年，SGS 快速发展，营业收入由 14 亿美元增长至 45 亿美元，实现了每年 15.6% 的复合增长率；归属母公司净利润由 0.76 亿美元提升至 6.41亿美元，7 年时间实现利润 743% 增长。在这期间，SGS 股价由每股 120 美元一路稳步上涨，突破每股 1000 美元，涨幅超过 700%（见图 4-39）。

图 4-39　SGS 股价

资料来源：Bloomberg，兴业证券经济与金融研究院整理。

SGS 确立全球龙头企业地位后，进入低增速、高 ROE 阶段。SGS 从 2009 年起进入低速增长阶段。2009～2018 年，SGS 主营业务收入复合增长率 4.4%，归属母公司净利润复合增长率 1.1%，但 ROE 却一直保持在高位，达到 30% 左右。

SGS 各业务领域占比如图 4-40 所示。

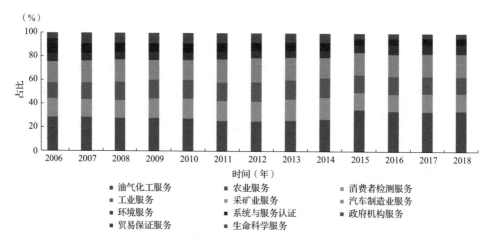

图 4-40　SGS 各业务领域占比

资料来源：Bloomberg，兴业证券经济与金融研究院整理。

2. 聚光科技、华测检测提供检测服务，产业生命周期类比 SGS

聚光科技是以环境监测和工程检测设备起家，逐渐发展成为环境保护、工业过程、公共安全和工业安全提供分析测量、信息化、运维服务和解决方案的综合提供商。

华测检测是国内最大、实验室最多的民营检测服务机构，按照国际成熟的商业实验室模式运行，而且是国内唯一一家实现了多产品线覆盖的综合性检测上市公司。

聚光科技和华测检测业务构成如图 4-41 所示。

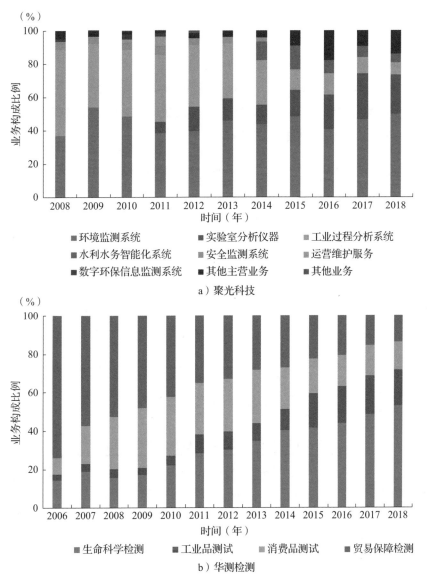

图 4-41　聚光科技和华测检测的业务构成

资料来源：Wind，兴业证券经济与金融研究院整理。

3. POWER CORPORATION OF CANADA 同时是 SGS、华测检测股东

分析聚光科技、华测检测、SGS 机构持股情况，我们发现：

在聚光科技前 10 大股东中，2017 年至今，我们看到了摩根士丹利的身影。

在华测检测前 10 大股东中，2017 ～ 2018 年，我们看到了 POWER CORPORATION OF CANADA 的身影。

在分析 SGS 时，我们看到摩根士丹利在 2000 ～ 2005 年及 2008 年至今，POWER CORPORATION OF CANADA 在 2005 ～ 2011 年及 2018 年至今，出现在 SGS 前 10 大股东之中（见表 4-12）。

表 4-12　SGS、聚光科技、华测检测机构持股情况

	主要持股机构	主要持股阶段
SGS	瑞银	1990 年至今
	瑞信	2000 年至今
	摩根士丹利	2000 ～ 2005 年，2008 年至今
	POWER CORPORATION OF CANADA	2005 ～ 2011 年，2018 年至今
聚光科技	ISLAND HONOUR LIMITED	2014 年至今
	RICH GOAL HOLDINGS LIMITED	2014 ～ 2017 年
	淡马锡	2014 ～ 2018 年
	摩根士丹利	2017 年至今
华测检测	POWER CORPORATION OF CANADA	2017 ～ 2018 年

资料来源：Wind，兴业证券经济与金融研究院整理。

聚光科技、华测检测外资持股占比如表 4-13 所示。

表 4-13　聚光科技、华测检测外资持股占比

时间	聚光科技外资持股占比（%）				华测检测外资持股占比（%）
	ISLAND HONOUR LIMITED	RICH GOAL HOLDINGS LIMITED	淡马锡	摩根士丹利	POWER CORPORATION OF CANADA
2014 年 6 月 30 日	9.32	31.95			
2014 年 9 月 30 日	7.84	23.62	4.09		
2014 年 12 月 31 日	7.03	10.85	3.67		
2015 年 3 月 31 日	6.24	3.62	3.24		
2015 年 6 月 30 日	6.24	3.62	2.86		
2015 年 9 月 30 日	6.20	3.60	2.84		
2015 年 12 月 31 日	6.20	2.88	1.83		
2016 年 3 月 31 日	6.20	2.88			

（续）

时间	聚光科技外资持股占比（%）				华测检测外资持股占比（%）
	ISLAND HONOUR LIMITED	RICH GOAL HOLDINGS LIMITED	淡马锡	摩根士丹利	POWER CORPORATION OF CANADA
2016 年 6 月 30 日	6.20	2.88	2.31		
2016 年 9 月 30 日	6.20	2.88	1.83		
2016 年 12 月 31 日	5.61	2.85	1.81		
2017 年 3 月 31 日	5.62	2.30	1.81		
2017 年 6 月 30 日	5.62				2.55
2017 年 9 月 30 日	5.56		1.44	1.50	3.74
2017 年 12 月 31 日	5.56			1.66	3.46
2018 年 3 月 31 日	5.56		1.98	1.97	2.61
2018 年 6 月 30 日	5.56		1.98	1.90	2.55
2018 年 9 月 30 日	5.56		1.98	1.65	2.55
2018 年 12 月 31 日	5.56			1.41	
2019 年 3 月 31 日	5.50			1.72	
估算收益率（%）	74	52	22	−15	21

注：根据 QFII 季度持股变动情况和股票季度成交均价，估算外资机构在持有期间的收益率，2019 年第一季度仍有持仓的统一按在第二季度全部卖出处理。

资料来源：Wind，兴业证券经济与金融研究院整理。

下篇

微观视角

　　在本书的下半部分中，我们将分别对股票市场的五大板块进行分析，结合各行业面临的宏观经济影响、制度政策影响、行业格局变化，为什么某些行业能够诞生核心资产？哪些核心竞争力、关键资源最为重要？如何筛选行业内能够成为核心资产的公司？

　　我们首先选择消费品行业进行分析，因为一提到核心资产，大家可能最先反映出来的就是贵州茅台、五粮液、恒瑞医药、中国国旅、格力电器、美的集团……毫无疑问，消费品行业中的龙头企业是最容易为市场接纳的核心资产。在国际上也是如此，比如可口可乐、沃尔玛、宝洁、麦当劳、星巴克、强生、辉瑞等。庞大的内需市场、消费的不断升级、品牌的打造和坚持、渠道的复制扩张都使得消费品公司中的佼佼者更容易走上良性循环，规模效应和品牌效应交相叠加，甚至走向更广阔的国际市场。它们建立起坚实的"护城河"，享受长长的"坡道"，滚出大大的"雪球"，因而在全世界的资本市场中也最容易获得广泛的认同。在 A 股市场中，消费品行业通常包括食品饮料、医药、家电、纺织服装、农业等，也包括消费服务业如商贸零售、社会服务（未来有可能成为一个单独的大板块）。这种分类并不绝对，与国民经济统计分类也并不一一对应，更多的是从资本市场投资经验出发进行的归类，各个证券公司研究所的组织架构也常常按照这一分类设置。分类也并非一成不变，如家电和汽车行业，既有消费品属性又有制造业属性，以前可能制造业属性更多一点，也就归类在制造业中；但是慢慢地其消费属性越来越强，也就可以放在消费品中。在本书中，我们认为在家电行业股票的投资实践中，消费属性对投资业绩的驱动影响更大，因而将其归在消费品中进行分析。

　　另外需要特别强调的是，为了方便读者深入理解核心资产，我们在各行业的分析中列举了一些公司作为案例分析，但这并不代表我们推荐该公司的股票。推荐股票是一件非常严肃且专业的事情，应该由持有专业资格的证券分析师通过合规的渠道发布正式的研究报告，有严格的流程和对象，所以这里的案例讲解只是"方便法门"，分享思路和方法，切不可据此进行股票投资买卖。而且，好公司也不是一成不变的，投资股票需要根据具体的"时""势"来判断。

第 5 章

消费品板块核心资产研究

5.1 为什么消费品板块最容易诞生核心资产

5.1.1 庞大的需求空间

世界羡慕的优渥土壤

中国拥有世界上人口最大也最有潜力的市场，这一点是市场的共识。我们人口规模大，人均消费水平不高，具备巨大的提升空间，且消费市场规模仅次于美国。改革开放以来，我国经济总量迅速增长，2015 年已是世界第二大经济体。GDP 总量约为第三名日本的 3 倍（见图 5-1）。⊖经济总量迅速增长的背后是我国的 GDP 增速多年保持在世界前列（见图 5-2）。近年来随着经济结构转型升级，我国经济增速有所下降，但增速仍然位居世界前列。

⊖ 资料来源：世界银行。

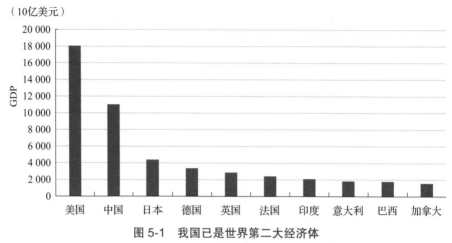

（10亿美元）

图 5-1 我国已是世界第二大经济体

资料来源：Wind，兴业证券经济与金融研究院整理。

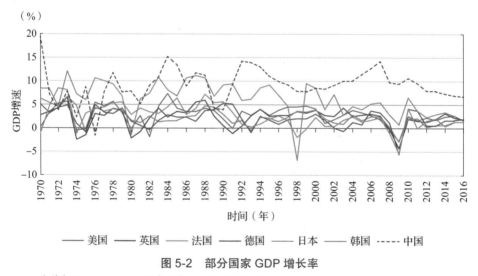

（%）

时间（年）

—— 美国　—— 英国　—— 法国　—— 德国　—— 日本　—— 韩国　----- 中国

图 5-2 部分国家 GDP 增长率

资料来源：Wind，兴业证券经济与金融研究院整理。

收入提升可以满足更高层次需求。根据马斯洛需求层次理论，从低到高人们会追求五种类型的需求，依次是生理、安全、归属、尊重和自我实现的需求，其中前四种都可以通过消费相关的产品或服务来实现——生理需求对应着基本的衣食住行需求；安全需求直接对应着医疗保健需求，间接对应着更高质量的衣食住行需求；归属需求则对应着社交活动，往往伴随着对娱乐、互动、交流类的服务消费实现；尊重需求对应着高端服务和高端奢侈品消费（见图 5-3）。随着人们收入水平的提升，实现更高层次需求的能力自然也会随之提升，从而带动对相关实现形式的商品和服务的消费。

图 5-3　与马斯洛需求层次理论对应的部分实现方式

资料来源：兴业证券经济与金融研究院整理。

5.1.2　清晰的市场格局

各领域龙头座次已现

目前，消费品行业的发展已从渗透率阶段过渡到市占率阶段，从渠道扩张进入品类提升阶段。部分企业在通过渠道扩张实现增长后，逐渐意识到品牌的重要性——品牌影响力大的企业能够占据市场大多数份额。但是企业之间的核心竞争力不在于品牌的优劣，在于企业的产品创新能力，优质的产品或服务能保证企业在行业竞争中争取到更多的市场份额。在这个阶段，具有渠道和品牌优势的行业龙头企业会继续做大做强，抢占更多市场份额，行业集中度不断提升。消费品行业内的龙头企业经历多年的市场拼杀，绝大多数细分领域内第一梯队、第二梯队甚至第三梯队已经基本成型，前几名龙头的座次已经基本显现，如白酒中的贵州茅台、五粮液、泸州老窖，家电中的格力电器、美的集团，调味品中海天味业，零售业中的永辉超市，医药中的恒瑞，乳制品、肉制品、百货店、农业、男装、女装等领域中也都有各自领先的品牌公司，传统行业的新进入者很难颠覆行业既有格局。

　　在宏观经济下行背景下，行业间的格局逐渐清晰，优势行业易受到市场资金的青睐。由于消费品行业属于弱周期行业，受经济下行影响较小，受到了长线资金欢迎。消费品行业具有消费属性，能够保持持续成长性，如白酒、医药等部分细分领域发展迅速，逐渐显露出优势。经营业绩显著的行业龙头企业则因规模、品牌、渠道或技术等方面的优势，垄断地位更加稳定，盈利能力持续增强。同时，保险资金及北上资金等长线资金持续流入，配置行业龙头企业比例不断提升，也推动了股价上扬，使消费品行业的核心资产脱颖而出。

5.1.3　升级的产业结构
工业走向消费服务业

　　后工业化时期，我国边际消费倾向可能即将迎来拐点。 与消费贡献较低相对应的是，我国居民的边际消费倾向目前很低。从美国、日本两国的经验来看，在从投资到消费驱动经济转变过程中，边际消费倾向会呈现出随着收入增长而先降后增的态势，这是由经济结构决定的。我国边际消费倾向与人均 GDP 的变化如图 5-4 所示。

图 5-4　我国边际消费倾向与人均 GDP 变化

资料来源：Wind，兴业证券经济与金融研究院整理。

我国产业结构确实在向下游消费品行业转型。 2011 年之前，工业企业利润主要来自上游原材料和中游原材料行业的贡献，两者利润合计贡献率一度接近 60%。这也是我国经济主要依赖投资驱动的一个表现，消费品行业贡献的利润占比始终徘徊在 20% 附近。然而，2008 年美国次贷危机以来，我国逐步推进经济结构转型升级，消费品行业贡献的利润稳步上升，并且表现出了相当程度的韧性。以 2017 年 2 月的数据为例，上中游原材料行业受益于供给侧结构性改革带来的产品价格上涨，企业利润普遍提升，行业利润占比也有了明显上升，但消费品行业利润占比仍然在 30% 附近，没有出现剧烈下滑（见图 5-5）。这种行业转变从供给端为消费升级提供了保障。

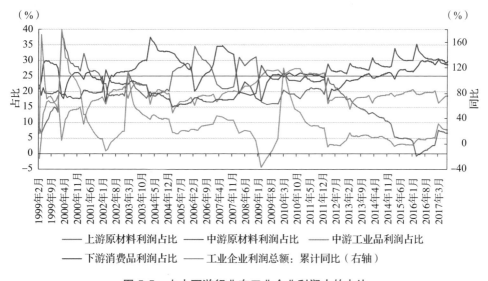

图 5-5 上中下游行业在工业企业利润中的占比

资料来源：Wind，兴业证券经济与金融研究院整理。

5.2 海外启示录：日、韩、美、欧的成功经验

5.2.1 日本消费品核心资产的启示

日本消费品行业诞生了大量优质的核心资产，因为东亚经济体结构相似、

消费需求与文化可借鉴，我们多分析了几个日本的案例。如医药行业的武田制药、零售行业的7-11、调味品行业的龟甲万，以及家电行业的索尼，每一个都是品牌响当当、股价产生过长期巨大回报的核心资产。

先来看日本医药行业，其"先仿再研，政策推动、行业集中"的发展经验，对我国医药行业发展趋势非常有借鉴意义。

根据孙一楠的研究，日本医药产业根据发展历程，大体可以被划分为六个历史阶段。

第一阶段：第一次世界大战时期，战时需求促进产业发展。第二阶段：第二次世界大战结束后期，抗生素与维生素的崛起。第三阶段：20世纪五六十年代，全面引进国外技术。第四阶段：20世纪六七十年代，产业高速成长。第五阶段：20世纪七八十年代，自主研发新药。第六阶段：20世纪八九十年代，海外扩张。

创新、并购重组、国际化驱动日本优质企业逆势成长。①创新：通过新药的"创新溢价"降低行政降价的负面影响；②并购重组：中小企业淘汰出局，兼并重组中龙头企业市场份额不断扩大；③国际化：进军欧美等海外市场，规避国内严苛的利空政策。

在这种行业背景下，日本医药行业诞生了以武田制药为代表的一批国际知名企业，也是资本市场中的核心资产。

成立于1781年的武田制药是一家自主研发，已在全球制药行业居于领先地位的跨国集团。自成立以来，武田制药一直从事药品的研究开发，先后在日本、美国、欧洲和新加坡设立研发中心。

从市场表现来看，1990～2006年，武田制药股价从每股1232日元上涨至每股5015日元，涨幅达307%；同期EPS从1991年的51日元上涨至2006年的353日元，涨幅达592%；市盈率从1991年的26下跌至2006年的23，跌幅为12%。

在业绩方面，武田制药2019年营业收入为20.97千亿日元，较2018年全年增长18.45%；净利润率最高的时期为2005～2008年，达到了25%以上，2019年净利润率为5.58%。估值方面，武田制药PE分别在2000年和2016年达到超过 50 的高峰，2019 年底 PE 为 18.96。

武田制药主营业务收入和净利润率如图 5-6 所示。

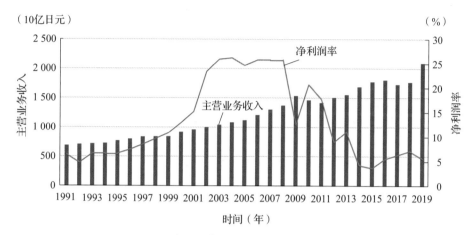

图 5-6　武田制药主营业务收入和净利润率

资料来源：Bloomberg，兴业证券经济与金融研究院整理。

武田制药 PE 和 PB 如图 5-7 所示。

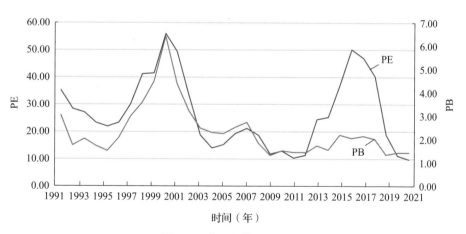

图 5-7　武田制药 PE 和 PB

资料来源：Bloomberg，兴业证券经济与金融研究院整理。

1990 ～ 2006 年，武田制药股价维持上升趋势，如图 5-8 所示。

图 5-8 武田制药股价

资料来源：Bloomberg，兴业证券经济与金融研究院整理。

武田制药 EPS 如图 5-9 所示。

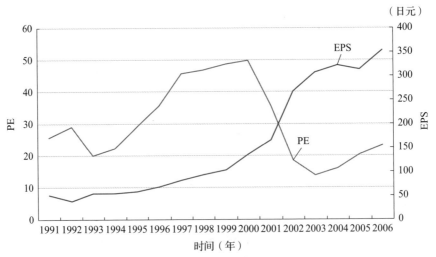

图 5-9 武田制药 EPS

资料来源：Bloomberg，兴业证券经济与金融研究院整理。

武田制药的历史最早可以追溯到 1781 年，当时创始人武田主要从事传统中药的销售。从 1895 年起，武田制药开始转型成为医药制造商。1914 年，武田制药开始成立研究部门，推出自有品牌的产品。20 世纪 70 年代，面对日本国内行业增速的放缓，武田制药在 1978 年于法国设立营销公司，进军欧洲市场。随着技术的积累，武田制药逐步推出了自己的创新药，如亮丙瑞林、兰索拉唑等，坎地沙坦和毕格列酮也相继在欧美上市。2000 年之后，武田制药开始在全球的扩张和兼并，先后收购了 Syrrx、千禧制药、奈科明、Inviragen 等企业，不断扩充商业版图。

回顾武田制药的发展历程，可以很明显地看到其遵循了"原料药→仿制药→创新药＋国际化"的发展路径，一方面减轻了自身对于严苛的本国市场的依赖，提高了抵御风险的能力；另一方面也嫁接了全球的资源，推动公司更好地研发。从资本市场表现来看，在严苛的政策利空环境下，依靠创新和国际化驱动，武田制药仍然为投资者带来了可观的超额收益。

日本啤酒行业也诞生了一个龙头企业——麒麟，在长达 40 年的时间中持续给投资者带来了丰厚的投资回报。日本啤酒的发展大致经历了啤酒、发泡酒、"第三啤酒"、无酒精啤酒 4 个阶段。**20 世纪 70 年代以前，日本啤酒行业就已经形成稳定格局，**龙头企业很早就实现了行业寡头垄断。早在"二战"结束时期，麒麟、札幌就占据了市场上的较大份额。20 世纪五六十年代，宝酒造、三得利、朝日等行业新星开始逐渐扩大份额，并且与麒麟、札幌等共同形成了寡头垄断的格局。**20 世纪 70 年代至 90 年代，伴随着日本消费规模的提升，龙头企业开始采用多样化策略推出产品。**1994 年，日本的酒类销售许可放松管制，加上超市和便利店行业的发展，部分龙头企业开始拓展新的销售渠道，进一步推进了产品多样化。**20 世纪 90 年代至 2010 年前后，为了降低税收政策的影响，日本啤酒企业开始推出发泡酒。**由于日本政府 1994 ~ 2003 年多次针对啤酒调整税率，三得利首先开发出了发泡酒，随后札幌、麒麟等其他龙头企业也迅速跟进，最终生产出麦芽比率为 0 的"第三类啤酒"。**2010 年后，日本社会消费欲望降低，年轻人消费习惯发生变化，无酒精啤酒逐渐开始发展。**

行业格局长期稳定及政策变化是日本啤酒行业形成寡头垄断格局的主要原因。早在 20 世纪初，日本的大日本麦酒就已经在市场上一家独大。"二战"结束后，大日本麦酒被分拆成日本麦酒（包括札幌、惠比寿等品牌）和朝日。此后麒麟、札幌、朝日和三得利一直是日本啤酒行业的龙头企业，长期行业地位稳定。在 20 世纪 90 年代日本政策发生变化时，龙头企业凭借强大的研发能力，迅速推出了能够化解影响的新产品，进一步巩固了行业地位。

　　下面我们分析龙头企业麒麟。麒麟是日本啤酒行业龙头之一，2018 财年实现销售收入 1156.91 亿日元，净利润 98.40 亿日元。麒麟旗下业务包括酒类、软饮料和制药业务：日本综合饮料部门从事制造和销售啤酒、气泡酒和新酒精饮料产品，制造和销售葡萄酒，进口酒精饮料，以及汽车运输和食品工业相关工程业务；大洋洲综合饮料部门生产和销售啤酒、牛奶、乳制品、矿泉水、果汁和调味品；海外其他饮料部门参与软饮料的制造和销售，如可口可乐；制药部门涉及制造和销售医药产品，以及药品研发。

　　麒麟的竞争优势在于竞争性爆品及多样化策略。在竞争对手朝日推出新产品 3 年后，麒麟也推出了类似的产品一番榨抗衡朝日。一番榨一经推出就成为麒麟史上最成功单品，然而一番榨由于推出时间较晚，最终还是没能取代朝日产品。因此，麒麟选择了多样化策略。除了啤酒之外，饮料、葡萄酒、啤酒机等都是麒麟新业务的收入来源。此外，麒麟还大力发展海外市场，以此来减低对本国市场的依赖。

　　在业绩方面，截至 2019 年第三季度末，麒麟最近 12 个月主营业务收入为 19.48 千亿日元，较 2018 年全年增长 0.89%；最近 12 个月净利润率为 6.93%（见图 5-10）。从估值来看，麒麟 2020 年 2 月 9 日的 PE 为 35.64。

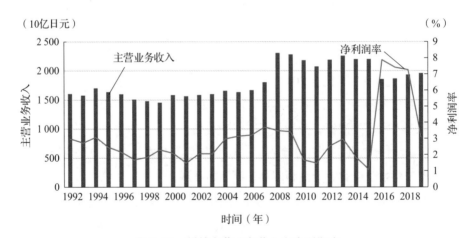

图 5-10　麒麟主营业务收入和净利润率

资料来源：Bloomberg，兴业证券经济与金融研究院整理。

　　麒麟股价从 1974 年每股 144 日元上涨至 2019 年每股 2390 日元，涨了 16 倍（见图 5-11）。

图 5-11　麒麟股价

资料来源：Bloomberg，兴业证券经济与金融研究院整理。

EPS 从 1992 年的 0.36 美元上涨至 2019 年的 0.62 美元，涨幅达 74%；PE 从 1992 年的 16 上涨至 2019 年的 35，涨幅为 119%（见图 5-12）。

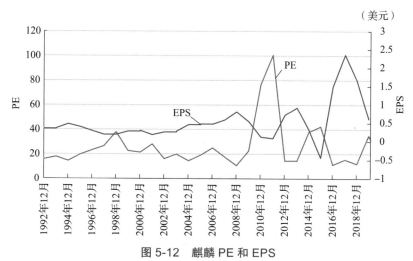

图 5-12　麒麟 PE 和 EPS

资料来源：Bloomberg，兴业证券经济与金融研究院整理。

我们再分析一个日本消费品行业的标杆企业，它就是日本调味品龙头——龟甲万。日本调味料最大传统子品类为酱油。日本在酱油行业发展的近 40 年时间内，经历了从传统酱油到鲜榨酱油的消费切换。日本的酱油行业在 20 世纪 80 年代之前还以传统酱油为主。20 世纪 80 年代之后，日本人的健康化意识提升，酱油开始往低盐化方向发展。20 世纪 90 年代，大豆开始替代豆粕成为酱油酿造的主要原材料。2000 年之后，有机酱油、鲜榨酱油等更加健康的品类开始逐渐占据市场（见图 5-13）。根据智研咨询的数据，2018 年，日本的调味品领军企业龟甲万占据日本全国酱油行业 30% 的份额，CR3 达到 48%（见图 5-14）。

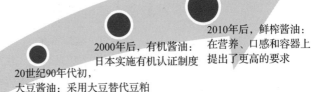

2010年后，鲜榨酱油：
在营养、口感和容器上
提出了更高的要求

2000年后，有机酱油：
日本实施有机认证制度

20世纪90年代初，
大豆酱油：采用大豆替代豆粕

20世纪80年代初，
低盐酱油：健康化意识兴起，
低盐酱油出现

20世纪80年代前，
传统酱油：传统酿造

图 5-13　日本酱油行业发展历程

资料来源：智研咨询，兴业证券经济与金融研究院整理。

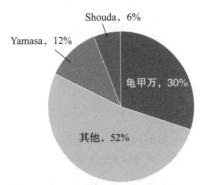

Shouda，6%

Yamasa，12%

龟甲万，30%

其他，52%

图 5-14　日本酱油行业份额占比

资料来源：智研咨询，兴业证券经济与金融研究院整理。

龟甲万有四个业务部门。国内食品制造和销售部门生产酱油和酱油相关的调味品，加工番茄产品和其他食品。

在业绩方面，龟甲万 2019 财年主营业务收入 4.54 千亿日元，同比增长 5.33%；净利润率 5.75%（见图 5-15）。

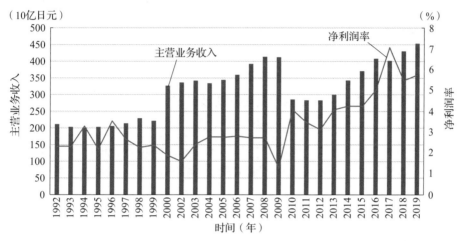

图 5-15　龟甲万主营业务收入和净利润率

资料来源：Bloomberg，兴业证券经济与金融研究院整理。

从估值来看，龟甲万 2020 年 2 月 9 日的 PE 为 40.51（见图 5-16）。

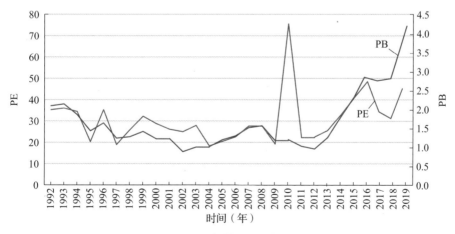

图 5-16　龟甲万 PE 和 PB

资料来源：Bloomberg，兴业证券经济与金融研究院整理。

以 20 世纪 50 年代为限，龟甲万的发展可以分为两个阶段。龟甲万创办于 17 世纪中叶，最早是以地区的家庭作坊的形式存在的。20 世纪初，家庭作坊引入机械化生产，建造了自动酿造工厂。后来这一地区的家庭作坊进行了合并，形成了统一的"龟甲万"品牌。20 世纪 50 年代，龟甲万已经成了影响力极大的酱油酿造厂商。之后，由于行业竞争加剧，加上战争的影响，龟甲万开始向多品类及国际化方向拓展。例如，龟甲万凭借在酿造领域的优势，开发出番茄酱汁、葡萄酒、豆浆等新产品，并且都在市场上取得了 10% ～ 30% 的占有率。在国际化方面，2000 年龟甲万获得了可口可乐的行销权，随后进入了美国、新加坡等市场。

龟甲万的竞争优势在于能够及时不断推出市场需要的单品。20 世纪 50 年代，日本酱油行业增速放缓，龟甲万一方面采取了多品类策略，另一方面开始寻找市场需求，针对市场需求推出有影响力的单品。例如，20 世纪 80 年代，日本因为日美贸易摩擦开始放开肉类的进口限制，龟甲万及时开发推出了适合烹饪红肉的酱料。同时，伴随着 20 世纪八九十年代日本市场健康饮食风气的兴起，龟甲万推出了"特选丸大豆酱油""低盐酱油"等有针对性的品种。实际上，龟甲万的多品类策略在某种程度上也是针对市场需求推出的特定性单品。

龟甲万股价从 1974 年每股 167 日元上涨至 2019 年每股 5370 日元，涨了 31 倍（见图 5-17）。

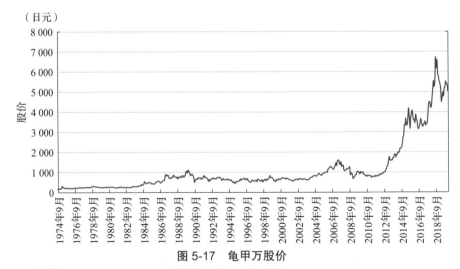

图 5-17　龟甲万股价

资料来源：Bloomberg，兴业证券经济与金融研究院整理。

EPS 从 1992 年的 0.20 美元上涨至 2019 年的 1.22 美元，涨幅达 515%；PE
从 1992 年的 27 上涨至 2019 年的 40，涨幅为 49%（见图 5-18）。

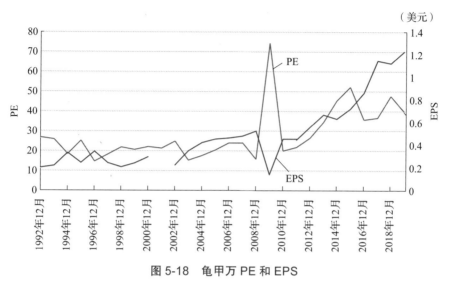

图 5-18　龟甲万 PE 和 EPS

资料来源：Bloomberg，兴业证券经济与金融研究院整理。

**连续分析了几家日本食品饮料行业的龙头企业，我们发现其实中国市场最
为熟知的日本消费品行业是家电行业。**

在前面关于日本宏观经济背景的分析可以看到，日本的家电行业是随着战
后制造业的兴盛而发展起来的。20 世纪五六十年代，主要发展的是洗衣机、冰
箱、黑白电视机，七八十年代，主要发展的是彩电、空调、汽车等产品。经过
20 年，日本的家电行业有了快速的发展，产生了索尼、松下、东芝、夏普、三
洋、日立、NEC、铁三角、三菱等世界著名品牌。但是 20 世纪 90 年代至今，由
于日本经济陷入"失落"，叠加韩国、中国家电企业崛起，日本家电行业的竞争
力不断下降，家电市场份额逐步下降，2011 年出现集体性亏损。此后，日本传
统的家电龙头企业纷纷采取转型或兼并重组的方式应对挑战。日本消费类电子设
备产值如图 5-19 所示。

技术研发是日本家电企业起步时期壮大的原因。"二战"之后，美国对日本
进行援助时带来了大量的技术，促成了日本家电企业技术上的迅速发展。20 世

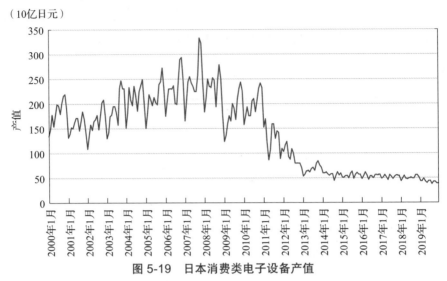

图 5-19 日本消费类电子设备产值

资料来源：CEIC，兴业证券经济与金融研究院整理。

纪 50 年代，日本颁布《企业合理化促进法》，对企业技术引进等给予税收优惠。随后在战争带来的特需经济下，日本家电行业处于技术和需求同时增长的状态。20 世纪 70 年代末，日本家电行业的技术质量水平开始居于世界前列，并且开始成为家电行业的技术引领者。**20 世纪 70 年代之后，随着日本国内需求饱和，海外拓展及业务多样化让日本家电企业继续保持增长**。在提升本国市场普及率之后，日本家电企业开始海外投资建厂，进行国际化经营。其中最具代表性的阶段就是 20 世纪 80 年代我国改革开放，从日本大量进口了家电产品及生产线。此时日本家电企业一方面可以将已有的成熟生产线转移，另一方面能够腾出资源发展新的产品品类，大量厨电、小家电开始涌现，日本家电企业也随之走向了业务多样化的道路。

　　日本的优秀家电企业非常多，我们选取索尼为例。索尼的竞争优势在于沿着产业链进入技术含量更高的领域进行多品类扩展。索尼是全世界民用和专业视听产品、通信产品和信息技术等领域的先导之一。索尼创建于 1946 年，20 世纪 50 年代成功开发出世界第一台晶体管收音机"TR-55"，60 年代在电视行业建立起世界级的地位，开发出晶体管电视机和单枪三束彩色显像管技术，70 年代开发出引领潮流的随身听和 3.5 寸硬盘等电子产品，80 年代并购了哥伦比亚电影公司，进军娱乐业，90 年代到最近几年一直是视听和多媒体行业的领导者。从发展历程不难看出，索尼不仅仅局限于家电行业，在很早就开始沿着产业链往技术含量更高的消费电子领域进行扩展，最终避开了家电行业整体不景气的阶段。

在业绩方面，索尼 2019 财年主营业务收入为 86.66 千亿日元，同比增长1.42%；净利润率为 9.20%（见图 5-20）。在估值方面，索尼 PE 在 2002 年达到巅峰 364.75，2019 年平均 PE 为 14.54（见图 5-21）。

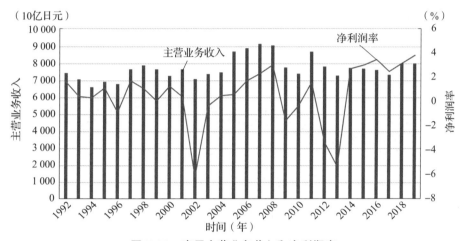

图 5-20　索尼主营业务收入和净利润率

资料来源：Bloomberg，兴业证券经济与金融研究院整理。

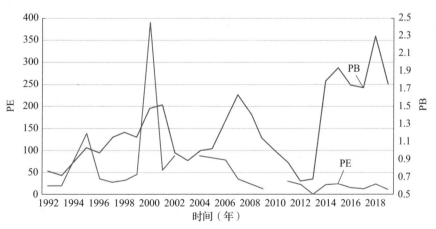

图 5-21　索尼 PE 和 PB

资料来源：Bloomberg，兴业证券经济与金融研究院整理。

　　索尼股价从 1974 年每股 602 日元上涨至 2019 年每股 7401 日元，涨幅为 1129%（见图 5-22）；EPS 从 1990 年的 0.89 美元上涨至 2019 年的 6.53 美元，涨幅达 634%；PE 从 1990 年的 17 下跌至 2019 年的 10，跌幅为 39%。

图 5-22　索尼股价

资料来源：Bloomberg，兴业证券经济与金融研究院整理。

5.2.2　韩国消费品核心资产的启示

　　"二战"之后，韩国经济增长经历了工业化和经济转型两个阶段，在 20 世纪 70 年代之前是工业化时期，20 世纪 80 年代及以后是经济转型时期。

　　20 世纪六七十年代，由于政府主导、外向型经济、重工业赶超，韩国经济开始腾飞。这一阶段韩国通过 5 个"五年计划"基本完成了工业化，GDP 年均增速 10%。1953 年《朝鲜停战协定》签订，韩国走出战争泥潭，在美国等国的援助下，经济进入恢复时期。1962 年，朴正熙上台后制订了第一个经济开发"五年计划"（简称"一五计划"），积极扶持进口替代和出口产业，基于劳动力充足的比较优势发展劳动密集型产业。

　　1962 ～ 1985 年，韩国农业产值占 GDP 比例下降至 15%（见图 5-23）。

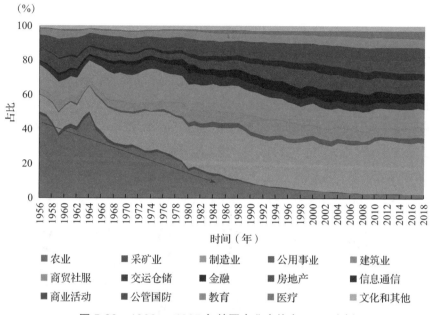

图 5-23　1962～1985 年韩国农业产值占 GDP 比例

资料来源：CEIC，Wind，兴业证券经济与金融研究院整理。

1962～1985 年，韩国 GDP 增速基本保持在 10%（见图 5-24）。

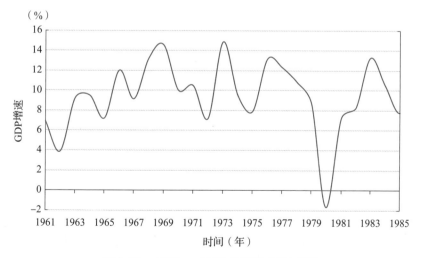

图 5-24　1962～1985 年韩国 GDP 增速

资料来源：CEIC，Wind，兴业证券经济与金融研究院整理。

　　20世纪八九十年代，韩国经济向技术密集转型，居民收入提高，消费占比增加，服务行业增长。跨入20世纪80年代以后，韩国人口红利开始消退，人工成本攀升。随后政府在"六五计划"中重点发展以电子设备为首的高级制造业，意图改善产业结构。韩国产业结构从以纺织品和皮革为代表的劳动密集型轻工业，转向以电子和电气设备为代表的技术密集型产业（见图5-25）。1980年，纺织品和皮革行业、电子和电气设备行业产值占韩国GDP比重分别为25%和10%，2000年时则为8%和25%，产业结构出现明显改变。两行业对实际GDP增长的拉动如图5-26所示。

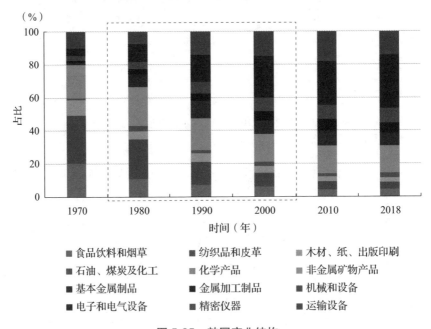

图 5-25　韩国产业结构

资料来源：CEIC，Wind，兴业证券经济与金融研究院整理。

　　韩国在消费电子、汽车等领域都有很多国际知名大公司，如三星、现代等。由于篇幅所限，我们选择了韩国化妆品行业进行分析。

　　从韩国消费品子行业市值分布上看，汽车及零部件占比最高达35%，其次是家居及个人用品，占比17%（见图5-27）。韩国的家居及个人用品行业市值占韩国市场总市值的 3%。

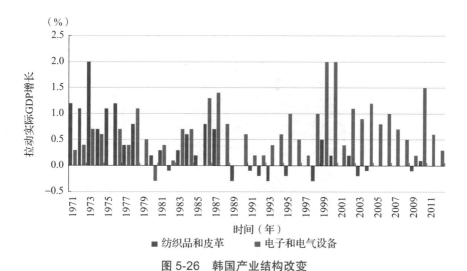

图 5-26　韩国产业结构改变

资料来源：CEIC，Wind，兴业证券经济与金融研究院整理。

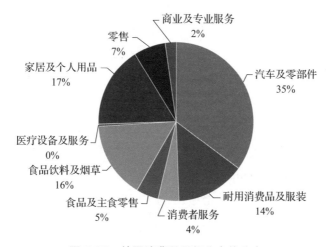

图 5-27　韩国消费品子行业市值分布

资料来源：Bloomberg，兴业证券经济与金融研究院整理。

韩国化妆品行业集中度较高。截至 2020 年 2 月 8 日，爱茉莉太平洋和 LG 生活健康两家巨头市值之和占整个行业的 88%（见图 5-28）。

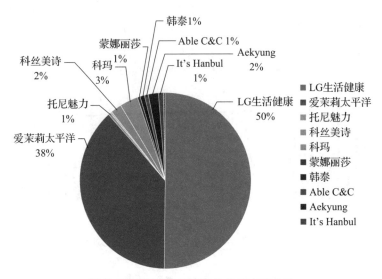

图 5-28　韩国化妆品行业公司市值占比

资料来源：Bloomberg，兴业证券经济与金融研究院整理。

韩国化妆品行业以20世纪80年代为界，大体可以分为两个阶段。 20世纪80年代以前，韩国化妆品行业主要以个人作坊形式生产，规模较小，监管也比较缺失。从20世纪60年代开始，韩国政府针对化妆品行业制定了一系列政策和标准，行业逐渐开始规范。20世纪80年代，韩国加大对外开放力度，国际化妆品品牌的进入一方面提高了韩国人的消费意识，另一方面也促使本土化妆品开始强化提升竞争力水平。同时，韩国政府也鼓励化妆品出口，韩国本土的化妆品企业逐渐开始脱颖而出。

韩国化妆品行业具有注重研发创新、安全性高，以及及时针对消费者需求定制化发展产品的特性。 韩国化妆品龙头企业拥有较多的自研品牌，并且在原料上不断采用新产品和新技术来进行研发，研发实力较强。由于韩国早期化妆品市场较不规范，因此现在韩国在化妆品立法和产品标准方面的要求都很高。韩国化妆品在整体安全性方面很高，韩国本土消费者愿意选择自主的产品。此外，韩国化妆品企业会针对不同顾客群体需求进行研发，而不是销售通用产品，能够满足消费者的各类需求，给消费者带来很强的定制化体验。

下面我们进行微观分析，以龙头企业 more-Pacific（爱茉莉太平洋）为例。爱茉莉太平洋是韩国第二大化妆品公司，主要从事化妆品的生产和销售业务。

在业绩方面，爱茉莉太平洋 20 世纪 90 年代后半期净利率为负，2006 年达到最高值 15.79%。近年，其净利率水平在 4% 左右，最近 12 个月主营业务收入为 62.84 千亿韩元，较 2018 年全年增长 3.39%；净利润率为 2.06%（见图 5-29）。在估值方面，爱茉莉太平洋的 PE 在 20 世纪 90 年代波动向下，1999 年仅为 1.07；在 2006 年后迎来较快提升，2017 年因为净利润大幅减少，其 PE 提升到 58；2019 年末，PE 为 40.44（见图 5-30）。

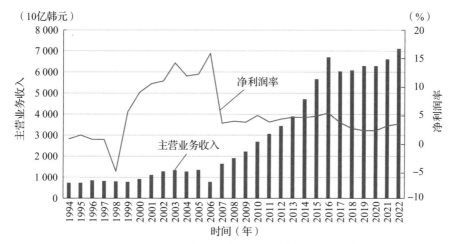

图 5-29　爱茉莉太平洋主营业务收入和净利润率

资料来源：Bloomberg，兴业证券经济与金融研究院整理。

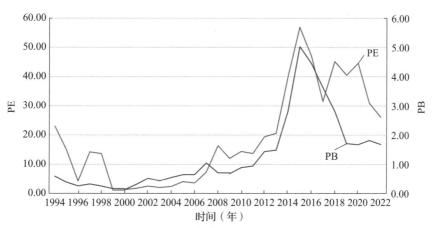

图 5-30　爱茉莉太平洋 PE 和 PB

资料来源：Bloomberg，兴业证券经济与金融研究院整理。

　　爱茉莉太平洋的竞争优势在于以高质量来要求产品，同时注重产品研发，定制化地生产适合亚洲人的产品。爱茉莉太平洋旗下品牌基本都来自自主研发，很少是通过并购获得的。同时，该公司生产也都是在自家建设的厂房中进行，相关厂房都是依据药品生产工厂的标准建设的。这一方面意味着爱茉莉太平洋本身有较强的研发能力，能够保持较高的利润创造能力，另一方面意味着爱茉莉太平洋的品牌质量能够得到保证，避免产品安全问题出现。另外，爱茉莉太平洋专注于韩国本土人群的护肤需求，有针对性地开发了一系列化妆品，并以此为基础扩展开发符合亚洲人尤其是东亚地区人群护肤需求的化妆品，定制化程度较高。此外，爱茉莉太平洋在 20 世纪 90 年代之后大力扩展包括中国在内的海外市场，海外销售占比提升也推高了公司业绩。爱茉莉太平洋重构销售渠道，免税店、海外公司渠道销售占比之和超过 60%。通过创建专卖店品牌并采取特许经营方式，爱茉莉太平洋加强了对零售渠道的控制力，在短短几年之内就拥有了上千家门店。

　　爱茉莉太平洋股价从 1975 年每股 226 韩元上涨至 2019 年每股 82 700 韩元，涨了 365 倍（见图 5-31）；EPS 从 1994 年的 0.12 美元上涨至 2019 年的 1.34 美元，涨幅达 986%；PE 从 1994 年的 16 上涨至 2019 年的 53，涨幅为 226%（见图 5-32）。

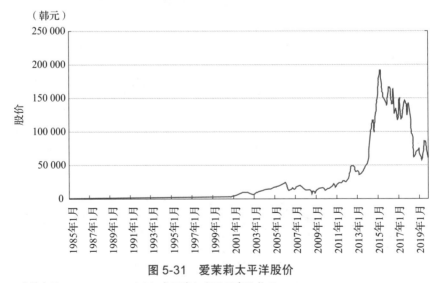

图 5-31　爱茉莉太平洋股价

资料来源：Bloomberg，兴业证券经济与金融研究院整理。

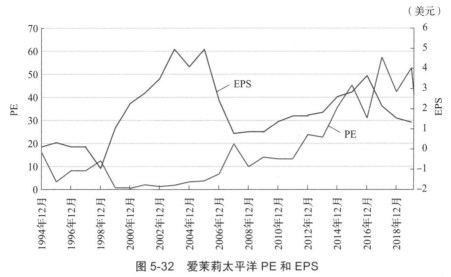

图 5-32　爱茉莉太平洋 PE 和 EPS

资料来源：Bloomberg，兴业证券经济与金融研究院整理。

5.2.3　美国消费品核心资产的启示

美国有一段非常特殊的阶段，在经济增长迟缓的时候，其资本市场连续诞生了 50 家股价表现非常优异的上市公司，也就是大家熟知的"漂亮 50"。既然我们解读核心资产，那么对于这个集中诞生核心资产现象背后的历史逻辑，最好也做一个扼要的分析。

下面我们选取比较典型的几个美国行业龙头企业进行分析，首先是大家都很熟悉的零售行业的巨无霸，曾经长期排名世界 500 强 NO.1 的沃尔玛。

先从行业看起，美国零售行业根据其发展状态，大体可以分为三个阶段。**第一阶段：20 世纪 50 年代之前的业态萌发期**。20 世纪初以前，美国零售行业都是以杂货铺的形式存在的。这种杂货铺往往都是专营某些或某类商品的小规模商店，顾客如果有多种商品的购买需求，需要前往多个商店才能购齐。**第二阶段：20 世纪 50 年代至 70 年代的快速发展期**。"二战"之后，伴随着"婴儿潮"、美国经济快速增长、新型消费产品的研发及普及，零售行业有了较好的发展。此外，20 世纪 60 年代消费需求变化促使折扣店兴起。**第三阶段：20 世纪 80 年代至今的新业态产生阶段**。随着美国经济增速开始进入稳定增长阶段，以及行业增速开始放缓，美国零售行业集中度也在提升，行业整合在加快，越来越多新型超市业态开始出现，如以 Costco 为代表的会员制仓储超市。

沃尔玛成立于 1962 年，经过 50 多年的发展已成为全球最大的连锁零售商。沃尔玛的发展历程可以分为以下几个阶段。

1945 ～ 1962 年：杂货店时期，为未来夯实基础。1945 年，沃尔玛创始人山姆·沃尔顿在结束"二战"军旅生涯后选择阿肯色州新港开始创业，并于当年 9 月开立第一家"5 分 -1 角"杂货店。之后沃尔顿不断扩张，到 1960 年已有 15 家门店分布在本顿维尔周边。1960 年后，沃尔顿向阿肯色州南部的密苏里州扩张，开立第一家 2000 平方米的"沃尔顿家庭中心"，业态为大型杂货店，年销售额达 200 万美元，超过先前所有门店之和。

1962 ～ 1980 年：折扣店乘风而起，成为区域龙头。折扣店在 20 世纪 60 年代逐渐兴起，70 年代开始快速发展。1962 年 7 月，沃尔顿于罗杰斯城开立第一家折扣百货店并首次取名"沃尔玛"。1970 年 10 月，沃尔玛登陆资本市场，将 20% 的股票上市交易，融资 495 万美元。1978 ～ 1982 年，折扣店发展势头减弱，加上经济大幅下滑，零售业公司面临亏损甚至倒闭的局面，具备核心竞争力的区域龙头企业享受了集中度提升带来的广阔市场空间。

1981 ～ 1992 年：坚持天天低价，多业态全国扩张。第二次石油危机引发的滞胀导致总部位于田纳西州的 Big-K 亏损，120 家门店被沃尔玛收购。在并购 Big-K 后，沃尔玛加速推进扩张，1987 年进军对手塔吉特的总部明尼苏达州，到 20 世纪 80 年代末已向全美近 25 个州扩张，成为美国第三大但增长最快的零售公司。沃尔玛紧盯国内经济发展形势和消费者需求变化，孵化出更多业态：1983 年设立山姆会员店、1988 年设立购物广场、1998 年开创社区店，每一步都是对零售市场理解的深化。

1992 ～ 2013 年：扬帆出海，国际扩张。沃尔玛选择从最近的美洲市场开始发展，以中国为突破口切入亚洲，20 世纪 90 年代后期进入欧洲市场。沃尔玛选择于 1992 年开始国际扩张并不仅仅是因为美国市场将要饱和，而是沃尔玛自信已掌握了一整套行之有效的零售公司管理方案，并且有充沛的自由现金流和强大供应链能力支持全球扩张，提前解决未来美国市场饱和的问题。

纵观沃尔玛的发展历史，可以发现沃尔玛的成功可以归结为"产品做到天

天平价，运营做到高效，最后通过规模效应盈利"。

其一是"农村包围城市"和逐步填满的扩张战略。利用小镇开店策略，沃尔玛在缺竞争、有需求、低成本的环境中悄然成长，做到区域垄断；在进军城市中，把店开在城乡接合部，以低成本实现了"农村包围城市"；通过区域内的集中管理、采购、配送，使得成本低于竞争对手，形成规模经济效应，带来了成本优势。

其二是全息化的强势供应链管理和领先全球的信息系统。沃尔玛采用高效的物流系统，依托整条无缝对接的供应链、配送中心、运输系统及信息系统，强大的供应链管控能力降低了成本，提高了效率。以信息技术的应用与创新为保障，沃尔玛做到了 1 小时全球商品全盘点、随时了解销售情况。

1972～2017 年，沃尔玛的股价从 0.06 美元每股上涨到 97 美元每股，净利润从 600 万美元上涨到 96 亿美元，涨幅双双超过 1600 倍（见图 5-33 和图 5-34）。

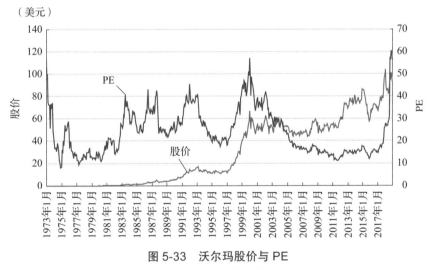

图 5-33　沃尔玛股价与 PE

资料来源：Datastream，兴业证券经济与金融研究院整理。

在过去百年历史中，美国医药行业贡献了大量牛股。美国医药行业和龙头企业的发展经验值得研究，关键词是研发、并购与监管政策。

根据王鑫等（2018）的研究，美国医药行业发展历程可以分为四个阶段。①孕育和诞生期（1775～1869 年）。在此期间，医药行业的发展主要是战争带来的需求推动的。由于缺乏监管，医药产业发展混乱，"万能药"泛滥。因此，有

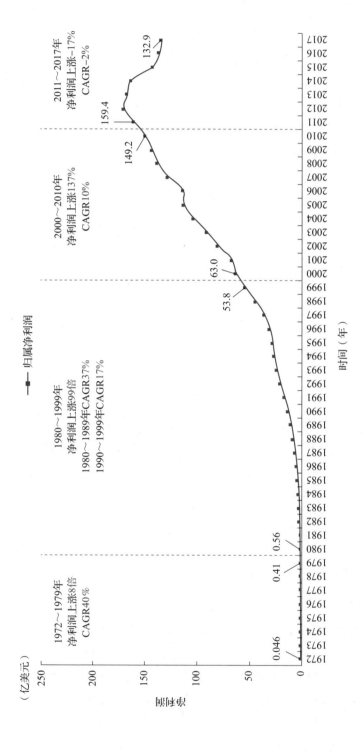

图 5-34　沃尔玛利润

资料来源：Datastream，兴业证券经济与金融研究院整理。

良知的药剂师和医生联合起来请求美国国会立法禁止进口低质量的治疗药物，美国药剂师协会应运而生。②**起步期（1870～1929年）**。随着"万能药"骗局被打破，医药生物学时代来临，制药巨头纷纷诞生。在这一阶段，**政府加强了医药监管的立法，医药协会发展起来**。在随后的第一次世界大战期间，礼来、默克、施贵宝等都建立了自己的研发机构。在此基础之上，美国企业开始自主开发生产阿司匹林、洒尔弗散、弗罗那等药物，制药技术快速发展。③**发展期（1930～1983年）**。"二战"后，现代药物研究领域"药物发现"的典型流程得以建立。1945～1950年，**美国FDA批准的新分子实体数出现一波高潮，大量新的化合物被快速发现和批准上市**，包括链霉素、金霉素、氯霉素等。得益于有效的专利保护制度，这个时期创新药的投资回报率高达21%。当时全球创新药中有大约60%是美国制造的。④**高新期（1984年以后）**。**1984年，美国颁布Hatch-Waxman法案，制定了专利链接制度、专利期补偿制度、Bolar例外制度、仿制药简化申请程序、药品数据保护制度等，使得创新药与仿制药的利益得到了有效平衡**，推动了美国医药产业进入高新期。在20世纪80年代里根执政时期，FDA批准的新分子实体数为217个，较70年代的170个多出47个，而90年代达到了301个。从2000年起，很多所谓重磅药品专利到期，仿制药企业开始乘机发展，其中包括跨国制药企业。

　　美股医药核心资产中最知名的是强生和辉瑞，下面我们分别来看。

　　强生是产品多样化的医疗卫生保健品及消费者护理产品公司，优势在于创新和并购。1886年，强生成立，最早生产的是无菌外科敷料。1890年，强生开发出原始的急救护理工具。1892年，强生开始销售最早的消毒绷带。1884年，强生推出"婴儿爽身粉"，一度占强生营业收入的40%以上。1911年，强生已经生产了世界上90%的棉线、纱布和绷带。1920年，强生推出的"邦迪"创可贴也是畅销产品。一系列创新产品帮助强生逐渐形成了自己的品牌。**强生在收购上也独具慧眼**。1959年，强生收购了瑞士的茨拉格化工和生产儿童泰诺处方药的美国麦克尼尔实验室。1961年，强生收购了比利时的杨森制药公司。这两次收购奠定了强生在处方药研发上的品牌优势。20世纪80年代之后，强生进一步进入消费者保健品领域，收购了生产血糖仪、漱口水等的多加医药公司。并购使强生业务多样化，降低了公司的经营风险，并且增加了收入来源。此外，多样化经营还有利于促进各业务间的技术融合和产品创新。

在财务和市场表现方面，强生 1982 ～ 2008 年主营业务收入一直稳步上行；净利润率总体也呈上行趋势，从 1986 年的 4.71% 提高到 2016 年的 24.87%（见图 5-35）。1985 ～ 2001 年，强生主营业务收入增长了 4.03 倍，股价上涨了 23.05 倍（见图 5-36）。

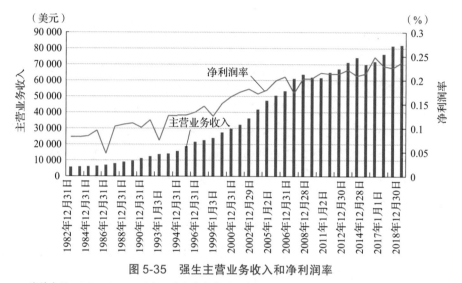

图 5-35　强生主营业务收入和净利润率

资料来源：Bloomberg，兴业证券经济与金融研究院。

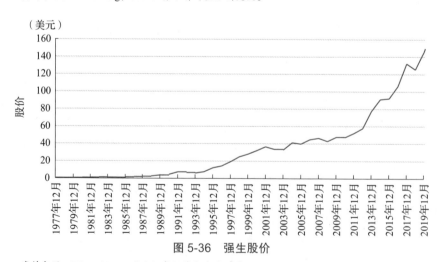

图 5-36　强生股价

资料来源：Bloomberg，兴业证券经济与金融研究院。

再来看辉瑞，它是一家研发、生产和销售人畜处方药物的跨国制药公司，畅销产品包括降胆固醇药立普妥、口服抗真菌药氟康唑、抗生素希舒美，以及万艾可等。

以 20 世纪 60 年代为限，辉瑞的发展过程大体分为两个阶段。**1849 年，辉瑞在美国创立，主要生产用于治疗肠道寄生虫的蛔蒿素**。"二战"时期，军队对青霉素的需求迅速增加，辉瑞通过改良发酵技术，实现了青霉素产量的快速增长，并成为美军青霉素的主要供应来源。**20 世纪 60 年代之后，辉瑞开始将业务分散化，同时推进研发**。20 世纪 60 年代，美国通过了"Kefauver-Harris"法案，导致新药研发和生产速度减缓。为了避免产品单一及研发进度落后给公司带来不利的影响，辉瑞将业务分散到 30 多个领域，在多个领域推进药物的研发工作，并有了一系列新突破。20 世纪 80 年代辉瑞推出的吡罗昔康，研发过程长达 20 年。

在财务和市场表现方面，辉瑞的主营业务收入在 1999 年增加了 1 倍；近 10 年来净利润率都保持在 20% 以上，且有逐年上升趋势（见图 5-37）。20 世纪末至 21 世纪初，辉瑞全球研究中心大规模扩张，这一时期其股价增长较快，1994 ~ 1998 年上涨了 5.86 倍（见图 5-38）。

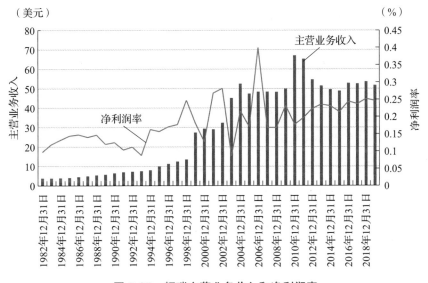

图 5-37　辉瑞主营业务收入和净利润率

资料来源：Bloomberg，兴业证券经济与金融研究院。

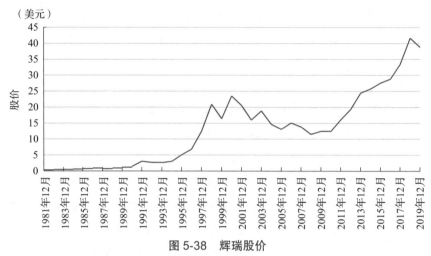

图 5-38 辉瑞股价

资料来源：Bloomberg，兴业证券经济与金融研究院。

作为全世界文化创意产业的火车头，美国旅游文化行业也牛股辈出。根据安士伟等（2006）的研究，美国旅游文化行业的特点可以归纳如下：**旅游资源丰富。**美国国家公园管理科学规范，已基本形成了一整套良好的风景资源保护管理办法，在开发建设中处处体现着保护高于一切的思想。美国旅游文化行业以"人造景观"取胜，广泛采用高科技手段，提供许多形式多样、内容新奇的娱乐项目。美国著名的主题公园有迪士尼乐园、海洋公园、格劳娱乐园等。**标准化经营、规模效应**对美国旅游文化行业龙头企业脱颖而出有较大帮助。诞生大公司较多的酒店和餐饮企业，都以连锁、标准化经营为特色，既能够满足不同国家和地区消费者的需求，又通过高度标准化的经营获得规模效应，降低成本、提升效率。**我们重点选择两家来研究：万豪国际和迪士尼。**

万豪国际是全球首屈一指的国际酒店管理公司，旗下品牌包括万豪、J.W 万豪、万丽、万怡、万豪居家、万豪费尔菲德、万豪唐普雷斯、万豪春丘、万豪度假俱乐部、丽思卡尔顿等。

连锁加盟、收购海外公司是万豪国际的竞争优势。从盈利模式上看，万豪国际几乎全部采用加盟模式，轻资产经营，输出品牌管理。通过不断收购，万豪国际旗下有从性价比型到高端豪华型各种品牌酒店类型。

在财务与估值方面，过去 20 年，万豪国际净利润从 3.2 亿美元增长至 16.4

亿美元，年化复合增长率 8.4%。虽然期间盈利出现过下滑，但很快便反弹，迅速恢复增长，长期趋势向上。行业龙头企业地位让万豪国际的股价在最近 20 年上涨了 11.57 倍。万豪国际主营业务收入和净利润率如图 5-39 所示。

图 5-39　万豪国际主营业务收入和净利润率

资料来源：Bloomberg，兴业证券经济与金融研究院。

万豪国际股价如图 5-40 所示。

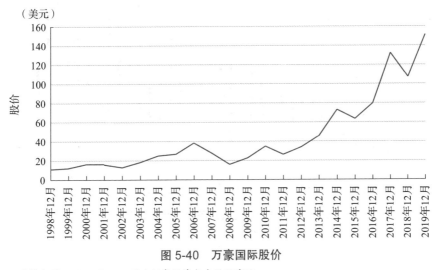

图 5-40　万豪国际股价

资料来源：Bloomberg，兴业证券经济与金融研究院。

　　迪士尼是全球最大的娱乐及媒体公司之一，业务分为四大部分：媒体网络、主题乐园度假区、影视娱乐和消费品。

　　迪士尼的竞争优势在于强 IP 全球复制。1923 年，迪士尼工作室开启娱乐巨头成长之路，随后米老鼠、白雪公主、匹诺曹等经典角色亮相，多部作品获得奥斯卡奖。1955 年，迪士尼乐园在加利福尼亚州开业，迪士尼进入旅游业。2006年、2009 年、2012 年，迪士尼先后收购皮克斯、漫威娱乐、皮克斯电影，IP 优势进一步稳固。通过获得这些强 IP，迪士尼有了更多更强的变现资源。

　　在财务与估值方面，迪士尼成长期收入规模快速扩张，近年收入增长趋稳。迪士尼盈利成长良好，仅 2001 年受重组与减损支出等非经常项目拖累、2009 年受金融危机冲击净利润下滑。迪士尼股价自 1985 年起随业务扩张上行，1974 年至今股价上涨超过同期市场基准 80 多倍。

　　迪士尼主营业务收入和净利润率如图 5-41 所示。

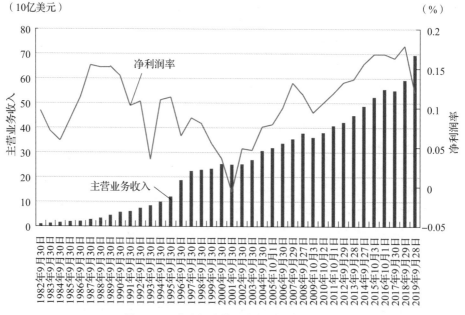

图 5-41　迪士尼主营业务收入和净利润率

资料来源：Bloomberg，兴业证券经济与金融研究院。

　　迪士尼股价如图 5-42 所示。

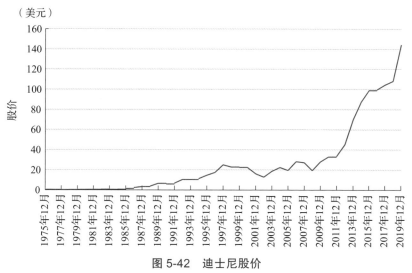

图 5-42　迪士尼股价

资料来源：Bloomberg，兴业证券经济与金融研究院。

5.2.4　欧洲消费品核心资产的启示

欧洲消费市场巨大，消费品牌众多、渠道网络成熟，尤其在引领全球消费时尚、快消品高端与奢侈品消费制高点上具有优势。

回顾西欧 1945 年后到 21 世纪初期的经济发展，主要分为"二战"后飞速发展、石油危机后的滞涨、经济回暖和互联网牛市三个阶段。① 1945～1972年："二战"后飞速发展，马歇尔计划与欧洲经济共同体助力战后的经济重建。1947 年，美国国会批准为期 4 年、价值 133 亿美元的马歇尔计划，同时要求西欧国家成立欧洲经济合作委员会，减少关税和贸易壁垒，意图使西欧成为统一市场，以便美国商品和资本可以自由进入。这一定程度上促进了欧洲经济共同体的建立。② 1973～1985 年：石油危机及滞涨，西欧进入经济低谷。1971 年，布雷顿森林体系解体，国际货币体系混乱，金融市场动荡。石油危机成为战后西欧经济发展的转折点，黄金时代结束，进入长期的滞涨、低速增长阶段。进入滞涨时期的西欧各国生产力大幅下降、失业率激增。如德国在 1980～1983 年连续4 年经济低迷，GDP 平均增速 0.8%，其中 1982 年甚至为 –0.4%，工业产重从1980 年下半年到 1983 年上半年连续下降，私人消费在 1981～1982 年连续两年萎缩，就业人数在 1981 ～ 1983 年连续 3 年减少。③ 1986 ～ 2002 年：**走出滞涨，改革和互联网红利成就牛市**。这一时期，欧共体完成向欧盟的演变并不断扩张，欧洲经济货币联盟取得实质进展。欧盟的成立与货币的一体化扩大了整个欧盟的全球资本和贸易市场，助力了欧洲经济走出滞涨阶段。

欧洲 GDP 年均增速如图 5-43 所示。

图 5-43　欧洲 GDP 年均增速

资料来源：Wind，CEIC，兴业证券经济与金融研究院。

德国失业率如图 5-44 所示。

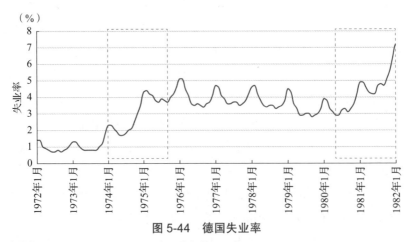

图 5-44　德国失业率

资料来源：Wind，CEIC，兴业证券经济与金融研究院。

　　我们主要选择三家非常有代表性的龙头企业进行分析，即食品巨头法国达能、酒类标杆英国帝亚吉欧，以及医药巨头德国拜耳。这三家也是国内专业投资者在分析消费品龙头企业时常常选择的企业。

　　达能总部设于法国巴黎，是一个业务极为多样化的跨国食品公司。**达能从玻璃制造发家，通过食品业务多样化发展、全球化扩张等成为全球龙头企业。**20 世纪六七十年代，达能从玻璃制造跨界到食品制造。1970 年，达能通过收购玻璃容器的下游厂商凯旋啤酒、依云等品牌进入食品领域，增加了啤酒、矿泉水、婴儿食品业务。随后在 20 世纪八九十年代，达能进一步通过并购活动收购了啤酒、饼干等厂商，将业务进一步拓展，并开始在全球扩张。全球扩张给达能带来了规模效应及全球资源优势，降低了成本。进入 21 世纪后，达能通过收购 Numico 进入了营养品领域。

　　在财务和市场表现方面，达能主营业务收入在 1988 ～ 2001 年的年化复合增长率为 6.44%；2009 ～ 2017 年的年化复合增长率为 6.51%，最近 30 年股价翻了 12 倍。

　　达能主营业务收入和净利润率如图 5-45 所示。

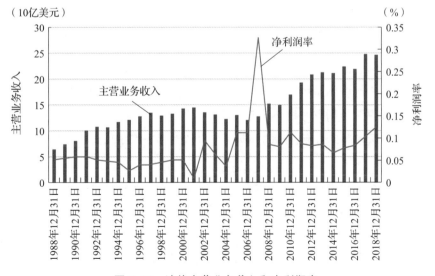

图 5-45　达能主营业务收入和净利润率

资料来源：Bloomberg，兴业证券经济与金融研究院整理。

达能股价如图 5-46 所示。

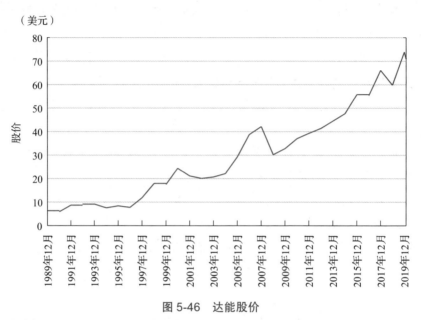

图 5-46　达能股价

资料来源：Bloomberg，兴业证券经济与金融研究院整理。

帝亚吉欧是一家从事饮料业务的公司。**并购和高端化战略是成就帝亚吉欧龙头企业地位的重要因素**。从帝亚吉欧的发展经历来看，它一直在通过并购高端品牌实现高端化战略。1997 年健力士与大都会合并，组成了帝亚吉欧。健力士生产黑啤，大都会则是依靠并购实现多样化发展的企业。进入 21 世纪之后，帝亚吉欧一方面开始剥离非核心的低收益业务，另一方面继续并购高端烈酒品牌。随着新兴市场发展，帝亚吉欧的并购对象也从发达国家高端品牌转为新兴市场高端品牌。

从业绩和估价表现来看，2008 ～ 2015 年，帝亚吉欧主营业务收入年化复合增长率为 5.2%，聚焦高端使其增速高于行业平均水平。在市场表现上，最近 30 年帝亚吉欧股价上涨了 22.20 倍。

帝亚吉欧主营业务收入和净利润率如图 5-47 所示。

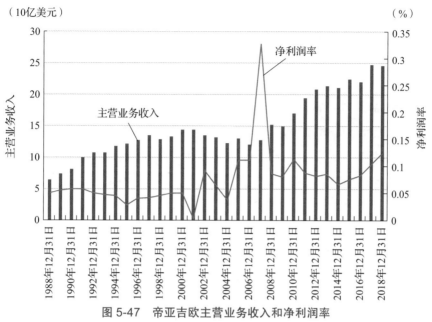

图 5-47　帝亚吉欧主营业务收入和净利润率

资料来源：Bloomberg，兴业证券经济与金融研究院整理。

帝亚吉欧股价如图 5-48 所示。

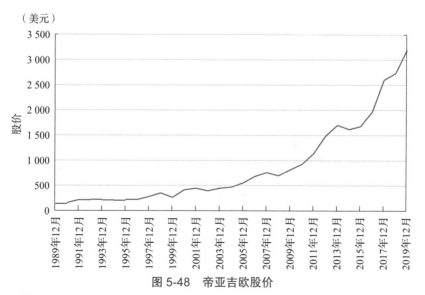

图 5-48　帝亚吉欧股价

资料来源：Bloomberg，兴业证券经济与金融研究院整理。

美国《化学与工程新闻》将欧洲医药行业的发展历程划分为四个阶段。① 1870～1930 年：行业起步。制药行业始于德国，在这个阶段，早期的药剂师在实验室开始成批生产当时常用的药物，如吗啡、奎宁、士的宁等。1880 年，染料企业和化工厂开始建立实验室研究和开发新的药物。② 1930～1960 年：行业高速发展。由于在药物研发方面的投资增加，制药企业迅速壮大，研究开发能力和与学术界的合作也加强了，发明药物的方法也有很大的改变。市场的利润回报促使制药企业更重视科研工作，并开始建立专门的科研园区。这个时期的特点是制药企业从研究天然物质以发现新药，转向修饰天然物质，到合成全新化合物，筛选化合物并得到新药。药物安全性开始受到重视，政府部门加强了药物安全性监管。③ 1960～1980 年：规范监管，注重安全性。这个时期最重要的是药品生产 GMP 的公布和将验证纳入 GMP 法规要求中，使得药物生产更加规范。④ 1980 年至今：生物技术发展，企业兼并。欧洲生物技术企业主要诞生在 20 世纪 90 年代，在这个时期，生物技术得到了很大的发展，如生产干扰素、白介素、促红细胞生长素、单克隆抗体药物等。过去只能从动物身体提取的胰岛素也已经可以从基因修饰的微生物中获得。这个时期也是企业兼并的时代，一些欧洲企业和美国制药企业建立合资企业，或在北美成立研究开发机构。**欧洲制药行业龙头企业的发展特点是注重药物的研发创新和通过并购扩张不断提高市占率，这是医药巨擘屹立百年不倒的原因。**

拜耳是一家生命科学公司，主要部门为制药部门、消费者健康部门、动物健康部门和 Covestro 部门。

依托化工领域技术优势进行转化及全球化发展，是拜耳的竞争优势。拜耳成立于 1863 年，最早是从事合成染料的工厂。19 世纪末期，拜耳已经成为全球最大的化工巨头之一。1888 年，拜耳在染料业务的基础之上成立了全新的制药部门，并在 1897 年合成出消炎药阿司匹林。1899 年，阿司匹林对乙酰氨基酚在临床试验中取得成功。后来，拜耳研发出了苯巴比妥等广泛使用的药品。"二战"以后，拜耳开始积极布局海外业务，并且持续扩大生产和研发投入。20 世纪 70 年代中期，拜耳的产品线拥有 6000 多个产品。20 世纪 80 年代，拜耳进一步开始进军美国市场。

在市场表现方面，拜耳在 20 世纪 90 年代受德国牛市影响，估值一路上涨，涨幅最高达到 476.8%。拜耳在这一时期也在不断进行科技创新，盈利也在提升。

拜耳股价如图 5-49 所示。

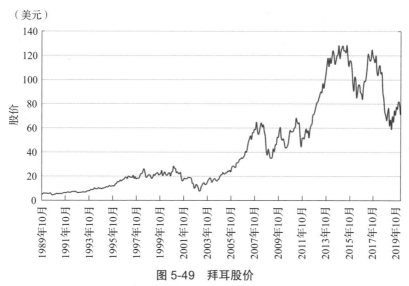

图 5-49　拜耳股价

资料来源：Bloomberg，兴业证券经济与金融研究院整理。

拜耳主营业务收入和净利润率如图 5-50 所示。

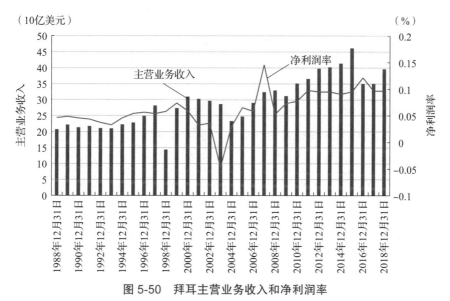

图 5-50　拜耳主营业务收入和净利润率

资料来源：Bloomberg，兴业证券经济与金融研究院整理。

5.3　如何有效筛选消费品板块中的核心资产

上文我们分析了消费品板块容易诞生优质的核心资产，那么在优秀公司众多的消费品行业中，哪些能够成为股票投资的核心资产呢？我们在分析消费品行业的时候，需要关注哪些指标？消费品行业的核心资产应该具备什么样的核心竞争力和驱动力呢？

首先，通过市占率、毛利率和净利润率寻找依靠品牌与渠道形成的核心资产。

其次，通过专利、研发投入占比、毛利率和费用率寻找依靠技术形成的核心资产。具有强大技术优势的企业通常能不断创造出有较高技术含量或较高技术壁垒的产品或者生产工艺，这类企业往往会有较多或较为稀缺的专利。此外，为了保持长期竞争力，在专利保护期过后仍然能够有新产品推出，企业往往也会有较高的研发投入，占收入的比重可能较高。此外，对于传统消费品行业，企业同样有可能拥有较高水平的管理能力，从而将成本控制在极低的水平，体现出来就是企业的成本和费用率都显著低于行业平均水平。基于这几个指标，易于寻找依靠技术形成的核心资产。

再次，通过硬资产寻找依靠资源禀赋形成的核心资产。所谓"硬资产"，是指企业拥有的某种稀缺资源，可能是通过排他性牌照带来的，共同特点是往往为某些或某个企业所独有，或者在区域范围内"仅此一家"。依靠政策形成的核心资产最为显著的特征是拥有排他性牌照。这种牌照或者数量有限，或者获取难度较大，或者颁发后能够较长时间有效。拥有这些排他性牌照的企业，往往能够在一定时间内享受到牌照带来的高收益，从而为后续发展积累资本。

最后，通过优秀或者独特的商业模式寻找核心资产。商业模式是利益相关者的交易结构，[一]好的商业模式不易模仿、不易替代，可以为企业带来跨越式的成长机会，形成独特的竞争优势。比如永辉超市以生鲜为特色带动整体的商业模式，在传统零售行业内自成一体，实现全国化扩张，在竞争激烈的环境中胜出。

下面我们分别从品牌渠道力、技术优势、资源禀赋及商业模式四个角度出发，结合各个消费品细分行业，运用公司实际案例，理论联系实际，分析如何有效筛选消费品板块中的核心资产。

　　㊀　参见魏炜、朱武祥著《发现商业模式》。

5.3.1　品牌渠道力

白酒、乳制品、调味品

首先从我们大家最熟悉的核心资产——贵州茅台开始分析,作为"明星气质"最足的 A 股上市公司,贵州茅台成了投资"标杆"。虽然大盘起起落落,指数近乎 10 年"原地踏步",但是贵州茅台的股价却节节攀升,成就了一批批优秀的投资人。不但跑赢整个市场,而且贵州茅台一路领跑整个食品饮料行业。

贵州茅台是如何一路领先的呢?我们先带大家一起了解下整个白酒行业的发展。我国白酒行业的发展大致可分为以下五个阶段。

第一阶段(1979 ～ 1988 年):产量驱动。新中国成立时,我国白酒产量仅为 10.8 万吨,之后产量缓慢增长。由于经济体制由计划经济向市场经济转变,白酒行业逐渐向市场化发展,产量逐渐增加,在这段时间内行业发展由产量驱动。

第二阶段(1989 ～ 2002 年):产量、营销驱动。在产量增长的同时,各大酒企逐渐重视营销策略,广告营销竞争激烈。当时,中央电视台是全国影响力最大的平台,成为各大酒企进行广告营销的必争之地,白酒行业逐渐进入广告营销时代。1995 年,首届央视广告竞标孔府宴酒以 3079 万元夺得标王桂冠;1996年,秦池酒以 6666 万元夺得标王桂冠,1997 年以 3.2 亿元卫冕标王。

第三阶段(2003 ～ 2012 年):经济增长带动需求快速增长。2003 ～ 2012年,我国经济在投资驱动下高速增长,固定资产投资增速保持在 20% 以上。由于经济活动较为频繁,高端白酒需求增加,白酒产量整体保持快速上行的发展趋势,2008 年曾因国际金融危机短时间增速下滑,但并未受到较大影响。白酒行业逐渐开始对渠道、品牌文化有更多思考,产品结构中高端化、品牌化,渠道方面扩容明显,行业开始由产量和营销驱动迈向渠道和品牌驱动。

第四阶段(2013 ～ 2015 年):政策施压,行业进入深度调整期。2010 年酒驾入刑、2011 年限价令、2012 年禁止公款购买烟酒、严控三公消费、2012 年塑化剂事件,使我国高端、次高端白酒消费量迅速下滑,行业产量增速大幅下降,收入和利润停滞不前。

第五阶段(2016 年至今):高端化进程加速,消费结构改变,行业复苏。2016 年,一线高端白酒开始提价,带动白酒行业量价齐升,上市公司业绩增速明显，行业进入了新的复苏阶段。同时，消费结构逐渐改变，居民消费量逐渐上升，在一定程度上弥补了白酒商务消费量的下降。且此轮行业复苏伴随着消费升级，拉动了高端、次高端白酒的消费，龙头企业增长迅速，行业集中度逐渐提升。

我国白酒产量及增速如图 5-51 所示。

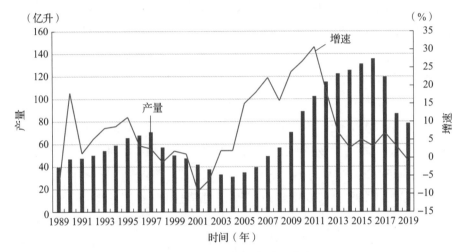

图 5-51　我国白酒产量及增速

资料来源：Wind，兴业证券经济与金融研究院整理。

贵州茅台是我国白酒行业的龙头企业，主要生产销售世界三大名酒之一的茅台酒。贵州茅台成为核心资产的主要原因在于两点。

第一，产品体系不断丰富，高端酒龙头企业地位突出。以 1982 年为分界点，之前贵州茅台酒厂仅有 53 度茅台酒一个单品，之后陆续在度数、系列、品类等方面有所创新，如推出 38 度、43 度低度酒以适应低度白酒消费需求；推出陈年酒、王子酒、迎宾酒覆盖超高档、中高档、中低档酱香消费群体；推出生肖纪念酒，开发白酒的投资属性。同时，贵州茅台持续聚焦高端酒市场，在持续供不应求的背景下，批发价持续上涨。

第二，实现渠道扁平化，直营模式落地。2000 年以前，茅台酒以政务特供为主，市场销售根据计划安排进行，各省糖酒公司获有相应的销售指标，贵州茅台营销力量薄弱，基本不做终端。2000 ~ 2012 年，贵州茅台开始主动营销，大力推进并深化以专卖店为主的渠道体系，招揽大批在地方具备大型客户开发能力的经销商成为茅台特约经销商，主做团购渠道。2013 ～ 2015 年，为应对政务需求的萎缩，贵州茅台营销渠道逐渐下沉，释放大众消费潜力。2015 年至今，贵州茅台探索新的销售模式，推动直营模式落地，积极拓展与酒店、商超、卖场、电商等渠道合作。

在业绩方面，截至 2019 年第三季度末，贵州茅台营业总收入为 635.09 亿元，同比增长 15.53%；净利润率为 53.19%。从估值来看，截至 2019 年第三季度末，贵州茅台 PE 为 36.67，PB 为 11.53。

贵州茅台股价如图 5-52 所示。

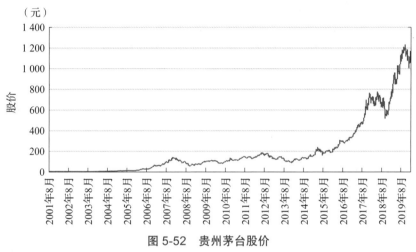

图 5-52 贵州茅台股价

资料来源：Wind，兴业证券经济与金融研究院整理。

贵州茅台营业总收入和净利润率如图 5-53 所示。

继白酒行业龙头企业之后，我们再来看一看乳制品龙头企业伊利是如何依靠多品类与多渠道战略制胜的。伊利稳居全球乳业第一梯队，蝉联亚洲乳业第一，也是中国规模最大、产品品类最全的乳制品企业之一。

伊利多渠道营销的优势很明显，它采用了深度分销与直营渠道结合的方式。深度分销即在全国各个省区建立分公司，下属多级分销商、经销商和零售商，并向二级、三级经销商下沉。该模式能够深入三四线城市与农村乡村终端，开拓全国营销渠道。同时，伊利还采用直销模式，在地区建立直营渠道，并积极拓展互联网销售模式，在各大电商平台都设有直营店铺。目前伊利营业收入来源以经销渠道为主。

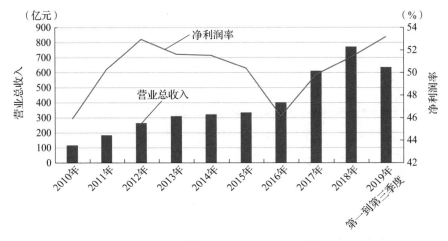

图 5-53　贵州茅台营业总收入和净利润率

资料来源：Wind，兴业证券经济与金融研究院整理。

在业绩方面，截至 2019 年第三季度末，伊利营业总收入为 686.77 亿元，同比增长 11.98%；净利润率为 8.24%。从估值来看，截至 2019 年第三季度末，伊利 PE（TTM）为 25.67，PB 为 7.14。

伊利股价如图 5-54 所示。

图 5-54　伊利股价

资料来源：Wind，兴业证券经济与金融研究院整理。

伊利营业总收入和净利润率如图 5-55 所示。

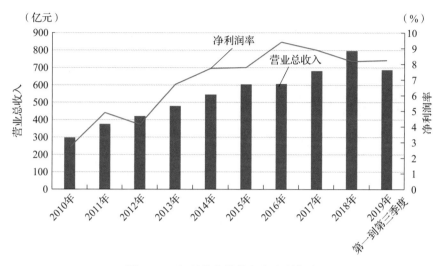

图 5-55　伊利营业总收入和净利润率

资料来源：Wind，兴业证券经济与金融研究院整理。

在食品饮料行业中，近年来调味品龙头企业海天味业的表现也十分亮眼，体现出了品牌与渠道力领先的"威力"。海天味业成为核心资产的关键在于以下两点。

第一，产能推动发展，加速建设营销网络。1995 年，海天味业改制为国有参股企业，管理层得到有效激励。2005 年高明一期投产，海天味业引进了全自动的灌装系统实现生产自动化，加速产能布局。同时，海天味业营销网络的建设也有所加速，于 2003 年首次在央视黄金时段投放广告，并启动农村市场销售，收入规模跨过 30 亿元门槛，占据行业领头羊地位，成为全国化的调味品龙头企业。

第二，管理效率不断提升，进一步深耕渠道。在调味品行业飞速发展的同时，海天味业开始加强内部管理，ERP、SAP 等先进系统上线，管理效率提升。同时，海天味业进一步深耕渠道，设立 5 个营销中心、20 个营销大区、110 个营销部、350 个营销组，基本覆盖全国大小省市。2014 年，海天味业实现 A 股挂牌上市，2015 年高明二期投产，调味品年产能超过 150 万吨，行业领先优势进一步扩大。

截至 2019 年第三季度末，海天味业营业总收入为 148.24 亿元，同比增长

16.62%；净利润率为25.88%。从估值来看，截至2019年第三季度末，海天味业PE（TTM）为60.98，PB为19.70。

海天味业股价如图5-56所示。

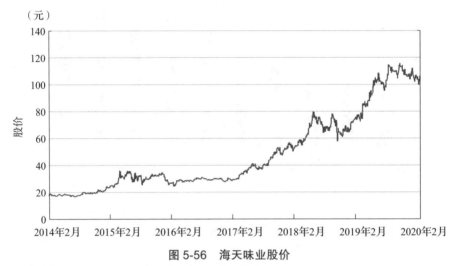

图 5-56　海天味业股价

资料来源：Wind，兴业证券经济与金融研究院整理。

海天味业营业总收入和净利润率如图5-57所示。

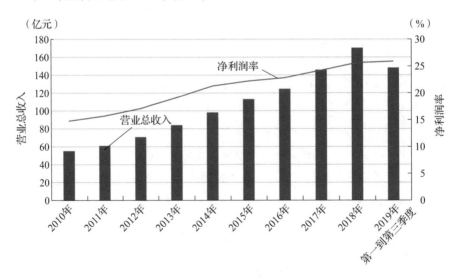

图 5-57　海天味业营业总收入和净利润率

资料来源：Wind，兴业证券经济与金融研究院整理。

5.3.2 技术优势

创新药、家电

与科技制造业类似，不少消费品行业也讲究技术研发，特别是在医药、家电甚至农业领域尤为突出。

我们首先以医药行业龙头企业恒瑞医药为例，分析如何依赖技术优势来寻找核心资产。 国内制药企业大多以生产原料药和仿制药为起点，不断发展壮大，完成资本积累。在仿制药阶段，企业发展主要以供给为核心驱动力，规模大、品种多的企业能够持续发展。随着近年来政策的推动，创新成为制药企业的前进方向。针对我国医药行业存量药品质量不高、创新研发不足、新药注册审批通道堵塞等现实问题，国家有针对性地颁布了仿制药一致性评价和鼓励药械创新等一系列政策，医药供给侧结构性改革成为鲜明时代特色。医药行业伴随改革进入了新的发展阶段，大多数企业简单依赖发展仿制药业务已难获得大的成长空间，而已在创新药领域充分布局和深耕的企业则在政策推动下持续增长。

恒瑞医药是一家从事医药创新和高品质药品研发、生产及推广的医药健康企业，是国内知名的抗肿瘤药、手术用药和造影剂供应商。

多年来，恒瑞医药产品结构不断优化，从仿制药到首仿药，再到创新药，成为国内创新驱动发展的制药龙头企业。1997 年，恒瑞医药由连云港制药厂改制而来。随后 10 年医保扩容，恒瑞医药以"只做首仿药"的理念在这段时间实现肿瘤、麻醉等领域产品的进口替代，实现了原始积累。2008 年，医药行业野蛮扩张期结束，控费期开始，医药企业估值普遍下行，恒瑞医药正式提出"创新＋国际化"两大战略，开始布局从仿制中创新和制剂出口。2015 ～ 2018 年，恒瑞医药从仿制中创新式创新开始转向首创一类新药创新，研究靶点全面转向全球还未上市的药物，聚焦肿瘤、糖尿病、风湿免疫。随后恒瑞医药的重磅创新品种陆续获批和放量，制剂出口也初具成果，逐渐完成从仿制药龙头企业到"创新＋国际化"龙头企业的转变。

在业绩方面，截至 2019 年第三季度末，恒瑞医药营业总收入为 169.45 亿元，同比增长 36.01%；净利润率为 22.03%。从估值来看，截至 2019 年第三季度末，恒瑞医药 PE（TTM）为 78.11，PB 为 15.41。

恒瑞医药股价如图 5-58 所示。

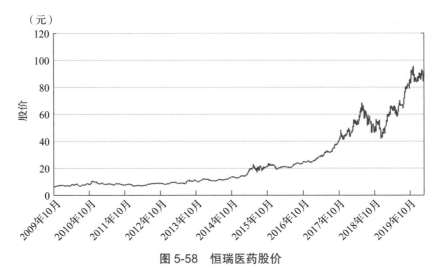

图 5-58　恒瑞医药股价

资料来源：Wind，兴业证券经济与金融研究院整理。

恒瑞医药营业总收入和净利润率如图 5-59 所示。

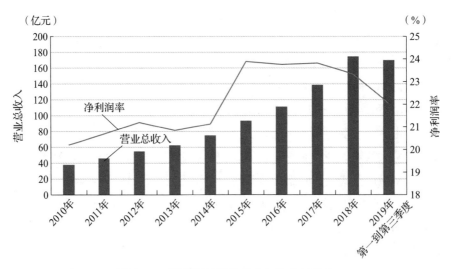

图 5-59　恒瑞医药营业总收入和净利润率

资料来源：Wind，兴业证券经济与金融研究院整理。

传统农业中的种业也是一个依赖研发技术能力的行业，我们以种业龙头企

业隆平高科为例来分析。

从整体来看，种业经过常年市场化发展，行业集中度低，企业间无序竞争激烈，产品同质化严重。同时，随着我国主要粮食产能趋于过剩，以及对粮食生产功能区、重要农产品生产保护区的划定，我国对水稻、小麦、玉米等农作物的供种总需求数量趋于稳定，种量增长遇阻。因此，种业进行整合调整，解决行业中存在的公司"多小散弱"、品种"多同乱杂"等问题势在必行。只有提高种子质量才能继续扩大规模、提高行业集中度，因此在整合阶段，众多技术先进、品种优良的企业持续向好发展，不断做大做强。

隆平高科主业聚焦种业，以杂交水稻、杂交玉米种业为核心。它成为核心资产的原因在于**研发实力雄厚，能助力长久发展**。种业属于农业的前端，种子研发是具有"资金、技术、法律上品种权的排他性保护"的高壁垒行业，科研能力是种企的核心竞争力。隆平高科一直以科研为公司驱动核心，研发投入绝对额逐年提高，占总营收的比例同样稳步提升。

在业绩方面，截至 2019 年第三季度末，隆平高科营业总收入为 11.99 亿元，同比减少 17.66%；净利润率为 –18.34%。从估值来看，截至 2019 年第三季度末，隆平高科 PE（TTM）为 35.53，PB 为 2.66。

隆平高科股价如图 5-60 所示。

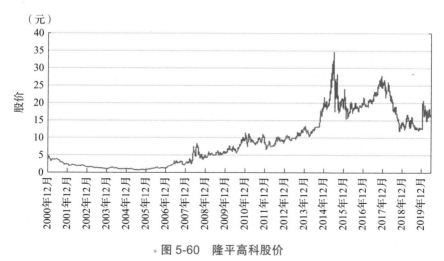

图 5-60　隆平高科股价

资料来源：Wind，兴业证券经济与金融研究院整理。

隆平高科营业总收入和净利润率如图 5-61 所示。

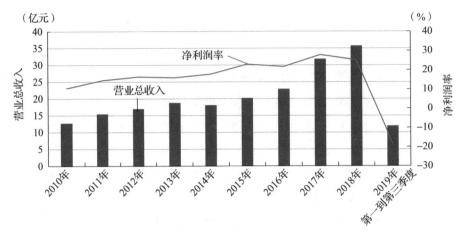

图 5-61 隆平高科营业总收入和净利润率

资料来源：Wind，兴业证券经济与金融研究院整理。

需要补充一点，消费品领域核心资产具备的核心竞争力并不是单一的，常常是几种竞争优势综合的结果，如同时具备品牌、渠道、技术优势，或者渠道、商业模式、资源优势的融合。 例如，在带有一定制造业成分的家电行业中，有企业能够体现出竞争优势的融合，既"品牌渠道力领先"又"技术优势突出"，以格力电器为例。

格力电器成立于 1991 年，是目前全球最大的集研发、生产、销售、服务于一体的专业化空调企业之一。格力电器旗下的"格力"品牌空调是中国空调业"世界名牌"产品。"好空调格力造"，格力对于技术研发、产品质量的追求一直行业领先。

回顾格力电器发展历史，其以产品为基础、渠道为手段、品牌为护盾，逐步实现龙头企业地位。格力电器从 1994 年开始推出"淡季返利""年终返利"等措施，鼓励经销商提货，将渠道利益与公司绑定。1997 年，格力电器开始推动区域各大代理商入股区域销售公司，使价格控制与销售政策更为统一，渠道力得到明显提升。通过发展渠道，格力电器市场份额占比提升，行业局势从多头竞争到寡头垄断。之后美的集团崛起，双寡头地位稳定，行业洗牌基本完成。近年来，格力电器继续深化规模化优势，并持续投入研发，深化产品领导力和品牌力。

在业绩方面，截至 2019 年第三季度末，公司营业总收入为 1566.76 亿元，同比增长 4.32%；净利润率为 14.33%。从估值来看，截至 2019 年第三季度末，格力电器 PE（TTM）为 12.70，PB 为 3.42。

格力电器股价如图 5-62 所示。

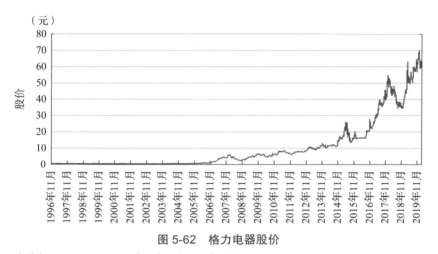

图 5-62　格力电器股价

资料来源：Wind，兴业证券经济与金融研究院整理。

格力电器营业总收入和净利润率如图 5-63 所示。

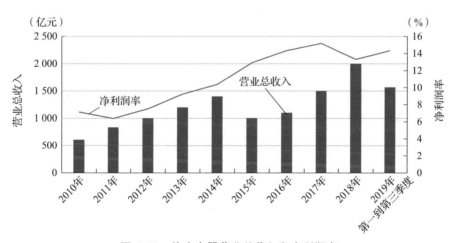

图 5-63　格力电器营业总收入和净利润率

资料来源：Wind，兴业证券经济与金融研究院整理。

5.3.3　资源禀赋
机场、医药消费品、免税

依靠分析企业是否具备独有的资源禀赋，即别人既没有也无法或者不易复制的"硬资产"，是挑选核心资产最简便的方法，但是可遇而不可求。我们举三个例子来说明。

第一个是坐拥核心消费区位机场行业龙头企业上海机场。机场的生命周期可以分为成长初期、中期、后期三个阶段，与吞吐量紧密相关，每个阶段贡献收益的主要业务不同，规模效应对于利润的贡献程度也不同。机场成长初期以航空业务为主，规模效应尚不明显；在吞吐量达到 1000 万人次 / 年时，机场步入中期阶段，航空业务规模效应明显并开始盈利，非航业务开始贡献收益；在达到 3000 万人次 / 年的吞吐量后，机场步入后期阶段，航空业务与非航业务双轮驱动，非航业务成为主要利润来源。2018 年，北京首都机场、上海浦东机场、上海虹桥机场、广州白云机场和深圳宝安机场旅客吞吐量分别为 10 098.33 万人次、7400.63 万人次、4362.80 万人次、6972.04 万人次和 4934.90 万人次。由此看来，我国大多数机场仍处于成长初期阶段，但一部分大型机场已步入后期阶段。

上海机场运行上海浦东机场 2 个航站楼、2 个卫星厅，4 条跑道。2018 年，上海浦东机场和上海虹桥机场旅客吞吐量分别为 7400.63 万人次和 4362.80 万人次。按照国际经验，当一个机场旅客吞吐量达到 3000 万人次 / 年以上后，单位旅客边际运营成本趋于零。机场规模越大，对航空性收入的依赖性就越小，非航空性收入和利润逐渐增加。上海机场已逐渐进入机场盈利模式的后半段，即非航收入将占据主导地位。上海机场自 2015 年来营业收入和净利润保持稳定增长，2018 年营业收入达到 93.13 亿，同比增长 15.51%，净利润达到 44.31 亿，同比增长 14.88%。

上海机场近年来经营业绩持续提升，营业收入和净利润均实现稳定增长。截至 2019 年第三季度末，上海机场营业总收入为 82.08 亿元，同比增长 18.95%；净利润率为 50.64%。从估值来看，截至 2019 年第三季度末，上海机场 PE（TTM）为 31.31，PB 为 4.96。

上海机场股价如图 5-64 所示。

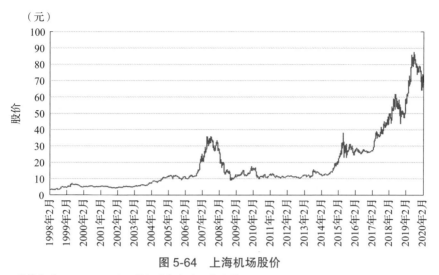

图 5-64 上海机场股价

资料来源：Wind，兴业证券经济与金融研究院整理。

上海机场营业总收入和净利润率如图 5-65 所示。

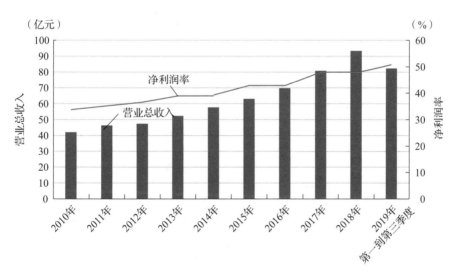

图 5-65 上海机场营业总收入和净利润率

资料来源：Wind，兴业证券经济与金融研究院整理。

第二个是医药消费品领域龙头企业片仔癀，片仔癀是国有控股的传统中成药企业。经过多年发展，片仔癀形成了"一核两翼"的发展战略，即以传统中药生产为核心，以保健药品、保健食品、功能饮料和特色功效化妆品、日化产品为两翼，以药品流通为补充。

片仔癀核心产品优势独特，壁垒较高，与云南白药是目前仅有的两个还在保护期的一级中药保护品种，地位特殊，切实受到长期保护。当前的保护政策不仅保证了片仔癀独家品种的地位，使其形成了独占优势，还让片仔癀在重要领域具有超然的地位。同时，片仔癀的核心原料麝香源于国家一级保护动物，极其稀缺，配方也独特难以复制，在治肝、抗癌、保健领域作用机理突出，具有极强的排他性和垄断性，市场自主定价能力较强。

在业绩方面，截至 2019 年第三季度末，片仔癀营业总收入为 43.42 亿元，同比增长 21.07%；净利润率为 25.82%。从估值来看，截至 2019 年第三季度末，片仔癀 PE（TTM）为 48.32，PB 为 9.79。

片仔癀股价如图 5-66 所示。

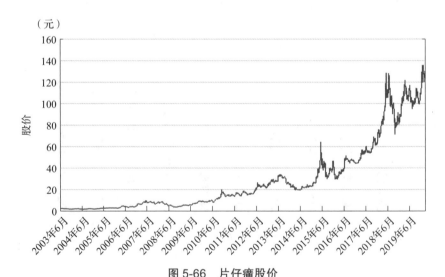

图 5-66 片仔癀股价

资料来源：Wind，兴业证券经济与金融研究院整理。

片仔癀营业总收入和净利润率如图 5-67 所示。

第三个是同时享受消费升级红利、拥有牌照资源的免税品行业龙头企业中国国旅。

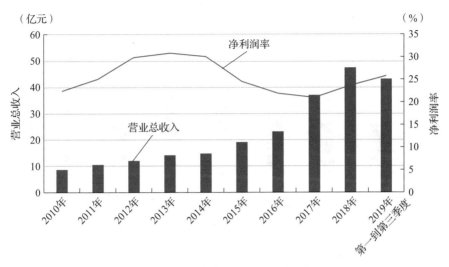

图 5-67 片仔癀营业总收入和净利润率

资料来源：Wind，兴业证券经济与金融研究院整理。

从行业层面来看，国家政策促进消费回流。一直以来，中国消费外流现象明显，尤其是在奢侈品上，根据贝恩咨询数据，2018 年中国人的奢侈品消费占全球市场份额的 33%，内地消费者在境内消费奢侈品的比例仅有 27%。我国消费者在海外的巨额消费造成巨大的外汇流出、消费逆差，国家对消费回流逐渐重视，采取了一系列措施引导和促进消费回流，主要如下：①离岛免税：自 2011 年开始实施以来，离岛免税政策经历多次调整，不断放开，现今不需出境，只需离岛即可购买免税商品，对于吸引消费回流发挥了重要作用。②入境店：2016 年 2 月起我国批准在广州白云、杭州萧山、成都双流等 13 家机场口岸、深圳福田等 6 个水陆口岸增设 19 家入境免税店。入境店的设置为中国人在国内购买免税品增添了便利，避免了在出境店购买免税品后携带出境的麻烦。③电商法：自 2019 年 1 月 1 日起实施，加强对电商经营在证照、开票、纳税、物流等多个环节的规范，海关审查也将从严。这意味着对跨境代购的监管趋严，我国海外代购比例或有所下降，有助于促进通过代购形成的境外消费回流境内。多项政策的陆续出台为国内免税业的发展创造了良好契机。

我国免税购物人数如图 5-68 所示。

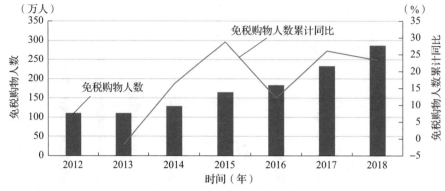

图 5-68 我国免税购物人数

资料来源：Wind，兴业证券经济与金融研究院整理。

我国免税购物销售额如图 5-69 所示。

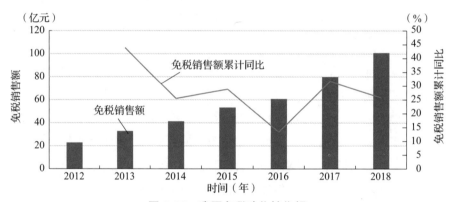

图 5-69 我国免税购物销售额

资料来源：Wind，兴业证券经济与金融研究院整理。

在行业发展趋势一片大好的环境下，坐拥政策牌照优势的中国国旅充分享受了这一红利。

中国国旅下辖中国免税品（集团）有限责任公司（简称中免集团）、国旅投资发展有限公司两大子公司，前者为公司业绩的主要来源，拥有 248 个免税店，持有国内唯一全国范围的出入境免税牌照、离岛免税和离境市内免税店等全牌照，是国内经营范围最广、拥有牌照种类最全面的免税运营商。

中国国旅早年发展主要依靠其牌照优势。我国免税品行业采用牌照授权运营机制，牌照及免税店新增需要由财政部上报国务院审批。中免集团种类全面的牌照推动中国国旅业绩不断增长，逐渐建立起很高的经营壁垒，在采购、供应商伙伴关系、商品及库存管理、服务水平和能力等方面拥有成熟经验，并在机会来临时迅速扩张、整合。储备的资源、项目未来助力中国国旅在市场化竞争中进一步巩固优势，顺利获得免税行业红利。

在业绩方面，截至 2019 年第三季度末，中国国旅营业总收入为 355.84 亿元，同比增长 4.35%；净利润率为 13.85%。从估值来看，截至 2019 年第三季度末，PE（TTM）为 40.79，PB 值为 9.33。

中国国旅股价如图 5-70 所示。

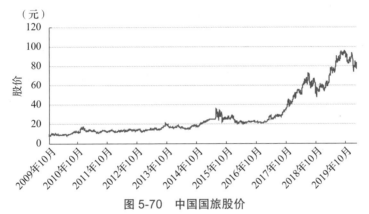

图 5-70　中国国旅股价

资料来源：Wind，兴业证券经济与金融研究院整理。

中国国旅营业总收入和净利润率如图 5-71 所示。

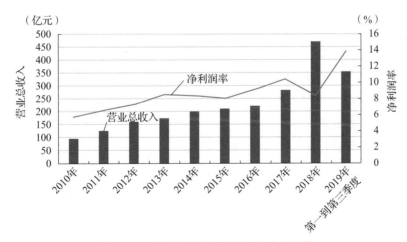

图 5-71　中国国旅营业总收入和净利润率

资料来源：Wind，兴业证券经济与金融研究院整理。

5.3.4 商业模式
超市、农业

靠商业模式制胜的典型之一是永辉超市，在百货超市这个传统业态上，其通过独特的生鲜模式"一招鲜吃遍天"，在本土和洋品牌的围堵中"冲出重围"，成为市值近千亿、门店遍布大江南北的龙头企业殊为难得。

永辉超市是中国首批将生鲜农产品引进现代超市的流通企业之一，经过多年发展已成为国内生鲜超市龙头企业之一。回顾永辉超市的发展历史，其成为核心资产的原因是独特的商业模式和产业链整合。

第一，组织架构调整，尝试新零售。2015 年，伴随着阿里巴巴、京东等互联网电商的崛起，传统线下业态增速放缓，永辉超市公司将所有门店划分为一二集群，促进内部管理效率的提升。2016 年，马云提出"新零售"概念，强调线上线下的融合发展。永辉超市积极应对行业变革，尝试新零售业态，开设超级物种、永辉生活的新门店，各项科技赋能措施落地，持续探索高效增长路径。

第二，战略调整，重新出发。2018 年，永辉超市进行战略调整，在业务、业态和管理等方面重新出发，将亏损的云商、云创等创新业务陆续出表，回归云超主业，发力到家业务。2019 年开始，永辉超市将重心放在社区生鲜业态永辉Mini 店，拓展超市到家业务。截至 2019 年第三季度末，永辉超市已开设 Mini店 510 家，业态模型持续迭代。另外，2018 年永辉超市已将一二集群合并，将全国分为十大区域，提升了内部管理效率。

在业绩方面，截至 2019 年第三季度末，永辉超市营业总收入为 635.43 亿元，同比增长 20.59%；净利润率为 2.34%。从估值来看，截至 2019 年第三季度末，永辉超市 PE（TTM）为 44.40，PB 为 4.15。

永辉超市股价如图 5-72 所示。

永辉超市营业总收入和净利润率如图 5-73 所示。

生猪养殖行业也是一个商业模式变化带来核心竞争优势的代表。工业一体化模式带来的规模效应能推动公司逐步积累核心竞争力，我们以龙头企业牧原股份为例进行分析。

在行业发展初期，生猪养殖主要以散养为主，规模较小。在技术发展推动之

图 5-72 永辉超市股价

资料来源：Wind，兴业证券经济与金融研究院整理。

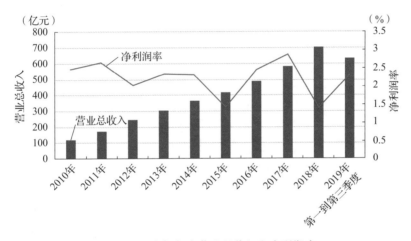

图 5-73 永辉超市营业总收入和净利润率

资料来源：Wind，兴业证券经济与金融研究院整理。

下，生猪养殖进入工业化进程，在育种选种、养殖基地建设及防疫方面均逐渐自动化、智能化。在进程中，防疫、管理和资金领先的行业巨头不断做大做强，推动行业集中度不断提高。

牧原股份是我国生猪养殖行业龙头企业。我国现有的生猪养殖主要分为三种：农户散养、公司加农户、公司自养模式。牧原股份采取"自繁自养一体化"模式，拥有完整的产业链，不仅能基于成本优势提升盈利能力，同时也建立了完整的品质控制、疫病防控体系，提升生猪的产品质量和企业的疫病防控能力。牧原股份通过高机械化、高自动化的设备进行养殖，将人力资源发挥到极致，极大地提高了生产效率。

在业绩方面，截至 2019 年第三季度末，牧原股份营业总收入为 117.33 亿元，同比增长 27.79%；净利润率为 12.40%。从估值来看，截至 2019 年第三季度末，牧原股份 PE（TTM）为 343.92，PB 为 8.22。

牧原股份股价如图 5-74 所示。

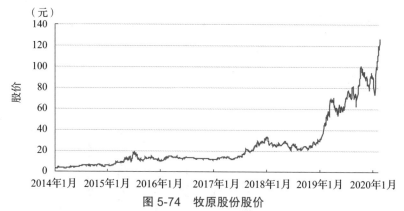

图 5-74　牧原股份股价

资料来源：Wind，兴业证券经济与金融研究院整理。

牧原股份营业总收入和净利润率如图 5-75 所示。

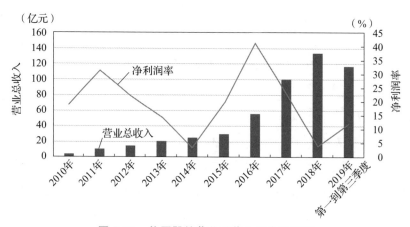

图 5-75　牧原股份营业总收入和净利润率

资料来源：Wind，兴业证券经济与金融研究院整理。

第6章

周期品板块核心资产研究

在分析完消费品行业之后，我们选择最传统的周期品行业作为分析对象。这和很多人的传统理念不符。难道在经济增速趋势性下降、产能过剩、行业生命周期普遍处在成熟期甚至有步入衰退期风险的周期品行业中，也能诞生具备长期投资价值的核心资产吗？我们的回答是："不但能，而且还很多。"这种"和大众一致预期不同"的"预期差"，恰恰是投资机会的主要来源之一。在 A 股的行业比较分析中，周期品行业一般包括煤炭、钢铁、有色、交通运输、电力及公用事业、建筑、建材、化工（包括基础化工和石油化工）等行业，这是对周期品行业进行的狭义分类。从广义上看，除了消费品和 TMT 等科技新兴行业之外的其他行业，都可以算作周期品行业（与宏观经济波动相关度高、关联强的都是）。除了上面分类列出的，机械制造、地产、银行等也都可以算作周期品行业。所以这里的分类并不严格，由于不是学术研究，我们更注重市场中的实践性和实战性。特别说明的是，某些行业具有"双重属性"甚至"多重属性"，除了前文列举的家电、汽车行业同时具备消费品和制造业属性之外，农业同时具备消费品属性和周期品属性，化工行业同时具备周期品属性和制造业属性，医药行业同时具备消费品（品牌药品、连锁药店）、周期品（化学原料药类似化工）、制造业（医疗器械）、服务业（医疗服务）甚至科技成长（创新药）等多重属性。我们可能会在不同章节中针对同一行业中的公司进行分析，所以不用过度纠结于某一细分行业究竟如何划分，"扫相破执"透过现象看本质，把握住投资要点即可。

6.1 "夕阳"行业中也有"朝阳"资产

6.1.1 中国有诞生大量周期品核心资产的客观条件和空间

从世界范围来看，周期品行业中诞生了大量全球龙头企业，其中很多成为股票市场中带来长期回报的核心资产。为了分析周期品行业和世界核心资产之间的关系，我们采用美国《财富》杂志每年评选的"全球最大500家公司"排行榜数据展开具体分析。《财富》世界500强排行榜一直是衡量全球大型公司最著名、最权威的榜单，被誉为"终极榜单"，由《财富》杂志每年发布一次。2018年排行榜数据如图6-1所示，传统周期品行业公司数量在世界500强中占比为28.4%，其中炼油，采矿、原油生产和公用设施等行业上榜公司数量均超过15家。

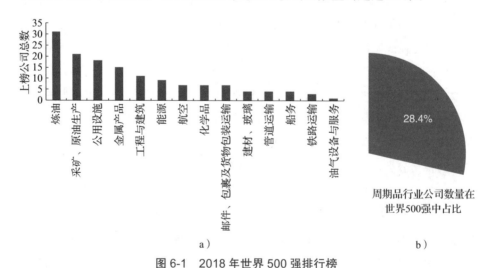

图 6-1 2018 年世界 500 强排行榜

资料来源：新浪财经、财富中文网，兴业证券经济与金融研究院整理。

除了上述商业层面的证据，我们还可以通过股票市场数据表明世界核心资产大量存在于周期品行业。从全球行业市值排名来看，发达国家周期品行业诞生了大量世界知名核心资产：能源行业市值前 10 名中有 6 家集中在美国、英国、法国、加拿大等国，材料行业市值前 10 名中有 8 家集中在英国、美国、法国等发达国家，金融行业市值前 10 名中 9 家来自发达国家，公用事业市值前 10 名也全部来自发达国家。

不仅是发达国家，新兴市场国家也存在大量周期品行业核心资产。以除中国以外的金砖国家为例，将 Vanguard 纳入指数的占比前 10 名个股视为该国核心资产。从印度能源公司瑞莱斯实业、南非能源公司沙索、俄罗斯天然气工业公司和巴西铁矿石巨头淡水河谷等公司来看，新兴市场国家也同样有大量核心资产公司存在于周期品行业中。

从机构投资者角度来看，挪威主权财富基金（GPFG）持有埃克森美孚长达 18 年，持有英国石油 17 年，持有法国道达尔 16 年，持有皇家壳牌 14 年，持有德国化工巨头巴斯夫 10 年。从这些数据来看，周期品核心资产是全球头部投资机构投资必然不可忽视的选择之一。

GPFG 中国投资实践（2008 年至今）如表 6-1 所示。2008 年至今，GPFG 长期持仓中国周期品行业核心资产，如中国国航、中国石化、中国石油、上海机场、中国外运、鞍钢股份、东方航空、中海油服、广深铁路、华新水泥和江西铜业等相关标的持仓时间已经超过 10 年。

表 6-1　GPFG 中国投资实践

证券简称	公司英文名称	行业	持仓时间（年）
中国国航	Air China	消费服务	11
中国银行	Bank of China	金融	11
中国人寿	China Life Insurance	金融	11
中国石化	China Petroleum & Chemical	油气	11
中国石油	PetroChina	油气	11
上汽集团	SAIC Motor	消费品	11
上海机场	Shanghai International Airport	工业	11
中国外运	Sinotrans	工业	11

（续）

证券简称	公司英文名称	行业	持仓时间（年）
潍柴动力	Weichai Power	工业	11
宇通客车	Zhengzhou Yutong Bus	消费品	11
鞍钢股份	Angang Steel	原材料	10
比亚迪	Byd	消费品	10
东方航空	China Eastern Airlines	消费服务	10
招商银行	China Merchants Bank	金融	10
民生银行	China Minsheng Banking	金融	10
中海油服	China Oilfield Services	油气	10
万科 A	China Vanke	金融	10
长城汽车	Great Wall Motor	消费品	10
广深铁路	Guangshen Railway	消费服务	10
华新水泥	Huaxin Cement	工业	10
江西铜业	Jiangxi Copper	原材料	10
贵州茅台	Kweichow Moutai	消费品	10
中国平安	Ping An Insurance Group Co of China	金融	10
海尔智家	Qingdao Haier	消费品	10
复星医药	Shanghai Fosun Pharmaceutical Group	医疗健康	10
青岛啤酒	Tsingtao Brewery	消费品	10

资料来源：NBIM，兴业证券经济与金融研究院整理。

　　中国巨大的经济体量可以诞生多个区域性核心资产。尽管中国经济增速从两位数逐渐下降到 6% 左右，但是从寻找投资机会的角度来看，**中国 GDP 总量世界第二，是世界上第三、四、五、六名国家 GDP 的总和，绝对量足够大，这是中国诞生核心资产最重要的经济条件**。中国部分省份的 GDP 就相当于一个大型经济体的 GDP。如图 6-2 所示，2018 年广东省 GDP 已经超过澳大利亚，近似于两个瑞士；江苏省 GDP 近似于西班牙，相当于 3 个挪威；山东省 GDP 在墨西哥和印度尼西亚之间，相当于 3 个新加坡。这意味着中国能够在多个区域中产生核心资产，诞生多个如海螺水泥和上海机场等的核心资产。

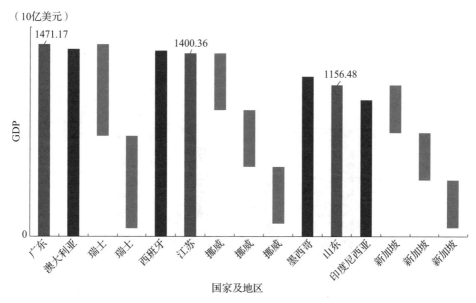

图 6-2　中国部分省份 GDP

资料来源：CEIC，World Bank，兴业证券经济与金融研究院整理。

6.1.2　行业内部大分化使得龙头企业地位强化

我们已通过国际比较和宏观环境等外部因素判断出中国有诞生大量周期品行业核心资产的客观条件和空间。现在，我们从周期品行业发展的内部动力来分析核心资产的发展。

周期品产业扩张潜力逐渐集中在相关行业的头部公司。对于一家公司来说，不管是维护当前市场地位还是进一步增强未来市场地位，不断扩张其资本支出都是一个较为直接的行为体现。我们以几个具有代表性的周期品行业上市公司样本为例，观察这些样本中在建工程支出差异（在建工程意味着公司未来生产能力和未来收入空间大小）。

化工、钢铁和建筑材料等行业在建工程支出结构的变化表明，行业内部格局的变化有利于催化周期核心资产诞生。以钢铁行业为例，近年来 33 家上市公司中营业收入前 10 家公司在建工程支出占全行业比例超过 80%，营业收入前 3 家公司在建工程支出占全行业比例超过 30%（见图 6-3）。这表明钢铁行业营业收入排名靠前的公司保持着较强的资本扩张能力。由此，周期品行业头部公司在资本扩张过程中能够获取更高市占率和更大的盈利空间，从而催化出强者越强的核心资产。

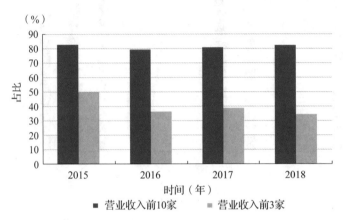

图6-3   钢铁行业营业收入前 10 家和前 3 家公司在建工程支出占全行业比例

资料来源：Wind，兴业证券经济与金融研究院整理。

近年来，化工行业 347 家上市公司中营业收入前 10 家和前 3 家公司在建工程支出占全行业比例如图 6-4 所示。

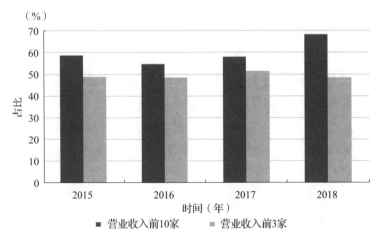

图6-4   化工行业营业收入前 10 家和前 3 家公司在建工程支出占全行业比例

资料来源：Wind，兴业证券经济与金融研究院整理。

　　化工行业的"二八"现象特别明显，即行业里前 20% 的公司盈利能力大幅增强。2018 年，这 347 家上市公司在建工程支出的近 70% 集中在营业收入前 10 家公司中，且营业收入前 3 家公司的在建工程支出占全行业比例近 50%。从时间序列来看，2015 ~ 2018 年营业收入排名前 10 家公司的在建工程支出占全行业比例从 55% 左右逐渐提升到近 70%。

　　此外，中国经济增速的放缓必然要求化工行业从原来的野蛮成长向精细规范管理发展。2011 ~ 2016 年，我国化工产业持续下行，行业领先公司投入了大量的资源用于反应效率的提升、工艺技术的优化及差异化产品的开发，核心竞争力持续增强，行业分化开始提速。

　　未来全球将进入降息周期，全球经济有望企稳，制造及消费需求有望提振，油价有望迎来复苏，同时化工行业出口有望得到改善。另外，化工行业的下游行业（房地产、汽车、家电、纺织服装及农产品）复苏有望带动化工行业复苏。

- **资本支出保障未来成长**。根据兴业证券化工组的研究，万华化学是中国化工行业少有的掌握国际前沿制造技术、管理优势突出的全球性龙头企业。万华化学上市以来 ROE 长期维持在 25% ~ 40%，2001 ~ 2018 年归属母公司净利年均复合增长率达 35%。2019 年初，万华化学完成整体上市事宜，整合 MDI 等优质资产、改善治理结构。万华化学持续大额支出确保长期强劲成长，助力自身向全球聚氨酯龙头企业、中国重要烯烃及衍生物供应商、新材料核心供应商等高远目标大步迈进。扬农化工是菊酯、麦草畏行业龙头企业，是中国农药行业的领先公司。在环保、安全等标准大幅提高，菊酯中间体供应不稳定的大环境下，国内能正常生产的菊酯企业仅有扬农化工等极少数企业。扬农化工目前储备项目较多，包括优嘉三期、优嘉四期等。目前优嘉三期前期准备工作稳步推进，我们推测优嘉三期部分项目有望在通过环评后较快建成并逐步投入生产，是扬农化工未来业绩重要的新增长点。

- **抵抗周期波动的能力**。以华鲁恒升为例，华鲁恒升是成本领先与内生增长企业的典范，充分利用了合成气平台优势向煤气化与石油化工综合产业平台发展（多样化可保障其抵御周期波动）。基于弱周期属性和低成本优势，华鲁恒升不断加强精细化管理：①"一头多线"循环经济柔性多联产运营模式，在行业低迷时对冲风险，在价格景气时最大化效益；②选择先进的煤气化工艺路线并持续对公用工程、生产流程进行优化整合，建立循环经济体系充分利用热电能源，成本位于行业最低区间；③利用地理优势、低成本火运途径，稳定采购廉价优质煤炭；④精细化管理，费用率大幅低于同业。

龙头企业盈利能力和股息率明显超越行业一般水平。从业绩维度来看，龙头企业具有更优秀的盈利能力。从钢铁行业的方大特钢和建筑材料行业的海螺水泥、建筑装饰行业的中国建筑和公用事业的长江电力的 ROE 来看，这些龙头企业具有相对行业而言更高的 ROE（见图 6-5 和图 6-6）。这意味着周期品行业内随着强者越强的行业格局越加凸显，盈利分化进一步加剧，龙头企业在市场地位更加稳固，盈利能力持续增强的条件下成为核心资产。

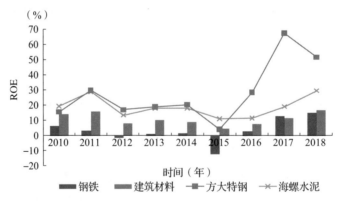

图 6-5　钢铁、建筑材料行业及其龙头企业 ROE

资料来源：Wind，兴业证券经济与金融研究院整理。

周期品行业核心资产股息率较高。从行业层面来看，2010 年以来的股息率均值居前的行业有**银行**、**煤炭**、**石油石化**、**电力公用事业**、**交通运输**、**家电**等，平均股息率分别达到了 3.93%、2.71%、2.67%、1.77%、1.74%、1.73%。当前股息率较高的行业则有煤炭、钢铁、银行、石油石化、房地产、家电，平均股息率分别为 4.18%、4.09%、3.94%、3.52%、3.06%、2.32%。

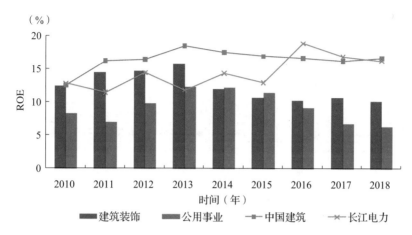

图 6-6　建筑装饰、公用事业行业及其龙头企业 ROE

资料来源：Wind，兴业证券经济与金融研究院整理。

　　从标的层面来看，截至 2019 年 12 月 6 日，同时满足近 3 年平均股息率居前、市值排名全行业前 10%（约 259 亿）这两个条件，股息率前 50 的个股中，标的数分布居前的行业是**银行（13）、房地产（7）、汽车（6）、电力公用（5）、交通运输（4）**。在股息率前 100 的个股中，标的数分布居前的行业是**银行（19）、房地产（12）、电力公用（11）、汽车（8）、交通运输（7）**。

　　从标的维度来看，2017 ～ 2019 年，A 股市场股息率前 50 家公司有近 80% 集中在周期品行业中，而且这些公司多数是周期品行业的龙头企业。A 股市场股息率前 50 家公司如表 6-2 所示。股息率最高的中国神华 3 年平均股息率高达 7% 以上，是资本市场上少有的"现金牛"。2017 ～ 2019 年，中国神华累计分红现金支出约 947 亿元，现金流累积高达 1267 亿元。

表 6-2　A 股市场股息率前 50 家公司

证券代码	证券简称	申万一级行业	2017 ～ 2019 年平均股息率（%）	证券代码	证券简称	申万一级行业	2017 ～ 2019 年平均股息率（%）
601088.SH	中国神华	采掘	7.60	603156.SH	养元饮品	食品饮料	5.67
600028.SH	中国石化	化工	7.05	600383.SH	金地集团	房地产	5.62
600019.SH	宝钢股份	钢铁	5.82	601298.SH	青岛港	交通运输	5.38
600104.SH	上汽集团	汽车	5.76	600688.SH	上海石化	化工	5.35

（续）

证券代码	证券简称	申万一级行业	2017～2019年平均股息率（%）	证券代码	证券简称	申万一级行业	2017～2019年平均股息率（%）
600398.SH	海澜之家	纺织服装	5.28	600606.SH	绿地控股	房地产	3.95
002146.SZ	荣盛发展	房地产	4.97	600066.SH	宇通客车	汽车	3.93
601006.SH	大秦铁路	交通运输	4.94	601998.SH	中信银行	银行	3.91
601328.SH	交通银行	银行	4.87	601009.SH	南京银行	银行	3.90
601158.SH	重庆水务	公用事业	4.86	600170.SH	上海建工	建筑装饰	3.73
601988.SH	中国银行	银行	4.73	601166.SH	兴业银行	银行	3.73
600177.SH	雅戈尔	房地产	4.72	600660.SH	福耀玻璃	汽车	3.73
601288.SH	农业银行	银行	4.65	002563.SZ	森马服饰	纺织服装	3.71
600741.SH	华域汽车	汽车	4.63	600642.SH	申能股份	公用事业	3.64
000656.SZ	金科股份	房地产	4.52	601838.SH	成都银行	银行	3.64
000895.SZ	双汇发展	食品饮料	4.48	600188.SH	兖州煤业	采掘	3.60
600377.SH	宁沪高速	交通运输	4.43	601818.SH	光大银行	银行	3.59
000157.SZ	中联重科	机械设备	4.38	000898.SZ	鞍钢股份	钢铁	3.57
601398.SH	工商银行	银行	4.24	000069.SZ	华侨城 A	房地产	3.53
600236.SH	桂冠电力	公用事业	4.22	000002.SZ	万科 A	房地产	3.53
600023.SH	浙能电力	公用事业	4.19	600309.SH	万华化学	化工	3.52
601939.SH	建设银行	银行	4.17	001872.SZ	招商港口	交通运输	3.48
601169.SH	北京银行	银行	4.12	001979.SZ	招商蛇口	房地产	3.43
000338.SZ	潍柴动力	汽车	4.11	601225.SH	陕西煤业	采掘	3.42
600900.SH	长江电力	公用事业	4.04	600340.SH	华夏幸福	房地产	3.42
000625.SZ	长安汽车	汽车	4.00	600016.SH	民生银行	银行	3.39

资料来源：Wind，兴业证券经济与金融研究院整理。

6.1.3　改革和政策促使周期品核心资产加速胜出

供给侧结构性改革、环保政策和节能减排也是周期品行业诞生核心资产的重要因素。受益于供给侧结构性改革带来的行业出清，传统行业的龙头企业地位更加稳固，成长为中国周期品行业核心资产。2015 年 11 月 10 日，习近平总书记主持召开中央财经委员会第十一次会议，首次提出供给侧改革这一概念，中国各行业供给侧结构性改革政策时间表如图 6-7 所示。以煤炭行业为例，"推动煤

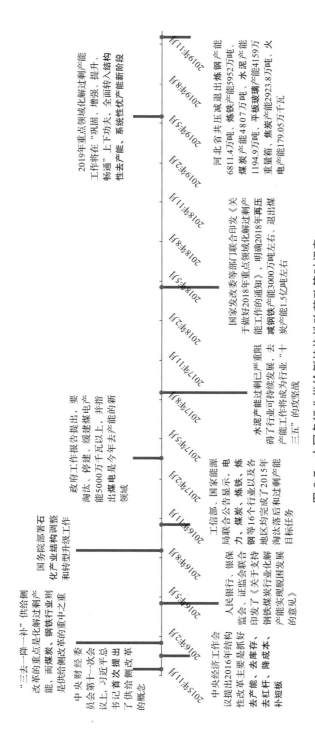

图 6-7　中国各行业供给侧结构性改革政策时间表

资料来源：Wind，兴业证券经济与金融研究院整理。

炭行业供给侧结构性改革"的大背景是: ①中国经济增速进一步放缓, 对经济结构提出了优化升级的新要求; ②中国能源消费结构待调整, 煤炭消费在能源消费中占 60% 以上比重, 远超欧美发达国家, 不合理的能源消费结构亟待改善; ③ 2001 ~ 2013 年, 煤炭需求复合增速 10.6%, 2014 年煤炭消费量同比增速转负, 同期供需局面发生逆转, 2009 ~ 2015 年供给持续过剩; ④煤炭供过于求, 煤价下跌, 行业盈利能力下降, 2015 年整体处于亏损状态, 严重影响民生。[⊖]截至 2018 年, 煤炭行业化解过剩产能 6.9 亿吨, 完成 8 亿吨去产能目标的 87%。

安全环保监管趋严, 行业格局分化。近年来, 化工行业排污现象严重、安全事故频发, 出于对环境保护和安全生产的重视, 政府推出一系列政策和措施加强对环境保护和安全生产的监管, 如表 6-3 所示。如 2017 年推动化工企业进入工业园等措施, 一方面增加小企业以及落后产能企业运营成本, 迫使部分企业不得不退出行业; 另一方面产业集群使龙头企业深化专业化协作, 行业格局发生了天翻地覆的变化。

表 6-3　政策和措施

年份	指导、政策	相关要求
2013	《大气污染防治行动计划》	加大综合治理力度, 减少多污染物排放
2014	《环保法修订案》	领导干部若虚报、谎报、瞒报污染情况, 应引咎辞职; 出现重大的环境违法事件, 地方政府分管领导、生态环境部门等监管部门主要负责人应引咎辞职
2014	修订《中华人民共和国安全生产法》	要求企业全面或局部停产全面排查危害生产源, 提高生产安全性
2015	《水污染防治行动计划》	控制农业污染, 合理使用化肥、农药
2016	《中华人民共和国环境保护税法》	规定直接向环境排放应税污染物的企业事业单位应当依法缴纳环境保护税
2016	《中华人民共和国水污染防治法》	优先保护饮用水水源, 严格控制工业污染、城镇生活污染, 防治农业污染, 积极推进生态治理工程建设, 预防、控制和减少水环境污染和生态破坏
2016	《控制污染物排放许可制实施方案》	加大生态文明建设和环境保护力度, 将排污许可制建设为固定污染源环境管理的核心制度
2016	《土壤污染防治行动计划》	控制农业污染

⊖　http://www.chinamae.com/shownews_171870_16.html_。

（续）

年份	指导、政策	相关要求
2016	《关于实施工业污染源全面达标排放计划的通知》《烧碱、聚氯乙烯工业污染物排放标准》	重点对钢铁、火电、水泥、煤炭、造纸、印染、污水处理厂、垃圾焚烧厂 8 个行业开展污染物排放情况评估，并上报生态环境部。生态环境部对外发布 5 项污染物排放新标准
2017	《关于推进城镇人口密集区危险化学品生产企业搬迁改造的指导意见》	推动化工行业进入工业园，规范化安全生产
2018	《排污许可管理办法（试行）》	应当取得排污许可证而未取得的单位，不得排放污染物
2018	《排污许可证申请与核发技术规范总则》	规定了排污单位基本情况填报要求、许可排放限值确定、实际排放量核算和合规判定的一般方法

资料来源：公开资料，兴业证券经济与金融研究院整理。

台湾水泥股份有限公司（Taiwan Cement Corporation，简称台泥）是中国台湾第一家上市公司，总资产高达 390 亿元人民币。它始创于 1946 年 5 月，成立之初为公营事业单位，1954 年 11 月民营化，由已故中国台湾"海基会"前董事长辜振甫先生接手经营。其主要营业范围包含水泥、水泥制品生产与销售，以及预拌混凝土产销。

"环保、能源、水泥"是台泥三大核心事业，未来台泥将朝着打造"零废弃、零污染、零排放"的循环经济，创造永续企业的新价值发展。台泥作为一只典型的周期股，在 2003 年股价震荡走高，而且保持高分红，如图 6-8 所示。这表明通过实行与环保、环境可持续发展相关政策，水泥公司也可以走出"大牛股"的核心资产行情。

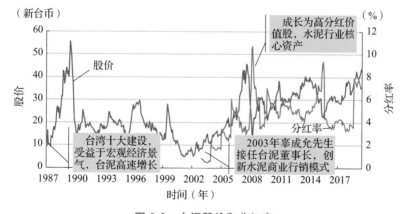

图 6-8　台泥股价和分红率

资料来源：Datastream，兴业证券经济与金融研究院整理。

6.2　如何筛选周期品板块核心资产

以 2016 年供给侧结构性改革为标志，中国经济进入存量经济阶段，这是周期品核心资产兴起的基本前提。在宏观经济处于增长平稳期时，虽然新兴产业成长性高，但传统周期品产业在行业和公司层面上具有的业绩确定性强等优势使其具有较高的投资价值，其中具备更多低估值优势的周期品核心资产的投资价值可能相对更高。周期品行业的特征是需求趋稳，没有大幅度增长空间，行业内龙头企业市占率不断提高，竞争优势不断强化。具备核心资产特征的公司受到货币政策紧缩或产业政策收紧的负面影响较小，盈利增速和 ROE 保持相对平稳，受经济周期波动影响减弱。这些公司盈利能力的确定性强，往往能够成为中国各个细分领域的行业领导者，并且有望在未来数年从中国各行业的龙头企业发展成具有全球性竞争优势的巨头。下面，我们基于选择周期品核心资产的线索，给出系统选择核心资产的逻辑和方法。

6.2.1　行业集中度和优势区位带来的"护城河"

行业集中度不断提升的周期品龙头企业有望成为核心资产。经济从高速增长转向中速增长叠加供给侧结构性改革的深入推进使得中上游不良企业逐渐退出，龙头企业可以通过行业整合不断提升市占率。在行业方面，那些进入成熟期的行业格局相对明确，龙头企业市场份额占比较大，会形成垄断竞争和寡头竞争局面。周期品行业集中度会逐渐提升，如图 6-9 所示。

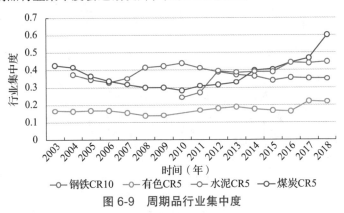

图 6-9　周期品行业集中度

资料来源：Wind，兴业证券经济与金融研究院整理。

以煤炭行业为例,煤炭行业具有强周期属性,产量向优势资源地区和龙头企业集中,行业景气度与宏观经济高度相关,煤炭价格的波动即反映经济周期的波动。1996 年至今,我国煤炭行业经历了四个阶段,分别是 1996 ～ 2001 年的下跌期、2002 ～ 2011 年的上涨期、2012 ～ 2015 年的下跌期、2016 ～ 2020 年的上涨期。

以秦皇岛 5500 大卡山西优混煤平仓价(以下简称煤价)为例:① 2002 年开始,随着国家加大固定资产投资的力度,电力、钢铁、建材、化工等下游行业需求大增,煤炭行业进入上涨期,受经济增长驱动,煤价自 2002 年 7 月的 253 元 / 吨上涨至 2008 年 7 月的 995 元 / 吨,累计上涨 293%;②受 2008 年金融危机冲击,煤价大幅下跌 49% 至 510 元 / 吨;③ 2009 年开始,受国家出台的经济刺激政策推动,煤价上涨 68% 至 2011 年 11 月的 855 元 / 吨的高位;④ 2012 年 5 月开始,我国经济向平稳化过渡,固定资产投资增速持续放缓,各行业产能过剩,煤炭需求下降,加上进口煤价格冲击,煤价再度下跌 59% 至 2015 年 11 月的 351 元 / 吨的低位;⑤ 2015 年 12 月,供给侧结构性改革使煤炭行业重回上涨期,从 2015 年 11 月低位上涨至 2018 年 2 月的 758 元 / 吨的高位,涨幅 116%,之后经济增速放缓,煤炭价格上涨动力不足,而煤炭行业与国家六大电厂中长期浮动价格协议的签订又使得煤价趋于在一定区间内波动,由高位下跌震荡至 564 元 / 吨,下跌幅度为 26%。

由于政策托底和长协的签订,煤炭行业高位盘整的格局或许很难打破,短期内尚无明显的周期反转迹象。供给侧结构性改革使我国煤炭行业供需结构发生较大变化。2008 ～ 2018 年,煤炭行业前 10 大煤企产量占比明显提高,由 29% 提升至 45%,说明产量在向龙头企业集中。供给侧结构性改革使环保趋严,小煤企被加速出清。从中长期来看,中国煤产量将占全球煤产量一半。中国神华和国电合并之后成为国家能源投资集团,是世界上最大的煤炭生产商,但在国内产能占比仅为 15%,集中度仍然有较大的提升空间。

具体到可能受益于行业集中度提升成长为核心资产的龙头企业,我们以上市公司行业市值和利润占比为衡量集中度的标准,筛选行业龙头企业,如建材行业的海螺水泥,钢铁行业的宝钢股份、包钢股份,煤炭行业的中国神华、陕西煤业等。

区位优势也是诞生周期品核心资产的重要资源禀赋条件。区位优势为区位的综合资源优势，即某一地区在发展经济方面客观存在的有利条件或优越地位，构成因素主要包括自然资源、地理位置，以及社会、经济、科技、管理、政治、文化、教育、旅游等方面。区位优势是一个综合性概念，单项优势往往难以形成区位优势。一个地区的区位优势主要是由自然资源、劳力、工业聚集、地理位置、交通等决定的。同时，区位优势也是一个发展的概念，会随着相关条件的变化而变化。

为了考察区位优势对于核心资产的选择的重要性，我们基于水泥、水电和高铁三个行业来展开具体分析。

中国水泥行业的发展基本与经济发展同步。如图 6-10 所示，1990 ～ 2010 年，水泥行业产量整体保持两位数的高速增长；2011 ～ 2018 年水泥产量增速持续下降，维持在 –5% ～ 5%，行业产能开始进入调整阶段，特别是 2015 年供给侧改革之后增速转负，老旧产能逐渐退出。从整体来看，未来水泥行业产能整体将会保持相对稳定。

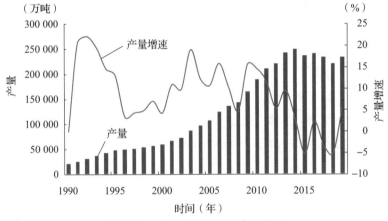

图 6-10　水泥行业产量和产量增速

资料来源：Wind，兴业证券经济与金融研究院整理。

我国水泥行业龙头企业集聚效应已经非常明显。中国建材和海螺水泥双雄并列，此外还有中材集团、冀东水泥和华润水泥等多家区域性优质公司。从整体来看，我国水泥行业产量前 10 家公司产能占比超过全行业 50%，前 10 家公司行业集中度超过 50%。从日本水泥协会数据来看，2017 年日本水泥行业前 3 家公司行业集中度达到 75% 以上，因此我们认为我国水泥行业集中度未来仍然可以持续提升。

水泥行业具有较强区域性，因此越接近中国经济最发达地区的水泥公司越能够接近最强劲的需求。在前文分析中，我们认为中国 GDP 规模巨大，能够产生多个区域性核心资产。根据水泥行业的区域性特性，能够接近长三角、珠三角和京津冀等城市集群区域的水泥公司将会有显著的区位优势。

从行业集中度未来变化和区位因素两者的相互作用来看，不管是落后产能在市场竞争中逐渐淘汰，还是政策改革持续推进去产能，能够在行业发展大趋势下站得住脚、在周期变化的各个阶段均能够做到可持续经营、未来能够持续受益于市场份额持续扩张的公司，就有望成为行业内最大赢家。同时，在寻觅水泥行业核心资产时，除了把握行业集中度不断提升的背景，我们还要重点关注具有良好区位优势的公司。

除了水泥行业，地域区位优势也是选择水电行业核心资产的首要因素。 水电公司主要分布在水能资源丰富的河流，这决定了水电资源具有较强的区域性特性。中国水力资源一半在金沙江、雅砻江、大渡河、澜沧江、怒江、乌江、长江上游、南盘江红水河、黄河上游、黄河中游等地区，在不同地域分布差异较大，从投资价值维度来看，具有地域区位优势的水电站将会更容易成为核心资产。

还可以在中国最繁忙的交通走廊上寻找区位优势。 例如，京沪高铁途经中国最繁忙交通走廊，连接北京、上海两大中国最核心城市，正线长 1318 千米，纵贯北京、天津、上海 3 大直辖市和河北、山东、安徽、江苏 4 省，由北向南分别为北京南站、廊坊站、天津西站、天津南站、沧州西站等 24 个车站，其中北京南站、天津西站、济南西站、南京南站及上海虹桥站等均为重要的交通枢纽站。除了京沪高铁之外，大秦铁路也具有区位优势，是中国西煤东运第一大通道。

6.2.2　一体化战略打造优秀商业模式

周期品龙头企业可通过一体化战略形成优势，打造优秀商业模式。一体化战略是指企业利用在产品、技术和市场上的优势地位，有目的地将与其有密切关系的经营活动纳入经营体系中，组成经营联合体活动。从分类来看，一体化战略如图 6-11 所示，主要包括垂直一体化（生产企业同供应商、销售商联合）、前向一体化（生产企业同销售商联合）、后向一体化（生产商同原料供应商联合）和横向一体化（同行业企业之间的联合）。

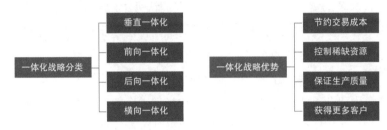

图 6-11　一体化战略分类和优势

资料来源：兴业证券经济与金融研究院整理。

通过采取一体化战略，企业可以获取多个维度上的竞争优势：①节约交易成本带来的低成本优势，体现在企业将一些具有负外部性的交易行为内部化，从而降低交易环节产生的效率损失。兴业证券煤炭组研究成果表明，以中国神华现有的煤电纵向一体化模式为例，公司内部发电用煤的主要来源为自产煤。供内部发电的自产煤的价格波动风险得以被充分对冲，在电价市场化改革推进较缓的背景下，终端收入（电价）与成本（产煤成本）基本被锁定。因此，总体而言煤电纵向一体化模式的煤价变动敏感性要小于单纯的煤炭业务或发电业务。②控制稀缺资源，获取垄断优势。③保证生产质量，使生产环节对接内部需求。④更大程度的范围经济，与更多客户产生商业联系。

我们在有色金属行业中可以发现上中下游一体化的龙头企业。基于兴业证券有色组的研究，赣锋锂业通过并购重组实现上中下游全兼并，成为国内乃至全球锂系列产品品种最全、加工链最长、工艺技术最全面的专业生产商。赣锋锂业早期曾受制于上游资源瓶颈，2018 年该公司进行资源布局，大刀阔斧收购了阿根廷 Minera Exar 公司和澳大利亚三家锂矿、青海锂矿探矿权，目前拥有权益锂资源量近 2000 万吨 LCE，昔日资源瓶颈已成为强大优势。2015 年后，赣锋锂业通过多次并购，业务触角延伸至上游的锂矿资源，以及下游的锂电池与整车，打造垂直生态链业务，增强各业务板块协同效应、降低成本，同时减少锂价涨跌对盈利造成的波动。

2010 年至今，嘉能可通过大规模、高频率的并购重组，从全球最大大宗商品交易商成长为仅次于必和必拓集团、力拓矿业集团的全球第三大矿业公司。嘉能可在全球矿业中的地位如图 6-12 所示。

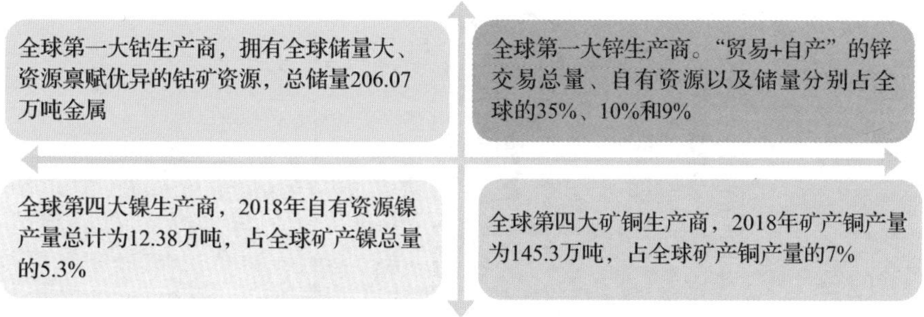

全球第一大钴生产商，拥有全球储量大、资源禀赋优异的钴矿资源，总储量206.07万吨金属	全球第一大锌生产商。"贸易+自产"的锌交易总量、自有资源以及储量分别占全球的35%、10%和9%
全球第四大镍生产商，2018年自有资源镍产量总计为12.38万吨，占全球矿产镍总量的5.3%	全球第四大矿铜生产商，2018年矿产铜产量为145.3万吨，占全球矿产铜产量的7%

图 6-12　嘉能可在全球矿业中的地位

资料来源：《嘉能可：全球矿业新巨头》，兴业证券经济与金融研究院整理。

商业模式优秀的公司更容易成为一体化龙头企业。

1. 低成本扩张能力

紫金矿业逆周期并购，在估值周期底部并购海内外矿山优质资产，再现成本为王。国际金价下跌导致海外上市黄金公司市值大幅缩水，低价出手开展项目并购工作使紫金矿业形成了低成本扩张的竞争优势。当前紫金矿业利润的半壁江山来自逆势并购带来的低成本红利，如新疆阿舍勒铜矿、贵州水银洞金矿、珲春曙光金铜矿等矿山，紫金矿业或以低价位进入，或在国有企业重组时进入，或以解决和突破重大技术性难题入手，通过解决"带病"矿山实现低代价的进入和高利润的回报。

紫金矿业在 2012 年、2015 年金价走低期间并购了诺顿金田和波格拉 50% 股权，在 2014 下半年至 2015 年铜价低迷时先后并购了科卢韦齐、卡莫阿，并整合了多宝山及其周边资源。2018 年下半年铜锌价双走低，紫金矿业再度出手，取得了大型铜企 RTB Bor63% 的股权，并且并购了 Nevsun（旗下拥有 Bisha 铅锌矿 60% 的股权、Timok 上带铜矿 100% 股权和下带铜矿 40% 的股权）100% 股权。

紫金矿业主要并购事件如图 6-13 所示。

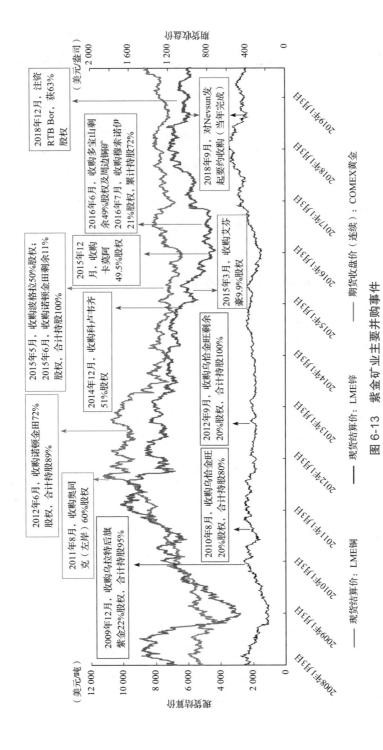

图 6-13　紫金矿业主要并购事件

注：1 盎司≈28.35 克。

资料来源：公司官网，兴业证券经济与金融研究院有色组整理。

2. 资产质量优化能力

供给侧结构性改革纵深化，产能置换盘活资产，控产能、调结构取得成效：330 多万吨电解铝产能通过产能置换转移至内蒙古、云南等能源丰富地区，中铝整合云南冶金，山东魏桥控股鲁丰股份等联合重组不断推进。例如，中铝旗下公司包头铝业（简称包铝）通过产能置换降成本。包铝的加法源于抚顺铝业以及甘肃华鹭的减法，包铝凭借所在地资源优势，通过资源整合形成了"煤—电—铝—铝合金"一体化布局。中铝旗下运营不佳的电解铝企业把产能集中到更适合发展的包铝，降低集团总成本的同时盘活子公司资产。

商业模式既定背景下，一体化龙头企业抵抗周期波动的能力更强。以水电行业四阶段增长模型为例。根据兴业证券公用环保组的研究，水电站生命周期可以划分为以下四个阶段。

第一阶段是建造期。水电站一般属于重资产，平均建造周期在 5 ~ 10 年。在这段时间内，在建工程大幅扩张，投资现金流持续流出，无营业收入、利润。基于水电项目负债和折旧的期限匹配差异（负债成本导致现金流出前高后低，折旧期明显小于运营期），一般来说水电项目负债端现金流出有明显的前期高后期低特征。这主要由于前期还本付息压力大，后期建设成本还本付息结束后水电站仅需要负担运营成本。此外，水电站折旧期一般 25 ~ 30 年，而运营期一般在 100 年以上。据上，我们可以分解出三个运营期阶段。

第二阶段是运营期阶段一。这一阶段假定营业收入不变，成本主要是财务费用和折旧费用。折旧费用较为固定，但财务费用会逐渐下降，这意味着现金流和利润将会逐渐提升。

第三阶段是运营期阶段二。在这一阶段，建设成本的还本付息已经结束，财务费用支出维持在相对较低水平，折旧费用较为固定。这意味着现金流和利润会相对固定。

第四阶段是运营期阶段三。在这一阶段，折旧期结束，而且财务费用仅仅需要满足运营需求，成本也存在一定下行空间。这一阶段，水电站利润再上一个台阶，"现金牛"阶段特征凸显。

典型水电站净利润、经营现金流模型如图 6-14 所示。

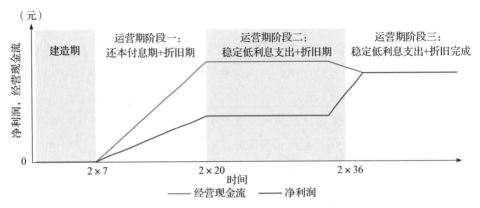

图 6-14　典型水电站净利润、经营现金流模型

注：2×36 年起，折旧的税盾效应消失，经营现金流净额减少（税收导致的流出增加）。

资料来源：兴业证券经济与金融研究院公用环保组整理。

水电站现金流和利润处于不断"上台阶"的过程，因此我们应该重点关注水电行业特征，基于此选择核心资产。

从政策维度来看，大型水电站的商业模式更有能力经受时间的考验。 从水电行业商业模式来看，在较长周期内政策引导是一个不得不考虑的变量。除了前文我们提到的政策规划之外，从增值税政策来看，2017 年 9 月国家能源局发布《关于减轻可再生能源领域涉企税费负担的通知》规定"单个项目装机容量 5 万千瓦及以上的水电站销售水力发电电量，增值税税率按照 13% 征收；超过 100 万千瓦的水电站（含抽水蓄能电站）销售自产电力产品，自 2018 年 1 月 1 日至 2020 年 12 月 31 日，对其增值税实际税负超过 12% 的部分实行即征即退政策"。这表明对大型水电站的政策支持力度明显更强。

具备多库联调能力的大型水电公司有助于抵抗周期因素的不利影响，这也是其成为水电行业核心资产的必要因素。 丰水期和枯水期导致水电行业表现出明显季节性，而且不同区域水电上网电价有较大差异，能够在全流域具有联合调度规模优势的大型水电公司会具有更强的规模优势应对周期波动的压力。

6.2.3　研发和管理赋能

为什么周期品核心资产需要研发和管理赋能？以钢铁行业发展说明。 中国

钢铁产量世界第一。1996 年，我国第一次成为全球第一大产钢国，此后 20 多年产量一直居世界第一。钢铁行业的繁荣得益于城市化进程的加速，基建的拉动以及其他行业的需求使得内需增长迅猛，我国钢铁行业体量不断扩增。截至 2018 年，我国钢铁产量占世界钢铁产量的 51.33%。

　　国内特种合金材料成长空间仍然较大。我国粗钢产量超过全球粗钢总产量的一半，但根据 WSD2019 年世界级钢铁企业竞争力排名，中国企业仅宝钢排名第 15 名。这表明国内钢铁产品结构仍以中低端产品为主，部分高品质特种钢对进口的依赖度较高。数据表明，2017 年我国特种合金产量为 3315 万吨，占粗钢产量比例仅为 4%，大幅低于全球平均水平。因此，我国在特钢技术和产品领域有较大的成长空间。

　　部分国家特种合金占粗钢产量比例如图 6-15 所示。

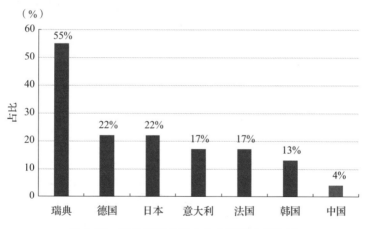

图 6-15　部分国家特种合金占粗钢产量比例
资料来源：《特钢技术》，兴业证券经济与金融研究院整理。

　　我国部分特种合金进口依赖度示意图如图 6-16 所示。

　　科技和管理赋能是助力周期品龙头企业成长为核心资产的重要因素。从科技维度来看，从 2015 年开始，能源、材料、工业和公用事业等多个周期性行业研发支出占营业收入比例有明显提升，这表明周期品行业开始以更加包容的姿态借助科技研发，努力提升自身生产率和市场竞争力。截至 2018 年，工业和材料两个行业研发支出占营业收入比例接近 2%。从公司层面来看，汽车行业的福耀玻璃、光伏行业的隆基股份和化工行业的万华化学不仅保持明显高于行业平均水平的研发支出占营业收入比例，而且逐渐积累了大量专利构建自身竞争优势。

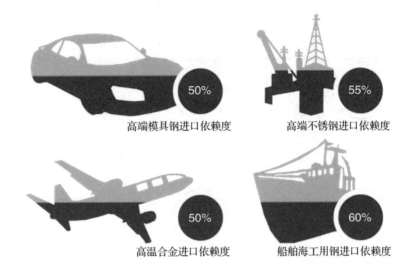

图 6-16 我国部分特种合金进口依赖度示意图

资料来源：《特钢技术》，兴业证券经济与金融研究院整理。

部分行业研发支出占营业收入比例如图 6-17 所示。

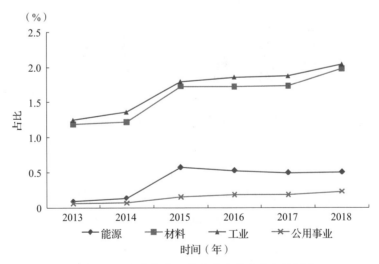

图 6-17 部分行业研发支出占营业收入比例

资料来源：Wind，兴业证券经济与金融研究院整理。

部分周期品行业龙头企业研发支出占营业收入比例和专利数量如图 6-18 所示。

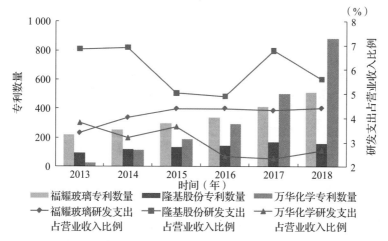

图 6-18　部分周期品行业龙头企业研发支出占营业收入比例和专利数量

资料来源：Wind，兴业证券经济与金融研究院整理。

从管理机制来看，良好的奖励机制可以激发员工的动力，从龙头企业的发展历程不难看出，好的公司有极强的凝聚力，而凝聚力又源于良好的奖励机制。将员工的利益和企业利益牢牢地捆绑在一起，不失为一种明智之举，利益共享、亏损共担能使公司团队凝聚力不断增强，而极强的凝聚力又会体现为员工刻苦工作，处处为公司利益着想，最终反映为出众的业绩。

以美国纽克钢铁为例，通过可变薪酬、团队激励机制和长效奖励机制，它牢牢地把员工、团队和公司捆绑在一起，一荣俱荣、一损俱损。这不仅使公司得到了良好的发展，也使储备人才不易流失。长效奖励机制使得员工个人肩负更多的责任，为公司就是为自己，公司凝聚力的加强最终体现在公司不断扩大的体量上和常年累积的业绩上。

美国纽克钢铁激励方式。通过可变的薪酬制度、团队激励机制及长效奖励机制，美国纽克钢铁高层凝聚力增强，确保人才不易流失，人人为公司尽职尽责，为公司长远发展奠定了良好的基础。

业绩。一个好的团队，领导很重要。美国纽克钢铁通过奖励机制，使公司高层有着极高的凝聚力，而凝聚力是公司持续向好的动力，最终公司从一个小钢厂发展为美国的钢铁巨头，体量成倍增长，利润持续增长。这与团队协同共进不无关系。

以中国方大特钢为例，国有转民营激活了该公司的活力，一方面通过股权激励提高了核心骨干的工作积极性，另一方面通过福利政策锁定人才，形成"公司为我，我为公司"的良好循环，使得员工工作效率提升，主观能动性大大提高，公司效益好、员工工资高、福利好。

民资入股，方大控股。2009年，随着方大集团的入股，方大特钢实现了以国有到民营的改制，这为公司后续的发展奠定了有利的基础，发展历程如图6-19所示。

前身长力股份成立
主营汽车弹簧、弹簧扁钢、优质圆钢，是江西最大汽车板簧生产商。控股股东为江西汽车板簧有限公司，实际控制人为南昌钢铁。国有股占比97.19%

非公开发行股票
南昌钢铁成为第一大股东，持股46.55%，公司主营业务拓展到从钢铁冶炼到汽车零部件，形成铁、钢、材、汽车零部件等完整的产业链。国有股占比66.63%

1999年9月 　　 2003年9月 　　 2006年12月 　　 2009年10月

上市
长力股份在上交所挂牌上市。发行后国有股占比58.31%

国有转民营
辽宁方大集团受让江西冶金集团持有的南昌钢铁57.97%的国有股权，成为长力股份间接控股股东。公司实际控制人变更为辽宁方大集团，实际控制人为方威。同年12月更名为"方大特钢科技股份有限公司"

图6-19　方大特钢国有转民营发展历程

资料来源：兴业证券经济与金融研究院有色钢铁组整理。

激励方式。通过两次股权激励，方大特钢凝聚力增强。上到公司高管，下到中层干部、骨干员工、劳动模范、突出贡献员工，都在激励股权人员中，激发了员工工作积极性，为公司长远发展奠定了基础。

员工福利。通过实施福利政策、员工政策，方大特钢凝聚力进一步提升，员工工作积极性提高。

业绩。国有转民营后，方大特钢活力被激活，适当的奖励机制激发了全员的动力，公司业绩明显提升。这与公司全体员工的努力奋斗不无关系。

一个好公司一定得有长效的奖励机制保证人才不流失，并有长效的促进作用使工不断成长，将员工利益和公司利益捆绑对公司发展大有裨益。

第 7 章

制造业板块核心资产研究

下面我们进入另一个"重头戏",中国制造业诞生优秀龙头企业和核心资产是当仁不让的。过去 20 年,中国实现了从"制造大国"向"制造业大国"的转变,留给世界的印象已经从衣服、鞋帽、玩具等轻工制造者,转变为在全球产业链中拥有制造业核心能力的竞争者。当下放眼全球各国制造业竞争力,中国产业结构完整度首屈一指,在制造业 20 个细分行业中,有 19 个行业的产值位居全球第一,能够独立完成小到螺钉等基础零件,大到飞机大炮、航天器、智能科技产品的制造。制造业的崛起离不开中国制造业的核心资产,制造业龙头企业在开放红利中亦利用中国的政策、市场等优势,实现自身的成长与蜕变。

参考海外经验,制造业龙头企业崛起往往会经历从国内成长到行业集中,再到全球化的过程,不断突破单一市场限制实现持续成长。目前中国工程机械、化工、汽车玻璃等制造业的龙头企业或许正在经历同样的过程,从国内行业集中走向全球化,与曾经的海外制造业龙头企业同台竞争。在 2016 ~ 2019 年的"核心资产"牛市中,除了以消费品板块为代表的中国核心资产为投资者提供了丰厚回报，制造业中的核心资产也表现亮眼，如三一重工、恒立液压、万华化学等。在开放的过程中，这些制造业核心资产一方面为国内投资者认可和重仓持有，另一方面也被海外投资者大举买入，成为海外投资者的重要配置方向。A 股中的制造业板块主要包括机械（包含非常多的细分行业和子领域）、电力设备、新能源、汽车（包括新能源汽车）、军工、轻工制造、环保设备等。下面，我们就以工程机械、化工、汽车等细分行业为主要案例，为读者揭开制造业核心资产的面纱。

7.1　制造业企业"从大到伟大"

7.1.1　产业政策为制造业高端化发展提供支持

产业政策是一国制造业龙头企业高速成长、脱颖而出的基石和催化剂，海内外工程机械、新能源等行业的经验皆是如此。政策能够带动市场需求爆发，也能提高行业门槛，促使尾部企业出清，帮助龙头企业快速优化供给格局。对于发展中国家来说，产业政策更是保护国内支柱型产业自主可控、帮助国内企业生存乃至反超的关键。日本反超欧美、中国反超美日都验证了产业政策的重要性。接下来我们从中国两个优势的制造业细分行业——工程机械和新能源汽车，来说明产业政策的作用。

装备制造业振兴计划推动工程机械进口替代——产业政策连贯有序，供给端着力振兴装备制造业，需求端房地产基建提供市场需求。 2006 年和 2009 年的《国务院关于加快振兴装备制造业的若干意见》和《装备制造业调整和振兴规划》为 2006 年起的国产工程机械进口替代打下政策基础，供给端政策给予了企业资金、税收、项目等支持，需求端基建和房地产提供了广阔市场，中国的三一重工、徐工机械、中联重科等制造业核心资产摆脱全球行业的低谷经营向好，同时吞并了海外技术、渠道占据优势的传统企业，实现弯道超车。

除"量的增长"之外，近年来政策还聚焦"质的提升"，为工程机械行业龙头企业提供再成长机遇。 《中国制造 2025》提出着力开展工业强基工程，2020 年工程机械 40% 的核心基础零部件、关键基础材料实现自主保障，2025 年保障率达到 70%；工程机械等制造业产品性能稳定性、质量可靠性、环境适应性、使用寿命等指标达到国际同类产品先进水平，同时加快智能工程机械等产品研发和产业化。**环保政策是产品质量的另一重要抓手，标准升级将促进设备更新加快**。在道路机械方面，重型柴油车将于 2020 年 7 月 1 日起执行"国六"排放标准、京津冀及周边等重点区域、珠三角地区、成渝地区提前于 2019 年 7 月 1 日起实施国六排放标准；非道路移动机械将自 2020 年 12 月 1 日起执行"国四"排放标准。**更严格的技术标准、环保要求，将进一步增强中国工程机械行业核心资产的竞争力，把技术、规模等优势的雪球滚起来，国内市场格局集中化，在国际市场上占据更大份额**。

此外，《新能源汽车产业发展规划（2021 年—2035 年）》（征求意见稿）使制造业发展迎来良机。自 2014 年来，中国是全球新能源汽车补贴力度最强的国家，这也促使中国的新能源汽车行业发展速度领先全球。目前限牌城市牌照驱动效应依旧明显，三四五线城市私人消费随着车企渠道下沉有望放量，同时运营领域经济性明显，依旧有较强的需求，在公共领域尤其是重点污染防治区，出租车更换新能源也将逐步放量，因此我们预计国内新能源车需求将保持稳步增长态势。《新能源汽车产业发展规划（2021 年—2035 年）》（征求意见稿）已起草，中国已经处于抢占新能源汽车产业链的有利位置，具体见以下方面。

- **长期产销目标符合预期，行业发展大势明确**。根据规划，预计 2025 年新能源汽车占当年汽车总销量 20%（预计 500 万～ 600 万辆，2018 ～ 2025 年年均复合增速 22% ～ 25%，动力电池需求量 250 ～ 300gah，2018 ～ 2025 年年均复合增速 24% ～ 27%），2030 年占 40%（预计 1200 万～ 1400 万辆，2018 ～ 2030 年年均复合增速 21% ～ 22%，动力电池需求量 660 ～ 770gah，2018 ～ 2030 年年均复合增速 23% ～ 24%）。

- **行业精细化发展，注重安全性以及经济性**。相比《节能与新能源汽车产业发展规划（2012 年—2020 年）》，此次规划取消电池能量密度要求，提高油耗和电耗要求，乘用车平均油耗由 2020 年 5L/100km 下降至 2025 年 4L/100km，同时新增新能源乘用车平均电耗 11kWh/100km 的要求。行业朝着安全化以及经济化发展。

- **提升充电技术，着重强调便利性及可靠性**。规划明确加强有序充电、大功率充电、无线充电、即插即充等新型充电技术，加快形成以慢充为主、应急快充为辅的充电网络，强调充电便利性以及可靠性，为新能源汽车的大规模普及奠定基础。

7.1.2 广阔市场机会让企业由"小"变"大"

制造业企业成长离不开足够的市场空间，中国作为全球制造业集中地和全球人口最多的国家之一，拥有大量中下游市场需求。下游需求为2C端的制造业企业提供试错空间和细分需求市场，完备的制造业产业链则为2B端的企业提供丰富的产业资源和需求。以化工行业为例，化工下游市场主要有建筑、家电、制鞋等，而中国是21世纪以来建筑、家电、制鞋等行业增长最快、规模最大的国家之一，因此中国也成为全球主要化工消费地，孕育出一批依托国内市场的化工龙头企业。

1. 工程机械：基建、房地产让工程机械行业享受广阔市场空间

基建：2003年至今3轮基建投资大潮，近两年基建再发力。2001年后城镇化带动基建需求，2009年、2012年基建则成为房地产之外政府调控增长的重要手段。基建包括公路、铁路、港口、电力等方面，都是工程机械行业的重要市场。近两年政府屡屡提及积极的财政政策，为工程机械行业需求增长再添一把火。

房地产：2003年为国家支柱行业，销售存在3年小周期，目前坚持"房住不炒"。2003年、2006年、2009年、2012年、2015年均是中国地产小周期起点，或是国家采取"宽松+地产"政策组合维持经济稳定增长，或是经济向好地产需求提升。未来城镇化和高速发展的房地产市场能为工程机械行业创造城市建设需求。

工程机械行业中的挖掘机、混凝土设备、起重机行业等实现快速增长。工程机械行业细分行业主要分为挖掘机（市占率31.1%）、混凝土机械（市占率15.8%）、起重机（市占率12.9%）等。工程机械行业经历2006～2007年全球复苏的第一波成长、2009～2010年"四万亿"刺激下的第二波成长和2016年至今设备更新换代的第三波成长。2004年至今，挖掘机销量年均复合增速15.9%，1999年至今混凝土泵、搅拌机、搅拌车销量年均复合增速16.9%、23.4%、

28%。国内挖掘机行业的三波成长高峰（虚线框）如图 7-1 所示。

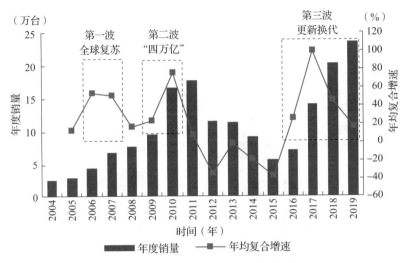

图 7-1　国内挖掘机行业的三波成长高峰

资料来源：Wind，兴业证券经济与金融研究院。

2.化工：中国经济快速发展，孕育全球最大化工消费市场

加入 WTO 以来，中国成为全球制造中心，同时也创造了全球最大的化工消费市场。化工下游消费市场主要集中于建筑（35%[一]）、电子（19%）、家用电器（8%）、农业（7%）等领域。①建筑：21 世纪初，中国推行了城镇化以及多轮房地产建设；②电子：加入 WTO 后，中国东南部多个省市通过产业、税收、土地、融资政策，大量承接了海外电子制造；③家用电器：格力电器、美的集团、海尔、TCL 等企业在地产周期中逐步替代外资家电企业，成长为世界龙头企业；④农业：中国作为全球人口大国，每年政府都着力扶持农业发展。

政府频频推出下游政策，促进化工需求高速增长，中国成为全球最大的化工消费市场。国内化工行业高速发展，2004 年至今 A 股化工行业营业收入增加 5.1 倍，复合增速达到 12.8%。从细分行业来看，化学原料、农用化工、其他化学制品、化学纤维分别增加 7.6 倍、7.3 倍、4.8 倍、0.8 倍，复合增速 15.5%、

　　[一]　下游市场销售份额占比，余同。

15.1%、12.5%、4.2%。

从地区来看，中国化工是全球中坚力量，未来占比仍将持续提升。2017 年，全球化学品销售额约 3.5 万亿欧元，其中中国 1.29 万亿欧元，占比达 37.2%，预计到 2030 年全球化学品销售额将达 6.6 万亿欧元，届时中国占比将增长至 49.9%（见图 7-2）。

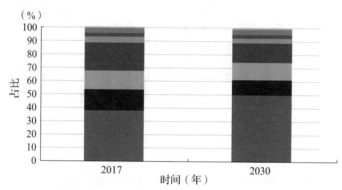

图 7-2　中国化工品销售额占全球比重

资料来源：CEFIC，兴业证券经济与金融研究院化工组。

7.1.3　转型、改革、监管，龙头企业优势凸显

中国 GDP 增速自 2007 年达到 14.2% 的阶段性峰值后，呈现"逐级下降"态势。**从高速增长向高质量发展转变，既符合社会发展的客观规律，也符合当前人民生活的长期需求**。在经济转型中，更有效率地生产、摒弃 GDP 增速唯一论的发展目标、建设更加环境友好型的经济，成为政府和企业持之以恒的发展方向。2015 年底，中央经济工作会议提出要更加注重供给侧结构性改革、"三去一降一补"。传统重工业行业持续优化行业格局，有序退出落后产能，逐步提高产品和排放标准，促使近几年国内环境质量大幅提升。但是，未来经济转型、供给侧改革仍有巨大空间：①国内煤钢等产能仍有较大处置空间；②中国单位 GDP 能耗仍然落后美国等发达国家水平较多。

2017 年是中国环保工作的考核年，《大气污染防治行动计划》《水污染防治

行动计划》等中的多项硬约束目标都要在这一年实现，生态环境部启动了史上最严的大气污染整治行动，4 月调集了 5600 名执法人员在京津冀及周边区域"2+26"城市展开了史上持续时间最长的大气污染防治执法行动。2017 年也是环保督察严抓问责的一年，中央环保督查组以层级高、力度大和"敢于动真碰硬"之势在全国掀起了"环保风暴"，在 2017 年内进驻了 31 省区市、问责上万人，较 2016 年明显提高。2017 年还是环保新政密集出台的一年，如颁发多行业排污许可证、对固定污染源全生命周期实现"一证式"监管、完成环保费改税筹备次年第一日正式实施、促进企业减排意愿、淘汰环保不达标企业。

更加严格的环保监管、产品能耗要求，有利于龙头企业做大做强，将行业内落后的企业挤出市场。而从上市公司营收来看，行业正呈现集中趋势。2015 ~ 2018 年，工程机械行业营业收入规模前 5 家分别为三一重工、徐工机械、中联重科、上海机电、柳工，占全行业比重从 71.8% 上升至 81.0%，提升9.2 个百分点。化工行业经过 2017 年"史上最严"环保整治后，行业前 30 家营业收入占全行业比例从 2016 年的 51.4% 上升至 2017 年的 52.2%，提升 0.8 个百分点，未来可能会进一步提升。龙头企业在经济转型、供给侧结构性改革背景下，享受了政策带来的行业集中红利。

7.1.4　中国走向世界，制造业企业由"大"变"强"

参考日本 20 世纪 80 年代制造业升级转型经验，目前中国制造业同样步入出海阶段、踏入世界市场，由"大"变"强"，角逐世界制造业核心地位。从各项指标来看，目前的中国与日本制造业升级转型中期（1980 年）有相似之处，在人均 GDP（中国人均 8123 美元，日本人均 9417 美元）、老龄化程度（65 岁以上人口占比中国 10.12%，日本 9.05%）、工业和服务业比重（中国 39.8%/51.6%，日本 38.4%/58.6%）、储蓄率（中国 46.1%，日本 31.1%）等指标上都与日本相似。**从制造业结构来看，目前中国也与日本 20 世纪八九十年代有相似之处：一方面，重化工业比重仍然较高；另一方面，以电子、汽车、机械为代表的新兴制造、高端制造已经成为主导产业**。**在出口导向型政策、产业政策等政策方面，中国更是充分借鉴了日本的经验**。出口经济带动两国经济从弱至强，产业政策则帮助中日两国制造业弯道超车，逐步成为世界上领先的国家。稍有不同的是，日本已经先于中国在全球价值链条上占据较优位置，中国核心资产则刚刚进入起步阶段。

未来，中国的制造业增长空间要大于当时的日本。原因如下：①中国城市化率仍然较低，区域平衡的发展空间很大。产业升级的雁阵模型不但适用于国际，也适用于一国之内。东部地区丧失比较优势的产业可以向中西部转移，如Intel、富士康向中西部搬迁。②中国 TFP 水平仍然较低。2014 年，中国 TFP 水平仅为美国的 0.43，而日本 1980 年 TFP 水平为美国的 0.81。中国的技术水平距离世界先进水平尚有较大差距。当然，制度的改革也是提高 TFP 的重要途径。

中国制造业由"大"变"强"，TFP 增速较高的行业占据了主导地位。根据1998～2013 年的工业企业数据库计算各行业 TFP，我们发现 TFP 年均增速较快的行业有交通运输设备制造业，通信设备、计算机及其他电子设备制造业，仪器仪表及文化、办公用机械制造业，食品制造业等。这些行业也正是目前出口占比较高的行业，间接说明了中国制造业正走在正确的道路上。出口作为制造业升级转型的重要拉动力量在发挥作用，近年来高新技术产品的出口增速要快于普通产品，也反映出制造业正在升级。

7.2　全球比较：来自制造强国的启示

7.2.1　美国"马歇尔计划"和战后市场红利，助力卡特彼勒走向世界

1. "二战"后重建，全球形成庞大的工程机械需求市场

"二战"后，美国"马歇尔计划"刺激了美国对欧洲的工程机械出口；《1949年住房法》刺激了建筑及房屋建设领域的美国国内需求。"二战"结束后，欧洲交通运输设备、生产制造设备等遭受重创，对此美国推出"欧洲复兴计划"，对欧洲提供金融、技术、设备等支持。1946～1949 年，美国对外经济和军事援助占 GDP 比重一度达到 3%，工程机械是其中重要援助。战后美国也出台了具

有重大影响力的经济刺激政策，国会通过参议员塔夫脱提交的《1949 年住房法》迎合了美国国内地产、建筑商利益。[⊖]各城市启动"城市更新运动"，美国政府通过供低息贷款、援助等措施，对城市中心的贫民窟进行了清理。

2. 成长期—集中化—全球化，卡特彼勒核心资产诞生之路

美国国内工程机械行业经历高增速向中低增速转变。在"二战"后内外政策作用下，美国工程机械行业迎来第一波高峰。20 世纪 70 年代滞胀时期，"货币宽松＋财政支出"的政策组合，促使美国国内建设和住宅投资迎来第二波高峰，复合增速 10.2%。20 世纪 70 年代末石油危机爆发、通胀高企，美国经济增速逐级下台阶，80 年代和 90 年代建设和住宅投资复合增速下降为 5.0% 和 5.4%（见图 7-3），工程机械行业由高速增长变为中低速增长。卡特彼勒受益于"二战"后全球增长红利快速成长，但是在 20 世纪 70 年代遭受日本新兴企业冲击，80 年代后更面临美国行业景气下行的挑战。行业集中和全球化是卡特彼勒逐步走出行业周期，再次回归成长的重要原因。

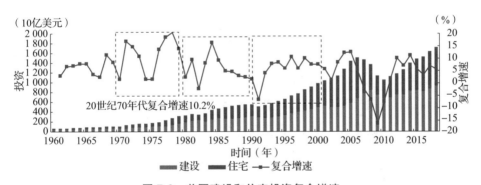

图 7-3　美国建设和住宅投资复合增速

资料来源：Wind，兴业证券经济与金融研究院。

成长：卡特彼勒受益于政策刺激下的全球市场增长。战备军需和战后重建为卡特彼勒带来了充沛的订单，卡特彼勒不断扩充产能，在美国兴建工厂、开拓新产品线。欧洲和亚洲同样有多个需要大量工程机械重建的国家，卡特彼勒顺势全球扩张。1946～1980 年，卡特彼勒营业收入年复合增速 11%，进入快速发展

⊖　参见《〈1949 年住房法〉：起源、内容与影响》。

期。海外收入是卡特彼勒的重要收入来源，从 1960 年的 37% 上升至 1970 年的 52% 和 1980 年的 57%。

集中：在低增速背景下，落后企业逐步退出市场，卡特彼勒持续并购扩张产品线和市场扩容。 20 世纪八九十年代，美国国内工程机械市场面临下行压力，海外市场则与日本企业精细管理和低成本策略激烈竞争。工程机械作为强周期行业，在周期下行阶段中，企业可能普遍出现亏损，此时也是龙头企业通过并购方式整合行业的最佳时机。以德国工程机械为例，诸多曾享有盛誉的品牌被美国、日本、中国龙头企业瓜分：① 1997 年推出全球最大液压挖掘机的百年老店 O&K，被特雷克斯、比塞洛斯、卡特彼勒、纽芬兰建筑机械拆分收购；② 1986 年推出 600 吨全球最大液压挖掘机的 Demag，被小松制作所和特雷克斯收购；③ 历史悠久的 Hanomag 于 1989 年被小松制作所入股，2002 年被收购；④ Schaeff、Fuchs、Atlas、Kaelble、DBT、Zettelmeye、Faun 等众多百年老店被美日中企业收购、拆分，或退出市场。⊖

全球化：全球工程机械需求中心转移，卡特彼勒全球化战略熨平需求周期，实现长期增长。 1950 年，卡特彼勒在英国成立了第一家海外子公司，向跨国经营迈出了第一步。1954 年，卡特彼勒在巴西和澳大利亚分别成立新工厂。1956 年，卡特彼勒在英国建造 2 座工厂，在北美洲、加拿大也建立了几家新厂和分公司。卡特彼勒的国际业务版图不断扩大，新产品运销世界各地，确立了其在世界工程机械行业的霸主地位。**卡特彼勒"欧美—日本—新兴市场"的全球化过程在跟随全球工程机械需求中心的不断变迁。**

- **欧洲、美国复兴：** "二战"后，欧洲经济复苏，重建基础设施，美国国内"城市更新运动"，创造全球主要工程机械需求。
- **欧美—日本：** 20 世纪 80 年代后，全球工程机械需求中心从欧美转向经济繁荣的日本。1987 年，日本工程机械行业市值大约 56 亿美元，占全球比重约 13%，1996 年上升为 160 亿美元，占全球比重已经达到 22%，复合增速 11.1%，远超西欧和北美。
- **日本市场萎缩：** 亚洲金融危机后，日本需求大幅缩减。1996 ~ 2002 年，

⊖　参见《盘点：那些被收购的德国工程机械品牌》。

日本市场复合增速 –6%，占全球比重下降至 10%。

- **中国市场崛起**：2001 年中国加入 WTO 后，推动城镇化和大力发展房地产行业，成为全球工程机械的主要需求中心，占全球比重从 2005 年的 8% 上升至 2009 年的 32%。金融危机后其他各国建筑市场萎缩的情况下，中国通过"4 万亿"政策刺激实现了工程机械行业高增速，其间复合增速 24.5%。

7.2.2 德国经济转型＋科尔政府供给侧结构性改革，打造汽车、化工业核心资产

1. 20 世纪 70 年代，科尔实施供给侧结构性经济政策，制造业冉冉升起

20 世纪 70 年代前后，全球重化工业需求逐渐疲软。1973 年 10 月第一次石油危机爆发，德国遭受严重冲击，1974 年 GDP 增速下降至 0.9%，同时通胀高企。德国经济增长的"黄金年代"宣告结束，工业结构面临新的转型压力，以石油冶炼、钢铁、造船、金属等为代表的高能耗、高物耗、低附加值的传统重工业产能过剩现象凸显，国内主要行业衰落，企业大量倒闭，失业率上升。

德国经济的"转型"成功离不开赫尔穆特·科尔。面对严峻的国内局势——巨额的财政赤字、庞大的失业大军、不断滑坡的经济，**科尔政府上台后放弃需求侧刺激，主攻"多市场、少国家"的供给侧结构性经济政策**，通过降低税收、利率和缓增工资的办法，调动企业的积极性，增加固定资本投资，此后再扩大出口。此外，为了加速经济复苏，科尔政府还调整了科技和出口政策以发展新的科学技术，提高出口竞争能力。与此同时，科尔政府还注意对汽车行业的技术改造，提高其自动化程度。随着一系列政策逐渐起效，改革取得良好效果，德国经济开始回暖，GDP 增速逐步加快，1983 年为 1.57%，至 1990 年已上升至 5.26%。

本轮供给侧结构性经济政策无疑取得了显著的成效，德国经济实现了稳定增长，1983 ～ 1990 年 GDP 平均增速达到了 2.91%。具体而言：①财政风险下降，德国支出比例、财政赤字、新债务的减少使科尔政府的经济政策获得信任，国家内部重建稳定。②国际贸易顺差逐渐扩大，控制资本外流。在此期间，科尔

政府充分发挥德国物价比较稳定、利率较低、工资成本偏低的优势，提高德国出口商品的竞争能力，实现顺差逐年增加，出口和进出口余额跃居世界第一位。③通货膨胀得到控制，居民购买力提升。④化学、汽车、飞机、电气机械等低能耗、低物耗、高附加值重化工业的发展受到鼓励。

2. 化工人才、历史底蕴，打造全球化工中心

重视教育、人才辈出、行政垄断形成战后德国三大化工巨头。德国历来重视教育，于 1763 年就推出了世界上首部《普通义务教育法》。1901～1939 年，德国科学家获诺贝尔化学奖数量高达 15 位，排世界第一，化学家李比希及其学生等人奠定了德国化学工业的地位。为了扩大化学工业优势，1904 年，德国政府授意 3 家染料工业企业阿克发、巴斯夫、拜耳组建法本公司前身，类似美国托拉斯；1916 年 5 家煤焦油化工企业加入组织，1925 年法本公司正式成立，形成化工行业垄断。1932～1943 年，法本公司收益从 4800 万帝国马克[⊖]增加至 8.22 亿帝国马克，生产德军 100% 的甲醇和润滑油、80% 的炸药、70% 的黑火药和 35% 的硫酸。1939 年，德国 6 大垄断组织员工占德国工人总数的 1/3。战后法本公司被清算处理，重新拆分成德国战后三大化工巨头巴斯夫、拜耳、赫斯特，为战后德国化工行业复兴奠定了基础。

因为深厚的历史积淀和行业巨头的垄断实力，战后德国成为欧洲乃至世界化工中心，行业高速成长。1960 年，德国化工行业销售额大约 120 亿欧元，1980 年增长至 650 亿欧元，20 世纪 60 年代和 70 年代复合增速达 9.6%、8%，德国成为全球化工出口大国。

3. 凭借研发创新，巴斯夫打造全球化布局的化工巨头

成长：创新是巴斯夫实现不断突破成长的重要驱动力。① 1951 年，Styropor 是巴斯夫战后的第一个重要发明，保温隔热性能卓越，广泛运用于建筑、包装等领域；②巴斯夫 1963 年发明维生素 A，1990 年发明维生素 B2 合成方法，广泛用于药品和饲料领域；③巴斯夫还发明了合成染料、用作化肥原料的氨、用于显示器的液晶、基础杀菌剂等产品，形成保温隔热材料、鞋类超弹性泡沫、可堆肥

⊖　于 1924～1948 年在德国通行。

生物基聚合物、长效杀菌剂、车用催化剂、电池材料等业务板块。创新产品创造广泛的下游需求，成为巴斯夫收入增长的重要来源。

集中：法本公司的成立和解体，使德国化工行业形成战后"少数巨头＋众多小公司"的格局。化工行业是一个周期性强、资本开支大、研发投入高、规模效应明显的行业。德国化工行业起步较早，因此在第一次世界大战和"二战"时期已经通过行政手段和市场竞争，形成了清晰的竞争格局：一方面巴斯夫、拜耳、赫斯特等巨头公司维持德国化工行业整体竞争力，另一方面众多小公司为化工行业进步提供创新动力。从化工企业雇员分布来看，59%的员工就职于人数大于 500 人的公司，36% 的员工就职于 50～499 人的公司，5% 的员工就职于 1～49 人的公司，3 类公司营业收入占比分别为 69%、28%、3%。

全球化：巴斯夫跟随全球化工需求开展各国布局。"二战"后，巴斯夫在德国乃至欧洲化工行业内的地位几乎不可撼动，立足德国拓展全球市场成为其突破单一市场桎梏的重要原因。1958 年，巴斯夫与陶氏化学合作，进入美国市场；1962 年，巴斯夫与 YukaBadische 合作，进入日本市场；1964 年，巴斯夫在比利时安特卫普建立其在欧洲第二大生产基地；1982 年，巴斯夫与晓星集团组建合资企业，进入韩国市场；1992 年，巴斯夫在我国南京建厂投产，开启长期扩张。"美国—欧洲—日本—韩国—中国"，巴斯夫全球化的脚步总是紧跟新兴市场。

7.2.3　日本政策支持＋海外扩张，汽车企业等全球优质资产脱颖而出

1."二战"后，日本一系列政策措施扶持汽车行业

战后日本将汽车行业作为重要支柱。20 世纪 70 年代后，日系车企逆势起飞，推动日本汽车玻璃厂商跃进。1950 年，日本汽车产量占世界的 0.3%，1960 年提升至 2.9%，1970 年达到 18%，1990 年占全球的 35%。1960～1980 年，日本汽车销量复合增速高达 16.1%。日本的汽车行业政策是日本车企和零部件厂商弯道超车的关键，主要包括汽车设备、汽车整车和汽车零部件等相关支持政策（见表 7-1）。

表 7-1　日本的汽车行业政策

年份	机构名称	政策名称	内容
1948	商工省	《汽车产业基本对策》	以提供融资等方式支持汽车企业设备更新、发展
1951	通产省	《汽车产业保护方案》	1）长期投资向小轿车设备项目倾斜
			2）对汽车设备进口实施优惠
			3）对汽车零部件及原材料进口实施优惠
			4）对研究用的进口和专利购买实施优惠
			5）国产汽车免物品税，提高进口车关税
1952	通产省	《理解国产轿车意义》	1）企业要生产适合国情的小轿车
			2）推进汽车产业链发展带动经济增长
			3）轿车国产化避免外汇流失
			4）国产轿车产业成型前采取保护措施
1955	日本政府	《国民车扶持大纲法案》	建立车企未来产品标准和方向

资料来源：《产业政策与企业创新——日本汽车产业成功的启示》，兴业证券经济与金融研究院。

2. 20 世纪 90 年代，日本国内需求下滑，成本优势丧失

20 世纪 70 年代到 90 年代，日本制造业经历了转型升级，由重化工业向计算机、电子、通信、家电、汽车等行业转变。20 世纪 70 年代，日本经历了两次石油危机，原材料价格涨幅较大，重化工业面临产能过剩的危机，但是以汽车、家电等为代表的，以组装式生产为主的行业迅速发展，出口增长迅速，融入了全球产业链。20 世纪 80 年代，计算机、电子等研发密集型的行业在日本本土需求的拉动下，通过技术引进等方式发展迅速。日本制造业进入转型升级阶段，重化工业产量增速显著下降，新兴行业产量增速显著提升，计算机、半导体等产量保持了近 20 年年均 20% 以上的增速，电子、通信、家电保持了近 20 年年均 10% 以上的增速。从内部结构来看，在日本制造业升级转型的阶段（1970 ～ 1990 年），钢铁、石油等重化工业产品，以及纺织、木材等轻工业产品占比和排名下降，汽车、家电、机械等高附加值产品占比和排名明显上升。

日本制造业前 10 大产品排名和占比如表 7-2 所示。

表 7-2　日本制造业前 10 大产品排名和占比

排名	1970 年		1980 年		1990 年		2000 年		2012 年	
	产品	占比(%)	产品	占比(%)	产品	占比(%)	产品	占比(%)	产品	占比(%)
1	钢铁	8.81	钢铁	7.99	汽车零件及配件	6.74	汽车零件及配件	7.38	汽车零件及配件	8.70
2	纺织	7.98	石油	6.78	钢铁	5.85	机动车	5.03	石油	6.45
3	生铁和粗钢	5.14	纺织	5.04	机动车	5.25	食品	4.41	机动车	6.22
4	特种工业机械	3.85	生铁和粗钢	4.90	纺织	4.36	钢铁	4.20	钢铁	5.82
5	机动车	3.58	汽车零件及配件	4.61	特种工业机械	4.13	石油	3.96	食品	4.58
6	汽车零件及配件	3.46	机动车	4.27	食品	3.56	特种工业机械	3.87	特种工业机械	4.51
7	食品	3.36	食品	3.66	家电	3.25	电子零件	3.82	生铁和粗钢	3.94
8	石油	3.08	特种工业机械	3.28	塑料制品	3.08	塑料制品	3.42	塑料制品	3.47
9	木材和木制品	2.99	家电	2.93	一般工业机械	3.07	一般工业机械	3.08	一般工业机械	2.88
10	家电	2.95	金属制品	2.72	金属制品	2.95	饮料	2.92	有机化学品	2.87

资料来源：RIETI，兴业证券经济与金融研究院整理。

成本端一：日本人口红利逐渐消失，且制造业产能利用率降低，汽车行业面临转型压力。从劳动人口占比来看，1990 年日本劳动人口占比为 70%，2006年已经下降到 66%；从制造业工人平均年龄来看，1990 年日本制造业工人平均年龄为 38.9 岁，2006 年已经上升到 40.6 岁；从制造业工人平均工作年限来看，1990 年日本制造业工人平均工作年限为 12.1 年，2006 年已经上升到 14.1 年。

成本端二："广场协议"签订后日元大幅升值，汽车行业劳动力成本不断上升，出口竞争优势丧失。1990 年，日本汽车行业劳动力成本为 15.77 美元 / 小时，而同时期的韩国和中国台湾仅为 5.75 美元 / 小时、4.76 美元 / 小时。为了克服劳动力成本上升带来的不利影响，日本车企开始采取削减人员和设备投资、并购以及海外扩张等策略改善经营环境。

3. 汽车行业开拓新兴市场，海外生产基地逐步增加

亚洲新兴经济体的巨大市场需求主要受经济快速发展推动，日本企业的生产和销售中心逐渐向亚洲转移。20 世纪 90 年代，亚洲经济飞速发展，中国香港、韩国、新加坡、中国内地 GDP 增速分别为 4%、7%、7%、10%，远远高于同时期日本 2% 的 GDP 增速。亚洲其他国家及地区的企业与日本企业形成激烈的竞争，日本 GDP 占全球比例从 1990 年的 14% 下降到 2006 年的 8%。从日本国际协作银行对 595 家有海外业务的企业的调查结果来看：20 世纪 90 年代初期，日本海外生产基地主要集中在北美地区；从 20 世纪 90 年代中期开始，日本在中国和东盟四国的生产基地数量快速增加；截至 2004 年，日本在亚洲的生产基地数量为 3300 多家，占日本海外生产基地数量的 60% 以上，亚洲逐渐成为日本产业结构调整的重要场所。从销售重心来看，日本企业向亚洲转移的趋势也十分明显。例如，日本汽车行业的市场重心在 20 世纪 90 年代初期偏向北美和欧洲，但随着亚洲市场的扩大，其重心逐渐转移到亚洲。伴随着制造业企业向海外转移生产，日本制造业海外生产比率不断上升，从 1989 年的 13.7% 逐渐上升至 2003 年的 26.1%，上升 13 个百分点，日本企业海外转移趋势明显。日本国际协作银行数据显示，2003 年日本汽车行业海外生产比例为 26.8%。

日本车企积极进军海外不仅是为了寻找更好的经营资源、开拓新的出口基地和新市场，也是为了把海外发展与本国出口密切联系起来，带动出口。日本国际协作银行的调查显示，49.7% 的日本企业认为海外业务的发展带动了其出口额的增加，20.9% 的日本企业认为海外业务的发展有利于平稳出口。向海外转移是日本产业结构调整的要求，将不具有生产力的产业进行转移不仅能为新兴行业腾出发展空间，也能为传统行业谋求生机。

4. 本田、丰田成长为全球汽车行业龙头企业，股价表现优异

本田成立于 1948 年 9 月，主要生产摩托车、汽车。1948 年，本田从生产自行车助力发动机起步，2012 年已经发展成为从小型通用发动机、踏板摩托车到跑车等领域都拥有独创技术，并不断研发、生产新产品的企业。2012 年除日本之外，本田在全世界 29 个国家拥有 120 个以上的生产基地，产品涵盖摩托车、

汽车和通用产品。与此同时，本田还积极地履行社会义务，探索环保和安全的解决方案。从市场表现来看，1990 ～ 2006 年，本田股价累计涨幅 499%，位列日经 225 成分股第二位，仅次于佳能。

丰田创立于 1933 年，业务涉及汽车、钢铁、机床、农药、电子、纺织机械、纤维织品、家庭日用品、化工、化学、建筑机械及建筑业等。20 世纪 90 年代，随着日本国内汽车市场需求日益饱和，丰田逐渐开启了全球化战略，1992 年开始在日本生产汽车，1995 年发表了新国际商务计划。全球化战略的实施提高了丰田的盈利能力，股价从 1990 年 1253 日元每股上涨至 2006 年 5771 日元每股。

7.3　三层次挖掘中国制造业板块核心资产

2001 年中国加入 WTO 以来，通过以技术换市场引入合资企业，吸引外企入华推动行业竞争发展，完善上下游产业培育自主品牌等方式，孕育了一批优质的核心资产。同时，伴随着我国转向"高质量"的经济发展阶段，制造业也正在孕育一批细分行业龙头企业和"隐形冠军"。对于我国国内制造业，我们可以从三个层次挖掘核心资产。

1. 从中国龙头企业走向世界：具备全球竞争力的制造业核心资产

制造业以 To B 端为主，产品追求极致性价比，具备技术壁垒和成本优势的企业更容易滚起雪球，成为核心资产。 从产品、价格、渠道角度来看，以 To B 端为主的大规模制造业相对关注产品和价格，这就要求企业在产品技术达标的同时最大程度降低成本、获取价格优势，以谋求极致性价比。**产品技术决定企业所处的盈利层次**。例如，万华化学 2001 年上市以来为投资者创造了 59.4 倍收益，离不开其在 MDI 制造领域的垄断技术和地位。因为技术壁垒的存在，万华化学等几家国际龙头企业基本掌控新产能的投放，拥有对 MDI 下游行业的绝对话语权。**成本优势则决定企业在所处盈利层次内能够达到的高度**。例如，在同质化竞争较为激烈的汽车玻璃行业内，福耀玻璃成本优势明显，与海外巨头旭硝子等竞争对手相比，福耀玻璃的毛利率（43%、28%）和 ROE（21%、7.7%）均十分突出。福耀玻璃上市以来 ROE 基本维持在 20% 以上，1993 年至今增长 51.9 倍，而旭硝子 ROE 1974 年来仅增长 5 倍。**从财务指标来看**，研发支出占营业收入比重、研发支出增速、研发支出规模等指标可以反映企业产品技术情况，毛利率、ROE、期间费用率等指标可以反映企业通过管理等手段降低成本的能力。这些指标是制造业核心资产的重要指示灯。同时，部分龙头企业已经逐步走向全球，未来更需要关注其海外市场份额、海外营业收入情况等的变化。

2. 细分行业龙头企业：有望从中国走向世界的制造业核心资产

这类核心资产基本已经经历了"成长—集中"的过程，已经成长为中国细分行业内的龙头企业，ROE 等关键财务指标表现同样亮眼，体现出明显的业绩增长和强大的盈利能力。未来这些公司将着力于"集中—全球化"进程，迈出全球化的步伐，在全球市场中获取更广阔的成长空间，典型案例如恒立液压和浙江鼎力。**对于这类有望走向世界的中国细分行业龙头企业，我们可以跟踪其 ROE 等关键财务指标以判断行业景气度和公司经营情况；同时密切关注公司的国内外市场份额以及海外营业收入情况，掌握其"集中"和"全球化"进程，由此筛选真正的核心资产。**

3. 外资投资过类似公司：未来中国可能出现的制造业"隐形冠军"

这类细分行业龙头企业主要具备以下两方面特征。第一，从全球视角来看，存在类似的、发展已经较为成熟的行业，并且海外机构投资者曾经投资过这一行业的龙头企业。第二，从产业生命周期角度来看，中国也存在相关的产业，并且存在类似的优秀公司。在此类公司估值、成长可预测性、行业的理解与判断等方面，海外机构投资者的投资经验更加丰富，更有前瞻性，更容易把握投资机会。而从 A 股的角度来看，市场整体上对此类公司认知尚不充分。这类公司属于"黑马""隐形冠军"，典型案例如华测检测。

- 从产业的角度出发，通过 GICS 三级或四级分类，可以根据具体业务找到相似行业下对标的国内外龙头企业。
- 分析海外机构投资者特征，重点关注投资过全球龙头企业的知名国际投资机构，注意其在 A 股有无涉足相关领域的上市公司。

- 以日本、韩国、中国台湾等新兴经济体转型开放的进程为例，国际投资者均青睐本国制造业特定的优势产业（典型的如日本的汽车产业、韩国的电子硬件产业、中国台湾的半导体产业等）。因此，我们也可以从机构的角度出发，或借鉴新兴经济体转型开放的进程、研究典型国际投资机构的持仓，以此为线索挖掘潜在的可能受到国际投资者青睐的 A 股制造业核心资产。

7.3.1　已经具备全球竞争力的龙头企业

1. 制造业企业成功之路艰难，具备"企业家精神"的管理层有望塑造核心资产

从历史来看，制造业企业长青非常困难，而且想在荆棘之路上取得成功离不开具备"企业家精神"的管理层。关注管理层是寻找制造业核心资产的关键。制造业企业大多位于中游，资产较重，经营杠杆和财务杠杆双高，产品技术变革关乎企业生死存亡，上下游两端承压，成本压力巨大。历史上的大制造业企业诸如柯达、通用乃至波音，都出现过衰退，甚至消失。在中国龙头企业从国内行业整合到进军全球市场的过程中，具备"企业家精神"的管理层不可或缺。2015年福耀玻璃进军北美市场，在美国建厂的过程异常艰辛。以曹德旺先生为首的管理层坚定决心，解决了从管理到文化的各类问题，美国工厂于 2017 年扭亏为盈。该过程被拍摄成为奥斯卡获奖纪录片《美国工厂》，为社会热议。**具备"企业家精神"的管理层对于企业扩张具有清晰的战略和决心，财务指标中的资本性支出是较好的衡量指标。**从三一重工、万华化学、福耀玻璃的例子来看，尽管其在资本开支绝对规模上与海外龙头企业仍有差距，但是走向全球的中国核心资产均保持持续的资本性支出，体现了清晰的发展战略与管理层的执行力。

2. 在世界舞台站稳脚跟，是走向世界的中国核心资产重要特征

经历"行业发展—行业集中—全球化"的过程后，能否在世界舞台站稳脚

跟，成为中国核心资产的重要试金石。中国优惠的政府政策和广阔的市场空间是国内制造业龙头企业崛起的第一步，但当"潮水退去"后，只有具备核心竞争力的企业才有能力整合行业格局，挑战往昔海外龙头企业，逐步实现全球化，突破单一市场的成长限制。近年来，国内企业频频扬帆出海，依靠自身硬实力深度嵌入全球产业链，站稳脚跟甚至取得主导地位。例如，立讯精密嵌入智能手机产业链，华为和中兴通讯嵌入 5G 通信设备产业链，宁德时代嵌入新能源汽车产业链等。**在财务指标方面**，海外营业收入占比、国内外市占率、国内外核心资产重要经营财务数据差异等指标，都是我们了解国内核心资产在全球市场中所处地位的工具。在全球范围内站稳脚跟的龙头企业不仅有望维持 A 股核心资产地位，并且可能进一步成为全球市场中的核心资产。

3. 工程机械：三一重工成长为全球工程机械行业领跑者

（1）挖掘机市占率中国第一，混凝土机械市占率全球第一

在 2019 年上映的热卖电影《复仇者联盟 4》中，中国影迷惊奇地发现科技感十足的复仇者联盟基地取景于三一重工美国总部，不禁感慨三一重工已经从高端制造业的"中国代表"成了站在全球高端设备制造最前端的"地球代表"。从实际市场格局来看，三一重工也确实从中国制造业龙头企业成了全球第六大工程机械制造企业，挖掘机行业市占率排名中国第一，混凝土机械行业市占率成为全球第一。对标海外核心资产经验，卡特彼勒和小松制作所都经历了"成长—集中—全球化"长牛过程：①国内市场高速扩张，行业普遍成长；②国内市场降速，行业集中，龙头企业成长；③龙头企业全球化，突破单一市场周期限制。在近 20 年的国内发展阶段后，三一重工等中国工程机械行业核心资产逐步完成行业集中，走向世界。

集中："四万亿"红利结束，三一重工等内资企业实现对挖掘机行业的二次整合。2009 年，外资企业如日本小松制作所（市占率 15.6%）、韩国斗山（市占率 15.6%）、日立建机（市占率 12%）、日本神钢（市占率 8.1%）占据我国挖掘机主要市场，CR4 高达 51.3%。中国的"四万亿"红利为后发的内资企业创造弯道超车的机会，挖掘机行业 CR8 从 2009 年的 76% 降至 2012 年的 61%，其间三一重工的市占率从 6.5% 翻倍至 13.5%，成为中国第一。2011～2015 年，工程机械

行业持续收缩，挖掘机年销量从 17.8 万台降至 5.6 万台。技术和渠道取得突破的三一重工、柳工机械、徐工机械"清洗"国内市场，截至 2018 年市占率分别为 23.1%、7.0%、11.5%，合计 41.6%，挖掘机行业 CR4、CR8 也从 2012 年的 37%、61% 回升至 2018 年的 56%、78%。三一重工为首的内资工程机械行业龙头企业随后成为 2015 年至今，此轮全球工程机械设备更新换代上行周期的最大受益者。

三一重工的两大板块：混凝土设备和汽车起重机也实现了行业集中、国产替代进口。在混凝土设备方面，国内混凝土机械主要由三一重工和中联重科生产，2016 年泵车 CR3 超过 80%、搅拌车 CR3 超过 70%，高端市场双寡头格局清晰。三一重工和中联重科全球混凝土设备市占率亦逐年提升，2016 年已经接近 60%。在汽车起重机方面，国内市场主要由徐工机械、中联重科和三一重工 3 家企业寡头垄断，市占率比例大致为 5∶2∶2，其他企业占比合计约 10%。

全球化：三一重工全球化趋势明显，但距离卡特彼勒仍有较大成长空间。2000 年来，国内挖掘机和混凝土设备出口呈现上行趋势。2015 ～ 2017 年，挖掘机、混凝土搅拌车出口占比曾达到 22%、26%。与之对应，2009 年至今三一重工海外营业收入复合增速达到 29%，海外营业收入占比一度达到 40% 以上，目前稳定在 20% ～ 30%。但与全球工程机械龙头相比，卡特彼勒海外营业收入占比达到 50% ～ 70%，三一重工全球化仍有较大成长空间。

"海外建厂 + 海外收购"双线并行，全球化战略推进。三一重工海外基地基本覆盖全球，印度（2006 年建立）、巴西（2010 年建立）的基地覆盖发展中国家的新兴市场，美国（2007 年建立）、欧洲（2009 年建立）的基地覆盖发达国家的成熟市场（2018 年北美、西欧、中国的工程机械市场大小分列全球前三，销售额达到 334 亿、253 亿、147 亿美元，占比 31%、23%、13%）。未来结合国家"一带一路"倡议，三一重工海外基地有望发挥更大作用。同时，三一重工也通过并购等方式获取优质企业技术和海外市场，2012 年三一重工收购德国普茨迈斯特，扩大了欧洲营销网络和渠道，丰富了公司混凝土机械产品线，提升了品牌实力。

（2）三一重工 VS 卡特彼勒、小松制作所

1）回报比较：中国核心资产回报更具爆发性，海外核心资产长牛

过去 20 年中国经济维持中高速增长，国内工程机械行业核心资产处于爆发期。

中国龙头企业上市以来复合收益率远高于海外：三一重工 > 卡特彼勒 > 小

松制作所。三一重工 2003 年上市以来，为投资者创造了 30.03 倍收益，复合收益率为 23.1%。卡特彼勒 1980 年以来，为投资者创造了 51.6 倍收益，复合收益率为 10.7%（见图 7-4）；2000 年以来增长 9.7 倍，复合收益率 12.6%。小松制作所 1974 年以来，为投资者创造了 17.2 倍收益，复合收益率为 6.5%；2002 年以来上涨 875%，复合收益率 14.3%。

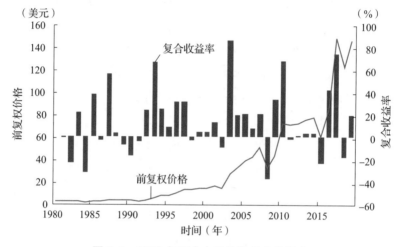

图 7-4　1980 年至今卡特彼勒复合收益率

资料来源：Wind，Bloomberg，兴业证券经济与金融研究院。

中国工程机械行业龙头企业上市以来，营业收入复合增速高于海外：三一重工 > 卡特彼勒 > 小松制作所。三一重工 2003 年上市时，营业收入 3.93 亿元，2018 年时增长 141 倍至 558.2 亿元，复合增速 31.7%。卡特彼勒 1980 年营业收入 86 亿美元，2019 年增长 5.3 倍至 538 亿美元，复合增速 4.8%；在 2002～2011 年中国发展带动的全球经济上行阶段，营业收入增长 198.4%，复合增速 12.9%。小松制作所 1993 年营业收入 69 亿美元，2019 年增长 2.6 倍至 246 亿美元，复合增速 4.8%。20 世纪 90 年代初，受"广场协议"影响，小松制作所海外营业收入面临卡特彼勒冲击。20 世纪 90 年代后期，亚洲金融危机再度对日本国内工程机械市场造成负面影响，但小松制作所重新整合全球市场布局，2000 年后搭上中国发展带来的全球增长红利，2001 年营业收入 83 亿美元，2008 年增至 202 亿美元，复合增速 13.6%。

2）ROE 与毛利率：三一重工优势从劳动力成本转向技术和管理

ROE 能够反映制造业企业的核心竞争力，龙头企业通过控制成本（毛利率）、提高经营效率（总资产周转率）、合理利用资金杠杆（权益乘数），可以为股东创造高额回报。2001～2018 年，三一重工 ROE 两度逆势维持高位，平均 ROE 卡特彼勒（26.1%）＞三一重工（25.9%）＞小松制作所（10.2%）。2000 年后，卡特彼勒、小松制作所 ROE 趋势基本相同：因为 2000 年互联网泡沫和 2008 年金融危机两次下行，又经历 2002 年全球降息、2008 年后 QE 刺激和 2016 年后工程机械更新换代潮带来的三次复苏。三一重工在 2001～2003 年和 2009～2010 年因为中国高速城镇化以及"四万亿"政策刺激，突破全球下行周期限制，逆势维持高位（见图 7-5）。

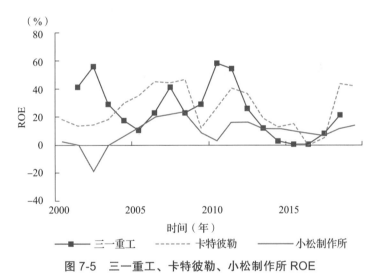

图 7-5　三一重工、卡特彼勒、小松制作所 ROE

资料来源：Wind，Bloomberg，兴业证券经济与金融研究院。

从毛利率角度来看，三一重工早年利用中国劳动力带来的成本红利，毛利率高达 50%，远超卡特彼勒和小松制作所。随着中国劳动力成本上升、外资在国内建厂，三一重工传统优势逐步消失，现在通过技术、管理等要素与曾经的世界龙头企业卡特彼勒、小松制作所并驾齐驱。

3）投资竞赛与研发竞赛：三一重工仍在追赶卡特彼勒和小松制作所

对于制造业龙头企业来说，利用利润优势扩大产能、加大研发投入、提高技术壁垒，能够实现优势的"滚雪球"。**成本竞赛的胜者在投资竞赛（产能投资和并购）和研发竞赛阶段具有不可比拟的优势基础条件。**与卡特彼勒、小松这些历史悠久的国际巨头相比，三一重工的投资和研发仍然处于前期阶段。2018年，三一重工（2.01亿美元）资本性支出远低于卡特彼勒（29.16亿美元）和小松制作所（13.98亿美元）。在研发支出占营业收入比重方面，三一重工（5.4%）高于卡特彼勒（3.4%）和小松制作所（2.9%），但因为营业收入规模差异，三一重工研发支出绝对值低于卡特彼勒和小松制作所。作为发展中国家的龙头企业，三一重工具有国家政策和中国巨大市场的优势，有望弯道超车：① 2008年借力"四万亿"刺激，资本性支出逆势上升，一度接近小松制作所；②在国家减税鼓励企业研发、产业政策长期支持国家重点工程机械自主化的背景下，近年来呈现出逆周期的高强度研发支出；③利用国内金融政策和金融机构的扶持，加大对海外具备渠道和技术优势的中高水平外资企业并购力度。

4. 化工：万华化学从烟台万华到全球 MDI 龙头

（1）三大板块构建业务矩阵，开拓美欧基地跻身全球前沿

2013年6月6日，为贴合"中国万华向全球万华转变、万华聚氨酯向万华化学转变"的战略，烟台万华正式更名为万华化学。万华化学战略蕴含着管理层的两个期许：**①产品多样化。**万华化学依托聚氨酯产业，开发高附加值项目，通过技术、工艺、产品及资源平衡的创新，实现产业链横向、纵向发展和能源的高效利用。万华化学同时建设100万吨乙烯项目及其下游，做好 TPU、PC、SAP、PMMA 四大新材料业务，加快水性涂料的市场拓展，筹备与发展尼龙12、柠檬醛、POE 等产业。**②业务全球化。**万华化学整合匈牙利 BC 公司、建设美国基地，完善了海外生产基地布局。目前万华化学全球生产基地布局雏形已确定，后续随着工程项目不断建设、主要基地持续完善，万华化学国际竞争力将不断增强，有望成为中国"巴斯夫"。

集中：环保政策、规模优势（成本竞赛）、产能投资优势（投资竞赛）、技术优势（研发竞赛）促进行业集中。随着化工品下游需求受宏观经济影响增速放缓，国内化工行业的竞争格局正由过往"高投资、高增长"的态势转向为"行业集中度提升、具有比较优势的龙头企业强者恒强"的新常态。在监管方面，环保监管、安全生产要求不断趋严，推动企业环保支出持续增长；在行业竞争方面，龙头企业拥有一体化产业链、规模化与技术领先实现的成本优势、持续稳定的资本开支等优势，相关行业竞争格局正在重塑。**MDI 行业高度集中，万华化学已发展成全球最大的 MDI 企业、TDI 行业内重要的供应商和国内产品种类齐全的聚醚多元醇制造企业，向更加多样化的全球型聚氨酯领军者迈进。**MDI 行业作为基础化工行业中壁垒最高的行业之一，享有较快增长的市场需求，同时坐拥千亿级的全球市场规模。受限于技术工艺难度、产业链掌控复杂度与安全资质等问题，至今 MDI 行业中拥有规模化生产能力的企业屈指可数。未来 MDI 行业主要待投产产能依旧把握在已坐稳全球 MDI 成本最低企业之一、坐拥全球最大 MDI 装置规模的万华化学手中。万华化学预计将根据市场需求增长有序建设新项目，MDI 行业竞争有望持续缓和。

全球化：万华化学继续加快工程建设与全球化布局，剑指中国"巴斯夫"。①万华化学欧洲生产基地的 BC 公司 2018 年经营再创新高，在中东欧百强企业的排名继续提升，可持续盈利能力大幅增强，运营效率进一步提升，装置运转的稳定性不断提高；实现全球采购协同，财务融资成本进一步降低。② 2018 年 11 月 16 日，万华化学美国 MDI 一体化项目定址举行发布会，落户路易斯安那州康文特郡。该项目总投资 12.5 亿美元，预计 MDI 年产能为 40 万吨，项目建设预计 2021 年投产。

（2）万华化学 VS 巴斯夫

1）回报比较：巴斯夫 30 年长牛，万华化学上市以来近 60 倍回报

巴斯夫 30 年长牛，而国内高增长市场中的万华化学的回报更具爆发性。万华科学自 2001 年上市以来，为投资者创造了 59.4 倍收益，复合收益率 24.0%。巴斯夫 1989 年以来，为投资者创造了 31.4 倍收益，复合收益率 12.3%（见图 7-6）。巴斯夫通过不断创新发明新产品、开拓新市场，实现了 30 年的长牛。万华化学在掌握 MDI 核心技术后，利用中国市场、政策的优势实现爆发式增长，跃居全球 MDI 行业龙头企业。在营业收入方面，万华化学 1997 年营业收入 1.4 亿元，2018 年增长 432 倍至 606 亿元，复合增速 33.5%；巴斯夫 1988 年营业收入 242 亿美元，2018 年增长 2.1 倍至 740 亿美元，规模接近万华化学 8.5 倍。在如此庞大的基数下，巴斯夫 2018 年营业收入增速仍然有 7.0%。

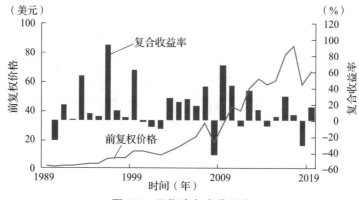

图 7-6 巴斯夫复合收益率

资料来源：Wind，Bloomberg，兴业证券经济与金融研究院。

2）ROE 和毛利率比较：产品技术壁垒和市场高增长创造高 ROE 典范

1998 年以来，万华化学平均 ROE 为 29.1%，巴斯夫平均 ROE 为 16.8%（见图 7-7）。高 ROE 是制造业核心资产在资本市场上持续提供回报的基础。万华化学的高 ROE 主要来自行业和公司业绩的高增长，以及 MDI 等化工品技术垄断下的高毛利。巴斯夫的高 ROE 源于自身产品创新和技术壁垒带来的高毛利。2016 ～ 2018 年，万华化学毛利率 31%、40%、34%，巴斯夫毛利率 32%、32%、29%。控制成本、利用技术壁垒提高毛利率让万华化学、巴斯夫成为化工行业的典范。

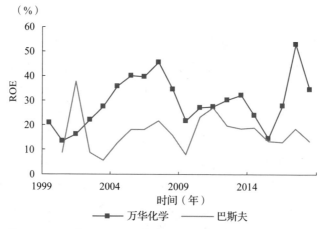

图 7-7 万华化学、巴斯夫 ROE

资料来源：Wind，Bloomberg，兴业证券经济与金融研究院。

3）投资竞赛与研发竞赛：万华化学学习巴斯夫，努力突破单一产品限制

万华化学在投资和研发支出上仍然远低于巴斯夫。2018 年，巴斯夫资本开支 46.0 亿美元，万华化学 15.0 亿美元。在 2018 年研发支出占营业收入比重方面，巴斯夫（3.2%）高于万华化学（2.7%）。巴斯夫营业收入大约是万华化学的 8.5 倍，研发支出大约是万华化学的 10 倍左右。规模的差异主要因为巴斯夫化学产品线较为丰富，而万华化学仍然依托于石化、MDI 等几个主要板块。烟台万华更名万华化学是管理层多样化和全球化的宣言，巴斯夫不断创新、突破发展的过程将成为万华化学的学习目标，未来努力实现与巴斯夫相同的长牛。

5. 汽车玻璃：福耀玻璃从"中国工厂"到"美国工厂"

国内龙头企业福耀玻璃、汽车玻璃行业与汽车产销市场过去 20 年几乎同步实现高速增长。福耀玻璃在国内市占率超过 60%，2010 年后历年营业收入增速与国内汽车产量增速几乎保持一致。过去 20 年，我国汽车销量从 2001 年的 234 万辆增长至 2018 年的 2781 万辆，复合增速 15.7%。福耀玻璃营业收入从 2001 年 2.3 亿元增长至 2018 年的 202.2 亿元，复合增速 30.2%。福耀玻璃的成长史几乎是中国国内汽车市场的成长史，过去 20 年中国的政策红利和市场红利，造就了今天全球汽车玻璃行业的核心资产福耀玻璃。向未来看，中国汽车的渗透率仍然偏低，长期仍有提升空间，可以继续为福耀玻璃提供成长沃土。

（1）全球汽车玻璃行业龙头企业展示中国制造力量

2019 年 8 月 21 日，一部名为《美国工厂》的纪录片登陆荧幕，成为中美两国社会各界热议的话题。该片先后获得第 72 届美国导演工会奖最佳纪录片和第 92 届奥斯卡最佳纪录片，讲述了 2015 年中国福耀玻璃为扩张美国市场，在"铁锈地带"新建工厂的过程。从影片到现实有三点值得关注：**一是中美在全球制造业链条竞争过程中的优劣势比较**，中国在劳动力成本、企业员工管理方面存在优势，而美国在企业税收政策、基础设施使用成本方面相对占优；**二是福耀玻璃优秀的企业管理能力**，通过员工沟通激励、工厂流程优化等措施，其在美工厂 2017 年 6 月扭亏为盈，并且随着产能提升带来的规模效应与产能利用率上行有望持续提升；**三是福耀玻璃逆势扩张产能**，布局全球化战略，其主要竞争对手旭硝子、板硝子 2013 年、2014 年连续两年合计利润尚不及其一半。福耀玻璃加快进军俄罗斯、美国等市场，海外战略逐步进入收获期，成为国际巨头。

集中：成本、投资、研发竞赛滚雪球，福耀玻璃一统中国市场。1996 年，福耀玻璃与圣戈班达成合作协议，以市场换技术，占据竞争优势；1999 年，福耀玻璃回购圣戈班，开启扩张之路。集中的下游市场让汽车玻璃成为追求极致性价比的 To B 业务，满足技术条件、具备成本优势的福耀玻璃和下游企业达成合作联盟，客户黏性较强。取得持续利润的福耀玻璃在后续研发、投资、并购中都具备更强实力，规模效应和先发优势促使福耀玻璃中国市场市占率超过 60%。

全球化：海外战略稳步推进，抢占全球份额。福耀玻璃产能战略先后布局美国和俄罗斯，俄罗斯工厂已通过各主要欧洲汽车厂认证，将作为服务本地和欧洲市场的主要生产基地；北美工厂 2017 年扭亏为盈，供应通用、克莱斯勒、丰田、本田、宝马、现代等客户。伴随着福耀玻璃稳步推进欧洲市场，美国本土汽车玻璃厂商退出让出欧洲市场份额，福耀玻璃相比竞争对手竞争优势明显。目前福耀北美市占率不足 5%，未来成长空间巨大。在北美本土生产相比国内出口综合成本更低，因为国内人工成本上涨而海外工厂能源成本较低且有税收土地优惠（浮法玻璃中天然气和人工成本占比 32.5%、9%，汽车玻璃中人工和电力成本占比 16.25%、7.2%）。

（2）福耀玻璃 VS PPG、旭硝子

1）回报比较：福耀玻璃跑赢海外牛股 PPG，旭硝子巅峰后衰退

依托快速发展的中国汽车制造业，福耀玻璃在回报表现上优于海外核心资产。自 1993 年上市以来，福耀玻璃股价增长 51.9 倍，复合收益率 16.0%。PPG 是美股中长期表现最为优异的牛股之一，1980 年以来股价增长 166.6 倍，复合收益率 14.0%（见图 7-8）。旭硝子自 1974 年以来股价增长 5 倍，复合收益率 4.1%。1974 ~ 1989 年，旭硝子曾经历辉煌，股价增长 9.58 倍，复合收益率 17.0%。但随着日本国内经济泡沫破灭、海外市场受到"广场协议"施压以及多轮次全球金融、经济危机，其 20 世纪 90 年代后一蹶不振。

从营业收入角度来看，1993 年福耀玻璃营业收入仅为 1.69 亿元，2018 年增长 118.8 倍至 202.2 亿元，复合增速 21.1%；PPG 在 1987 年营业收入为 52 亿美元，2019 年增长 1.92 倍至 151 亿美元，复合增速 3.4%；旭硝子 1992 年营业收入 104 亿美元，2018 年增长 33% 至 138 亿美元，复合增速 1.1%。

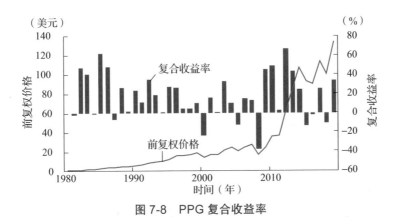

图 7-8　PPG 复合收益率

资料来源：Wind，Bloomberg，兴业证券经济与金融研究院。

2）ROE 和毛利率比较：PPG 剥离汽车玻璃业务、旭硝子转型，福耀玻璃胜出

汽车玻璃业务是资本开支大、同质化竞争激烈的业务。在成本控制和工厂
管理中占据优势的福耀玻璃在成本竞赛中逐步胜出。PPG 自 20 世纪 90 年代起
已经逐步剥离玻纤业务，专注于盈利情况更好的涂料行业。旭硝子在汽车玻璃业
务遇阻后，开始拓展消费电子等领域新业务，整合行业资源谋求转型。2010 年
至今，福耀玻璃平均 ROE 23.6%，低于转向涂料行业的 PPG（31.6%），但远高
于旭硝子（6.5%）（见图 7-9）。在毛利率方面，2018 年福耀玻璃和 PPG 毛利率分
别为 42.6% 和 41.5%，高于旭硝子的 27.6%。

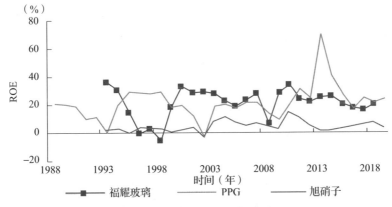

图 7-9　福耀玻璃、PPG、旭硝子 ROE

资料来源：Wind，Bloomberg，兴业证券经济与金融研究院。

3）投资竞赛与研发竞赛：福耀玻璃加快海外布局，大力加大研发竞赛投入

随着国内市场日趋饱和，福耀玻璃加快海外布局，在俄罗斯、美国新设工厂，力图进入欧洲和美洲市场。近 5 年，福耀玻璃年均资本性支出超过 5 亿美元，高于 PPG（4.3 亿美元），低于旭硝子（13.1 亿美元）。在研发方面，福耀玻璃逐年扩大研发开支，2013 ～ 2018 年研发支出占营业收入比例分别为 3.4%、4.0%、4.4%、4.4%、4.3%、4.4%。PPG 和旭硝子近几年研发开支略有下降，分别从 2012 年的占营业收入的 3.4% 和 4.0% 下降至 2018 年的 2.9% 和 3.0%。

7.3.2　有望走出中国的细分行业龙头企业

1. 恒立液压：液压元件龙头企业

恒立液压是全球工程机械行业优秀的配套企业，产品涵盖挖掘机油缸、非标油缸、液压元件及液压系统等，下游覆盖工程机械行业多个领域，全球工程机械行业前 50 强大多是其客户。恒立液压通过多年的深耕细作，牢牢抓住行业发展机遇，在挖掘机油缸和液压元件两大板块占据优势市场地位。

液压产品广泛应用于工程机械、工程车辆、石化机械、航空航天等诸多领域，工程机械中液压挖掘机又是使用液压件最多和要求最高的产品，液压产品是挖掘机最重要的部件之一，大约占挖掘机成本的 1/3。过去，我国高端液压元件主要依赖国外进口。不过根据中国海关数据，2011 ～ 2016 年中国液压行业进口金额从 34.24 亿美元下降到 15.50 亿美元，出口金额从 5.02 亿美元增长至 8 亿美元，进出口差额逐渐缩小。

经过持续多年的研发和投入，国产液压元件厂商的技术日臻成熟。2016 年下半年，挖掘机行业销量持续高速增长，以主控泵阀为代表的液压元件出现供应短缺的问题，为国产厂商提供了重要的发展机遇。以恒立液压、艾迪精密为代表的国产厂商打破外资品牌的限制，逐步在工程机械行业实现液压元件的国产化替代，提升了我国工程机械行业的自给率和产业安全水平，并实现业绩爆发式增长。2016 年，恒立液压元件营业收入尚不足 1 亿元，至 2018 年时已经接近 5 亿元。

恒立液压挖掘机油缸国内第一，充分受益于液压元件国产化替代进程，并积极拓展海外业务。挖掘机油缸业务是恒立液压的起家业务，经过多年的发展恒立液压挖掘机油缸国内市占率达 50% 以上，同时全球范围内长期为工程机械行业巨头卡特彼勒配套，拥有较高的市场认可度。此外，恒立液压逐步拓展非标油缸品类，形成了以起重机械、盾构机、海工平台为主的下游应用领域，并成为其缓解挖掘机油缸周期性波动的重要支撑。恒立液压的液压元件国产化替代路线清晰，在行业高速增长、上游配套紧张的情况下，凭借领先的市场预判和技术积累抓住历史机遇，先后实现液压泵阀在小挖、中挖、大挖上的国产化替代。随着未来技术日臻成熟，恒立液压有望在更广阔的液压元件领域实现国产化替代。恒立液压还积极拓展海外业务，2008 ～ 2018 年海外营业收入从 0.1 亿元增长至 9.5 亿元，占总营业收入比例提升至 25% 附近，CAGR 约 60%。

2017 ～ 2019 年，恒立液压进入上升期，ROE 由 3% 的水平开始逐步上行，2019 年在 20% 左右。由于行业景气度和经营业绩双双上行，外资也开始加仓恒立液压，外资持股占比从几乎为 0 升至超过 30%。与此同时，恒立液压股价从 10 元每股上涨至 50 元每股附近，涨幅达到 400%。

恒立液压股价和 ROE 如图 7-10 所示。

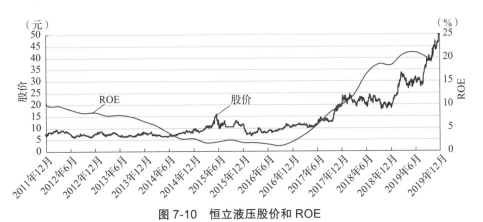

图 7-10　恒立液压股价和 ROE

资料来源：Wind，兴业证券经济与金融研究院整理。

2. 浙江鼎力：高空作业平台市占率第一，外资持股占比 20%

高空作业平台被誉为我国工程机械行业最后一片蓝海。欧美高空作业平台市场发展较早，目前已进入稳定增长阶段，我国仍有较大提升空间。根据 IPAF（国际高空作业平台联盟）旗下杂志 *Access International* 数据统计，美国租赁市场高空作业平台保有量约 62.7 万台，全球占比 42.65%；中国市场保有量约 9 万台，全球占比仅 6%。中国高空作业平台市场渗透率与欧美存在巨大差距。

近 3 年我国高空作业平台行业处于高速发展阶段，国内市场的设备保有量从 2011 年的 1000 台到 2018 年的约 9.5 万台，短短 7 年时间增长了近 100 倍。根据立木信息咨询的统计，2013～2017 年，国内高空作业平台销量年均增速约为 40%；2017 年增速达到 50%，行业销量为 1.7 万～1.8 万台；2018 年行业销量超过 3 万台。

浙江鼎力是国内高空作业平台行业龙头企业和唯一上市公司，国内市占率第一，全球排名跻身前 10，未来仍有广阔增长空间。根据慧聪工程机械网，2018 年占据国内高空作业平台行业市场份额前 4 位的企业为：浙江鼎力 35.80%、湖南星邦 12.37%、美通重工 6.33%、湖南运想 4.62%；国内排名第一的浙江鼎力全球排名第 10。从人均保有量的角度来看，2018 年美国和欧洲 10 国的高空作业平台人均保有量为 19.17 台 / 万人和 7.83 台 / 万人，中国仅为 0.68 台 / 万人，分别不到美国和欧洲的 1/28 和 1/12；从单位建筑增加值与高空作业平台保有量比值角度来看，2018 年美国为 0.75，中国为 0.11，仅为美国的约 1/7。目前我国高空作业平台中臂式产品占比仅约 10%，远低于欧美市场 30%～40% 的水平。未来臂式产品占比的提升将进一步扩大我国高空作业平台的市场空间。

浙江鼎力剪叉式高空作业平台跻身一流，新臂式高空作业投产打开成长空间。经过近些年市场的锤炼，浙江鼎力剪叉式高空作业平台与国外巨头相比处于同一水平，市场认可度不断增强，并实现长期高速增长。浙江鼎力通过与意大利 Magni 合作研发出的新臂式高空作业平台产品性能一流，得到客户充分认可。臂式高空作业平台的单机价值远高于剪叉式高空作业平台，臂式高空作业平台的投产，将为浙江鼎力打开新的成长空间。2011～2018 年，浙江鼎力海外营业收入从 1.3 亿元增长至 9.3 亿元，占总营业收入比例高达 60% 左右，CAGR 约 30%。

2016 下半年起，浙江鼎力进入上升期，ROE 由 15% 的水平开始逐步上行。虽然浙江鼎力 2017 年第四季度 ROE 出现阶段性下滑，但经过短暂的调整之后继续上行，2019 年上升至 20% 附近。由于行业景气度和经营业绩双双上行，外资也开始加仓浙江鼎力，外资持股占比从几乎为 0 上升至 20%。与此同时，浙江鼎力股价从 25 元每股上涨至超过 70 元每股，涨幅接近 200%。

浙江鼎力股价和 ROE 如图 7-11 所示。

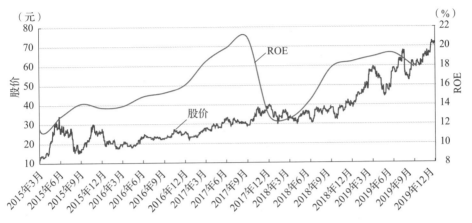

图 7-11　浙江鼎力股价和 ROE

资料来源：Wind，兴业证券经济与金融研究院整理。

7.3.3　外资启示的"隐形冠军"

1. 外资正在加速布局中国制造业优质龙头企业

GPFG 前身为石油基金，是目前全球最大的主权财富基金，规模超万亿美元。作为北欧最大的产油国和全球第三大石油出口国，挪威旨在通过石油资源收益实现资产的保值增值，以造福后代。

截至 2018 年，GPFG 41% 的权益类资产投在北美，34% 投在欧洲，20% 投在亚洲，这是 GPFG 的主要投资地区。**GPFG 持仓最多的金融业在美欧亚三大地区的配置比例相近，而在其他行业的配置则具有明显的地域区别。整体来看，GPFG 在不同地区的配置比例与各地区经济结构和优势产业有关**（见图 7-12）。如 GPFG 在北美和亚洲配置科技行业的比例分别为 19%、14%，而在欧洲地区配置科技行业的比例仅为 5%。美国在第三次科技革命中诞生了一批以 FAANG 为代表的信息技术行业巨头，日本、韩国、中国等的互联网和电子科技行业在全球来看也具有独特的优势，吸引了 GPFG 在亚洲地区投资。再如消费品行业在欧洲和亚洲较为发达，而医疗保健行业则在北美和欧洲较为发达，这就致使 GPFG 在北美地区低配消费品行业，在亚洲地区低配医疗保健行业。**GPFG 在三大地**

区配置工业行业的比例均较高，其中亚洲最高达到 17%，北美和欧洲分别为11%、13%。一方面，这说明工业行业无论在经济体量还是全球竞争力方面，在北美、欧洲以及亚洲地区均占据比较重要的地位，也具备较好的投资前景；另一方面，亚洲尤其是中国已经从加工工厂走向"全球制造中心"，诞生了在全球范围内具备规模和质量优势的制造业集群，是值得关注的核心资产。

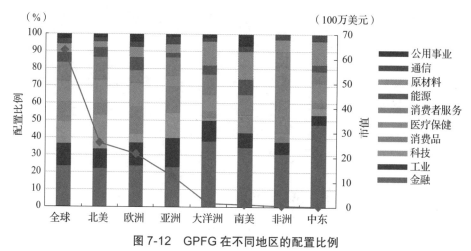

图 7-12　GPFG 在不同地区的配置比例

资料来源：NBIM，兴业证券经济与金融研究院整理。

2017～2019 年，陆股通配置制造业的比例逐年上升，低配比例累计下降7.7%——根据 GICS 分类，材料行业配置比例从 4.2% 上升至 6.6%，工业行业配置比例从 9.5% 上升至 11.4%，合计提升了 4.3%；材料行业超配比例从 6.7%下降至 2.8%，工业行业超配比例从 7.5% 下降至 3.7%，合计下降了 7.7%。

2017～2019 年，陆股通配置比例提升百分比前 10 大的细分行业中，制造业占据 3 席，合计提升 3.2%。分析陆股通持仓市值的行业分布可以发现，近两年来外资对于传统的食品饮料、家电、电子行业的配置比例有所下降，而对制造业资产的偏好程度有所提升。属于制造业的机械、电力设备及新能源、基础化工行业均进入了陆股通配置比例提升最大的前 10 大行业中，配置比例分别提升了 1.6%、1.3% 和 0.4%，超配比例分别减少了 2.1%、0.5% 和 0.9%（见表 7-3）。

表 7-3　2017～2019 年陆股通配置比例和超配比例

行业	2017 年配置比例	2018 年配置比例	2019 年配置比例	2017～2019 年配置比例变化
银行	6.4%	9.3%	9.6%	3.2%
建材	1.4%	2.5%	3.1%	1.7%
房地产	1.7%	2.7%	3.4%	1.7%
机械	1.5%	2.1%	3.1%	1.6%
计算机	1.0%	1.1%	2.4%	1.4%
电力设备及新能源	1.0%	1.3%	2.2%	1.3%
农林牧渔	0.4%	0.9%	1.6%	1.2%
传媒	0.8%	1.4%	1.5%	0.7%
基础化工	1.0%	1.0%	1.3%	0.4%
轻工制造	0.5%	0.6%	0.8%	0.3%
建筑	0.8%	1.3%	1.1%	0.3%
国防军工	0.3%	0.5%	0.7%	0.3%
医药	9.4%	8.4%	9.7%	0.3%
有色金属	0.7%	0.8%	1.0%	0.2%
通信	1.3%	1.0%	1.5%	0.2%
煤炭	0.4%	0.5%	0.5%	0.1%
纺织服装	0.2%	0.3%	0.2%	0.0%
石油石化	0.8%	1.3%	0.8%	0.0%
综合	0.1%	0.2%	0.1%	0.0%
非银行金融	8.7%	9.5%	8.7%	0.0%
商贸零售	0.6%	0.6%	0.5%	-0.1%
钢铁	0.9%	1.4%	0.8%	-0.1%
消费者服务	2.0%	2.5%	1.8%	-0.1%
电力及公用事业	4.2%	4.2%	2.9%	-1.2%
食品饮料	18.8%	19.4%	17.5%	-1.3%
交通运输	5.1%	5.2%	3.6%	-1.5%
家电	14.6%	10.0%	11.3%	-3.3%
汽车	6.2%	4.3%	2.6%	-3.5%
电子	9.2%	5.8%	5.6%	-3.6%

（续）

行业	2017 年超配比例	2018 年超配比例	2019 年超配比例	2017 ～ 2019 年超配比例变化
银行	−8.3%	−7.1%	−4.8%	3.5%
建材	−0.2%	1.1%	1.6%	1.8%
房地产	−3.0%	−1.9%	−1.0%	1.9%
机械	−2.5%	−1.6%	−0.4%	2.1%
计算机	−1.5%	−1.8%	−1.4%	0.1%
电力设备及新能源	−1.6%	−1.0%	−1.1%	0.5%
农林牧渔	−1.1%	−0.7%	−0.1%	1.0%
传媒	−1.5%	−0.9%	−0.8%	0.7%
基础化工	−2.7%	−2.3%	−1.9%	0.9%
轻工制造	−0.5%	−0.4%	−0.3%	0.1%
建筑	−2.6%	−2.2%	−1.4%	1.2%
国防军工	−1.2%	−1.1%	−0.8%	0.3%
医药	3.3%	2.1%	2.8%	−0.5%
有色金属	−2.2%	−1.8%	−1.4%	0.9%
通信	−0.9%	−1.2%	−0.5%	0.3%
煤炭	−1.6%	−1.4%	−1.0%	0.5%
纺织服装	−0.8%	−0.6%	−0.5%	0.3%
石油石化	−4.5%	−4.5%	−3.3%	1.2%
综合	−0.5%	−0.4%	−0.4%	0.1%
非银行金融	1.1%	1.7%	−0.3%	−1.4%
商贸零售	−1.2%	−0.9%	−0.9%	0.3%
钢铁	−1.0%	−0.3%	−0.6%	0.4%
消费者服务	1.4%	1.8%	1.0%	−0.4%
电力及公用事业	0.3%	0.1%	−0.7%	−1.1%
食品饮料	13.3%	13.4%	10.0%	−3.3%
交通运输	1.4%	1.7%	0.1%	−1.3%
家电	11.9%	7.6%	8.5%	−3.4%
汽车	2.3%	0.6%	−0.1%	−2.4%
电子	4.5%	1.8%	0.2%	−4.3%

资料来源：Wind，兴业证券经济与金融研究院整理。

2. 华测检测：对标 SGS 的第三方检测设备龙头企业，外资持股占比 30%

SGS 提供覆盖油气化工、农产品、消费品、工业、生命科学等方面的检测认证服务。

华测检测是对标 SGS 的国内第三方检测龙头企业，公信力强，业务不断扩张。2006 ～ 2018 年，华测检测营业收入从 0.7 亿元上升到 26.8 亿元，复合增速约 35%，拥有实验室数量从 30 家拓展到超过 130 家。基于遍布全球的服务网络和深厚的服务能力，华测检测每年可出具约 150 万份具有公信力的检测认证报告，服务客户 9 万家，其中世界 500 强客户逾百家。

2017 年起，华测检测进入上行期，ROE 由 4% 的水平开始稳步提升，至 2019 年第三季度超过 15%。由于行业景气度和经营业绩双双上行，外资也开始加仓华测检测，外资持股占比从几乎为 0 上升至 30%。与此同时，华测检测股价从 4 元每股上涨至 15 元每股附近，涨幅约 300%。

2009 ～ 2019 年，华测检测股价和外资持股占比如图 7-13 所示。

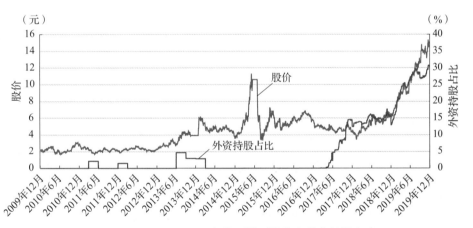

图 7-13　2009 ～ 2019 年华测检测股价和外资持股占比

资料来源：Wind，兴业证券经济与金融研究院整理。

第 8 章

科技成长板块核心资产研究

前文我们分析的消费品、周期品、制造业都是传统行业，本章我们分析新兴的科技成长行业，即 TMT 行业。A 股中的 TMT 行业主要包括计算机、电子、通信和传媒四个行业。准确地说，TMT 行业不算一个十分准确的分类，其中的电子、通信属于高端制造业的范畴，传媒与新兴消费品行业的属性十分相似，计算机则需要和各个具体行业相结合才能产生应用，如与消费品行业结合产生电子商务和 O2O，与金融业结合产生金融科技，与制造业结合产生智能制造与工业互联网。计算机、电子、通信与各个传统行业深度融合之后又能诞生各种新行业，如智能汽车和无人驾驶、云计算和大数据，以及覆盖农业、工业、服务业，打通生产、生活的各种行业互联网。在中国经济结构转型升级、旧动能向新动能转换的过程中，目前还处在成长期甚至导入期的 TMT 行业将会诞生更多令人期待的、优秀的创意和公司。在当下的新兴行业中，我们也能够寻找到具备核心竞争力、财务指标优秀、公司治理稳健的优质龙头企业。那么接下来，我们就一起进入 TMT 行业寻找科技成长板块核心资产。

8.1　诞生未来核心资产的沃土

19 世纪以来，全球共发生了四次产业转移，每一次都深度地改变了承接地区原有的产业结构，促使经济增长模式升级。从宏观上讲，关于产业转移动因存在诸多学说，包括成本导向论、贸易平衡论、产品生命周期论。但无论是哪种，从微观来说，产业转移都是跨国企业追逐利润最大化的自发行为，是产业在国际范围内实现专业化分工以降低成本的必然产物。由于所处的历史阶段不同，四次产业转移的动因、路径和方式存在一定差异。

第一次产业转移发生在第一次"工业革命"后期，路径是从英国向欧洲和美国转移。英国首先完成第一次"工业革命"，成为名副其实的"世界工厂"，控制着世界工业生产的 1/3 ～ 1/2、世界贸易的 1/5 ～ 1/4。本国市场有限以及劳动力的不足，让英国不得不扩展海外市场。美国作为英国的殖民地有良好的自然条件和资源条件，自然成为其主要选择。到 18 世纪 70 年代美国独立战争时，英国在北美的殖民地上大约有 200 个造铁厂，年产铁量约 3 万吨之巨。

第二次产业转移发生在第二次世界大战之后的 20 世纪五六十年代，是从美国向日本和原联邦德国转移。20 世纪 50 年代，美国在第三次科技革命的大背景下，对其国内的产业结构进行了重大调整，将钢铁、纺织等传统产业转移到日本和原联邦德国，本国主要致力于集成电路、精密机械、精细化工、家用电器和汽车等资本和技术密集型产业的发展。

第三次产业转移开始于 20 世纪七八十年代，东亚地区（以亚洲四小龙为主）是这次产业转移的主要承接地区。20 世纪 70 年代，已经成为世界制造大国的日本为了应对世界石油危机的冲击和日元汇率升值的影响，主动地通过三个阶段的产业调整来适应经济发展。转移的产业主要是劳动密集型的纺织业等轻纺产业，**向外转移的目的是确立资本密集型的钢铁、化工、汽车、机械等产业在国内的主导地位。**

第四次产业转移开始于 20 世纪 90 年代，直至现在。从价值链视角来看，前三次产业转移都是整体产品产业价值链的转移，而第四次则是产品或产业的某一生产环节或工序的转移，是对价值链的分拆，因而产业转出地区和承接地区呈现多样化，中国是主要受益国。小型发达经济体发展到一定阶段，很快就会面临本地市场饱和与生产能力扩张之间的矛盾、生产要素成本上升与企业追求更多利润的矛盾、产业发展与资源环境瓶颈的矛盾。美国和日本等发达国家则面临生产成本加剧、国内污染等代价高的问题。中国具有天然的先天优势，第四次产业转移奠定了中国作为世界制造大国的国际地位。

中国为什么能在第四次产业转移中获得产业转出地区的青睐？原因是多维度的，既包括低劳动成本、高效的劳动生产率、丰富的技术性人才等人力因素，也包括友好的政治环境、完备的产业链体系、优惠的税收政策等制度因素。 从世界环境和社会人口环境来看，中国坚定不移地推行对外开放，恰恰赶上了发达国家劳动力成本上升后跨国公司在全球重新配置资源的历史机遇。依托自身丰富的劳动力资源和上下齐心改变贫困落后局面的强烈愿望，中国经济快速融入世界分工体系，形成了自己的比较优势，借助于庞大的本地市场需求逐步成为全球制造中心。可以说，中国对外开放迎来了全球化释放人口红利的契机。

8.1.1　产业

完善产业链、交通、通信等基础设施，打造产业聚集效应

1. 全球化进程加速，加入 WTO，中国成为产业链完备的制造大国

20世纪90年代，全球贸易结构主要以美国为核心。 根据1995年全球前30大贸易国之间贸易网络结构可知，欧洲国家的贸易在1995年更多的是区域贸易，就是所有的欧洲国家都以另外一个欧洲国家为最大的贸易伙伴，大部分是以德国作为最大贸易伙伴。在美洲，美国是那里最大的贸易伙伴。在亚洲，日本是大部分亚洲国家的最大贸易伙伴。此外，亚洲和美洲的联系非常紧密，韩国、日本、印度等亚洲国家还以美国为最大贸易伙伴，美洲的价值链和亚洲的价值链紧密关联。

2014年，出现了明显的变化，中国在全球价值链中的地位开始崛起，转变为美国、中国、德国三足鼎立。 欧洲没有太大变化，德国的贸易核心国地位在加强，大部分国家都以德国为贸易核心国、最大的贸易伙伴，而英国原来的贸易地位在下降。亚洲有特别大的变化，贸易核心国不再是日本而是中国。在美

洲，美国仍是大部分国家的最大贸易伙伴。实际上，这 3 大地区基本上各自都是一个完整的区域，欧洲有科技发达的国家，如德国、法国、英国，同时也有劳动力相对富裕的东欧国家；美洲有美国、加拿大这样的发达国家，同时也有劳动力相对富裕的墨西哥等；亚洲有日本、韩国、中国，有技术相对前沿的国家，同时又有大量的劳动力密集型地区。所以 3 个地区基本上都可以形成相对独立的价值链体系。

2001 年，中国加入 WTO 实现经常账户开放，引入海外资本和技术、融入全球产业链、提升各产业水平和配套能力。中国外商直接投资（foreign direct investment，FDI）存量经历过 3 次大规模增长：① 1984 年前后，首批 14 个沿海城市实现开放；② 1992 年前后，邓小平同志南方谈话，中国特色社会主义市场经济逐步确立；③ 2001 年后，中国加入 WTO，FDI 增速逐年上升，经常账户开放，海外投资者投资中国。这一轮 FDI 红利使得中国吸收了一批技术、掌握了一批工艺、诞生了一批企业。

第一轮经常账户开放的红利使得中国在过去 20 年经济实现腾飞式发展，成为全球第二大经济体。2001 年，中国 GDP 占全球比重仅为 4%，2018 年则已经提升至 16%，复合增速为 9.2%；2001 年，中国出口额占世界比重为 3.5%，经过 18 年上升至 12.7%，复合增速为 13.6%。与此同时，美国、日本 GDP 占全球GDP 的比重分别从 31.7%、12.9% 下降至 23.9%、5.8%；美国、日本、欧洲出口额占世界出口总额的比重从 13.3%、5.7%、30.2% 下降至 10%、3.6%、26.1%。中国在全球产业链中的地位已举足轻重。

改革开放 40 多年，目前中国已成为拥有世界完备产业链的国家之一。与其他国家相比，中国在产业结构的完整度上首屈一指。从全球投入产出表来看，目前中国绝大部分制造业细分行业规模都处于全球第一。

中国已经拥有百度、腾讯、阿里、华为、寒武纪、宁德时代等一批世界领先企业，也拥有高速动车组的完全自主知识产权、5G 标准、盾构机等一批世界领先技术。这些都将为中国渡过难关、实现转型增添更好的砝码。

作为全球第二大经济体，中国已经实现 C919 大型客机飞上蓝天、首艘国产航母下水、港珠澳大桥主体工程全线贯通、复兴号奔驰在祖国广袤的大地，也即将拥有自己的空间站等一批世界级的最新发展成果。

2. 公路、高铁、物流等基础设施,让中国成为"基建狂魔"

2003 ～ 2010 年,伴随着城镇化、土地财政和经济高速增长,中国的基础设施建设快速完善。2001 年,中国东部地区城市劳务市场供需两旺,产业基础设施需求强烈;2003 年,土地"招拍挂"制度建立,房地产行业被确定为支柱行业,土地销售大幅扩充财政收入,保证基建资金来源,基础设施建设进入快车道。我国年基础设施固定资产投资完成额从 2002 年的 1.02 万亿元增长至 2010 年的 6.48 万亿元,复合增速达 26%,占 GDP 比重从 8.4% 上升至 15.7%。2010 年,这一系列数据仍在持续攀升。

中国能够在过去 20 年成长为全球第二大经济体、产业链最完备的国家,离不开完善的交通运输基础设施。完善的交通运输基础设施有助于商业活动的开展和产品的运输;电信基础设施全覆盖有利于消费电子市场和上下游产业链发展。

高铁和高速公路对产业集聚有重要的支持性作用。英国"工业革命"是蒸汽机拉出来的,德国"工业革命"则受益于大规模铁路建设。这些发展历史表明,良好的交通运输条件能够刺激产业集聚和升级。中国高铁和高速公路的大规模发展会为中国产业创新做出重要贡献。

3. 从 1G 到 5G,中国电信基础设施为 TMT 行业打下基础

在 5G 时代建设上,中国电信基础设施已处于领先地位。1G 至 3G 时代欧美通信设备商和运营商领先于中国,4G 时代中美通信网络建设速度、设备公司地位已经相当,5G 时代中国已经领先世界。

5G 作为网络时代的基础设施,产业链扩展性极高。从上游的基站到中游的 5G 终端及零部件,再到下游的 VR、AR、智慧城市、物联网等 5G 解决方案,都属于 5G 产业链。根据中国信息通信研究院发布的《5G 经济社会影响力白皮书》,到 2030 年 5G 有望直接拉动总产出 6.3 万亿元,间接拉动总产出 10.6 万亿元,接近 2018 年我国 90 万亿元现价 GDP 的 20%。

5G 时代的领先技术能推动基础设施建设更早、更快落地。与 3G、4G 时代不同,5G 时代我国掌握了更多的自主知识产权,部分厂商如华为等已可以

进行标准的制定，从而使得我国在未来 5G 推进的过程中有望与国外同步甚至领先于国外。此外，近年来我国在计算机领域的云与大数据、半导体和新能源领域的设备制造等均有不错的表现，万物智能化、互联化所需的大规模信息基础设施可能比以往更快、更早地到来，新"To B"产业链发展的机会在不断涌现。

8.1.2 人才

中国创新三部曲，人口红利—人才红利—科学家红利

回顾过去 40 年，我国在人口红利的带动下实现了经济的快速发展，经济体量跃居世界第二。展望未来，在经济从投资模式转向创新模式的发展过程中，我国将凭借人才红利优势，逐步在诸多产业创新和技术领域追上全球领先者步伐。伴随着我国在这一过程中培养的尖端人才增加，在数学、物理、化学、生物、天文等基础学科领域将逐步形成新的效应，我国有望在人才红利后形成科学家红利，真正走向全球创新舞台的中心。

人口趋势引导产业迁移，拥有全球 22.5% 劳动力和最大规模大学生人才的中国成为近年产业东迁的目的地。 在人口红利方面，中国 16 ～ 59 周岁劳动年龄人口位列世界第一，达 89 640 万人，占总人口比重 64%，占世界劳动力的 22.5%。丰富的劳动力使中国制造业人均平均时薪（2016 年）仅为 4.1 美元，大幅低于发达国家美国（39 美元）、英国（28.4 美元）和日本（26.5 美元），与墨西哥（3.9 美元）持平，略高于东南亚的菲律宾（2.1 美元）。

在人才红利方面，中国的中低层劳动力素质较高，优于东南亚大部分国家。 与发达地区相比，中国劳动力相对廉价；与东南亚国家相比，中国劳动力素质较高，具备产业承接能力。

- 从中低层次劳动力来看，2018 年中国高中入学率为 88.8%，高于世界平均水平 75.7%，超越印度及东南亚国家。根据 2019 年世界经济论坛发布的《全球竞争力报告》，在中国获得熟练工人的容易程度优于印度尼西亚、老挝、泰国、越南和柬埔寨等，低于马来西亚、菲律宾接近（见图 8-1）。

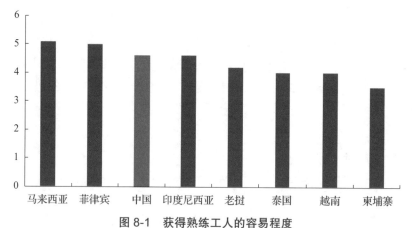

图 8-1　获得熟练工人的容易程度

资料来源：World Bank，《世界经济论坛：2018 年全球竞争力报告》，兴业证券经济与金融研究院整理。

- **从高层次人才来看，中国具备最大规模的大学生人才，优秀的高端人才为创新产业发展奠定了基石。**1999 年中国高校进入扩招期，普通高校毕业生和研究生毕业生人数逐年增加，由 2005 年的 306 万、18 万左右增长至 2018 年的 753 万、60 万左右。大学入学人数占人口比例已于 2009 年超过日本，达到 0.55% 左右，中国已经开始享受人才红利。世界知识产权组织（WIPO）公开数据显示，2018 年中国提交 PCT 专利总量达 53 343 件，占世界总量的 21.1%，仅次于美国，位居全球第二。

　　中国逐步成为全球的人才高地。高素质人才是新技术研发必不可少的条件，受益于我国成为全球第二大经济体和国内稳定的政治经济局面，海外高端人才逐步归国。同时，高等教育人数的快速增长给创新带来了广泛的基础人才，技术型人才不断涌入创新创业队伍。随着教育水平的提升，我国高等教育毕业生人数占总人口比重增长迅猛，逐步接近日本水平。未来进行大规模、广泛创新的人才数量比过去有了极大提高。

　　中国工科世界水平一流，理科、医学、社会科学等提升空间较大，未来可以助力科技创新前进。从中美高校专业对比来看，中国在机械工程、控制科学、通信工程、化学工程等多个工科专业已经接近世界一流，全球领先学校的数量甚至超过美国，但是在数学、物理、化学等理科专业及医学、社会科学方面，与美国等发达国家相比仍有较大差距（见表 8-1）。在人口红利向人才红利转变的过程中，我国存在巨大提升空间。未来中国有望在基础学科方面逐步走向世界前沿，推动中国整个科学技术领域站上世界创新舞台的巅峰。

表 8-1　2019 年中美高校各专业对比

专业	国家	第 1 名	2～10	11～50	51～100	专业	国家	第 1 名	2～10	11～50	51～100
数学	美国	1	4	20	10	机械工程	美国		6	13	10
	中国			1	5		中国		3	9	9
物理	美国	1	6	15	13	控制科学	美国	1	4	6	4
	中国			3	1		中国		1	12	13
化学	美国	1	6	18	12	通信工程	美国			6	10
	中国			10	11		中国	1	6	7	10
地球科学	美国	1	5	16	15	化学工程	美国	1	5	14	4
	中国		3	3	4		中国		4	12	18

资料来源：ARWU，兴业证券经济与金融研究院通信组整理。

8.1.3　制度

产业、金融、财税多维一体支持创新产业方向

1. 产业政策：全力支持信息科技产业

国家的产业发展离不开政府的支持。我们现在看到的美国信息技术产业、日本汽车产业、德国化工和汽车产业，其实都离不开国家产业政策的支持。

新兴产业的发展其实是很困难的，离不开我们前面提到的人才、产业集群效应的支持，也离不开国家政府的产业政策支持。有了这些产业政策的支持，才能够推动新产业的发展。

在海外经验方面，三星的崛起经验是发展中国家实现半导体产业弯道超车的重要参考。⊖20 世纪 70 年代，韩国政府推行《重化学工业化宣言》，三星享有金融、税收诸项优惠政策，并于 1974 年收购韩国半导体 50% 的股权。在政策支持下，三星跨越公司和国家界限逆势加大研发和投资，于 80 年代开启"二次

⊖　参见《从三星集团浅析韩国产业政策的发展》。

创业"; 1983 年推出 64K DRAM 芯片成为世界领军者; 90 年代再次推出"新经营"计划。与之比较,日本的半导体公司在金融危机和行业短期陷入低增长、高竞争时出现衰退,研发支出和资本开支持续削减,逐步为韩国公司替代。

参考韩国政府产业政策与三星的成功案例,我国对于半导体产业也采用了类似产业政策支持模式。我国于 2014 年 9 月 24 日推出第一期国家集成电路产业大基金(约 1500 亿元),2019 年 10 月 22 日推出第二期(约 2000 亿元),继续重点扶持国内半导体与消费电子产业发展。

2. 金融制度: 科创板成为助力创新型企业最亮的星

回顾近 40 年,支撑中国经济发展的主要融资模式是以银行信贷为主的间接融资。随着我国产业转型升级,传统的间接融资和银行信贷的较低风险偏好资金属性不利于创新企业融资,而科创板的推出比较有利于满足创新型企业的融资需求。

从国家经济发展阶段来看,中国进入"创新"时代。自第一次"工业革命"后,经济产业发展就不断向前推进。每个国家的产业相对优势、国家竞争力也在不断演进,或进步或倒退,国家竞争力则因为其每个阶段的主导因素和发展阶段不同。

在转型发展的过程中,新兴产业、创新型企业的融资风险更高,需要对应属性的资金来匹配对应的需求,而银行的低风险偏好资金、信贷资金、间接融资模式不利于大面积直接支持新兴产业、民营企业。

中国目前处在建设以创新为中心的现代化经济体系进程中。自新中国成立以来,1956 ~ 1981 年主要的经济驱动发展模式是生产要素驱动,以满足温饱为主。第一产业特别是农业占 GDP 比重达 60% 以上。

1981 ~ 2017 年,我国的主要经济驱动力是以地产、基建为代表的投资驱动。这些时间点的变化与我们社会主要矛盾的变化是基本一致和对应的。

站在当前这个时间点,面对新时代的转型需求,我们认为根据实际发展情况,在 2017 年以后将逐步以创新驱动经济发展来弥补我国发展不平衡不充分的问题,逐步进入第三个经济发展阶段,即创新驱动。

中国经济发展驱动如图 8-2 所示。

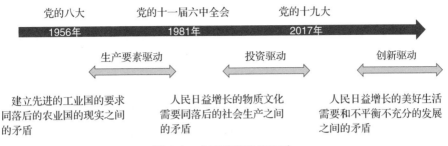

图 8-2　中国经济发展驱动

资料来源：Wind，兴业证券经济与金融研究院整理。

科创板主要聚焦于信息技术、高端装备、新能源与节能环保、生物医药、技术服务五大类科技创新型企业。 从 2012 年"党的十八大"到 2017 年"党的十九大"，我国经济发展一直强调转型、调结构，对于新兴产业进行大力支持。科创板的创立在很大程度上是对于新兴产业的支持。

科创板落地有望为创新型企业发展提供重要支撑，后续资本市场有望在支持创新转型中发挥更大作用。首批科创板上市公司在研发驱动成长方面表现亮眼。 在业绩维度上，科创板首批上市公司具备较好的成长特征。虽然科创板上市条件极大放松了对盈利的约束，但是我们观察到在首批上市的 25 家公司中，88% 具备 10% 以上的净利润增速（3 年平均值）和 ROE（3 年平均值）。这表明科创板在规模"小"特征之外，还具备高度成长性。从研发创新数据来看，科创板上市公司家家搞研发、家家有专利。向前展望，研发驱动成为支撑创新型企业成长性的核心因素之一。商业模式成功是科创板上市公司在市场竞争中持续壮大的必要条件，但是足够强的研发创新能力和专利技术体现出来的竞争优势则是创新型企业持续成长的充分条件。

3. 财税制度：降税减费，催生企业大力研发

2017 年 7 月，国务院原则同意《中国国民经济核算体系（2016）》，新核算体系不再将研发支出作为中间投入，而是作为固定资本形成计入国内生产总值。这意味着未来研发支出有望成为"投资"的一种。在目前房地产投资受限、制造业投资周期偏长、基建投资更多是稳经济手段的背景下，研发支出有望成为投资给地方政府带来加大研发投入的动力，从而带来研发支出的进一步提升。

研发费用税前加计扣除进一步释放企业创新活力。2018 年 9 月，财政部、国家税务总局、科技部发布《关于提高研究开发费用税前加计扣除比例的通知》，规定"在 2018 年 1 月 1 日至 2020 年 12 月 31 日期间，再按照实际发生额的 75% 在税前加计扣除；形成无形资产的，在上述期间按照无形资产成本的 175% 在税前摊销"。税前扣除比例从 50% 提升至 75%。根据 2018 年上市公司净利润粗略计算，本通知将使所有具有研发支出的上市公司利润增厚 1.6%，其中通信、计算机、军工、电子、电气设备等先进制造业 2018 年利润增厚比例更高。

新兴产业获得其他优惠。先进制造业、现代服务业和符合条件的电网企业未抵扣完的进项税额一次性予以退还、半导体产业 5 年免税等措施，体现出政府在支持新经济发展方面的较大力度，有利于企业创新发展。

8.1.4　市场

超过 8 亿网民数量，为创新型企业提供优质土壤

中国庞大的网民数量为新兴产业发展提供基础。截至 2018 年底，中国互联网用户超过 8 亿，比欧美的总人口数量还多（见图 8-3）。正因为有如此庞大的中国自身互联网消费群体，才让我国互联网企业、创新型企业能够在企业创新、模式创新、技术创新中不断学习、进步、试错，直到最后成功。**正因为有这样庞大的网民数量，才让我国能够在形成商业模式创新基础上，推动相关技术的创新**。

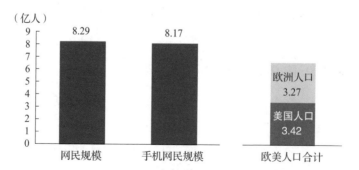

图 8-3　2018 年中国互联网用户和欧美总人口对比

资料来源：Wind，兴业证券经济与金融研究院整理。

人均收入迅速提升。经济总量迅速增长使得我国人均收入得到了切实的提高。1980 年以来，我国人均 GDP 增速基本都在 6% 以上，2016 年人均 GDP 已超过 5 万元，达 5.4 万元（约合 8300 美元），城镇家庭的人均可支配收入也达到了 3.2 万元（约合 4900 美元）。人们的收入尤其是可支配收入的提高使得人们在消费时能有更多的选择，消费升级潜力在不断提升。

2000 年以来，伴随着人均收入增长，中国已经成为全世界仅次于美国的最大零售市场。庞大的市场为企业提供了充足的创新试错空间，以及更多可发展的细分行业。

2019 年，中国社会消费品零售总额（社消总额）为 41 万亿人民币，约合 5.9 万亿美元。美国零售销售额约 6.2 万亿美元，中国消费市场规模与美国接近（见图 8-4）。以消费电子产业为例，中国是全球最大的智能手机（占比 30%）和平板消费国（占比 27%），大中华区是苹果重要的收入来源地。同时，中国仍然是一个高速成长的发展中国家，人均 GDP 仅为美国的 1/7 至 1/6，潜力巨大。

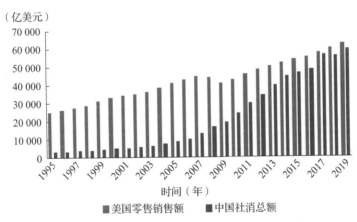

图 8-4　中美消费市场规模

资料来源：Wind，兴业证券经济与金融研究院整理。

8.2　海外启示录：四要素催生英德美日四国技术主导产业

我们已从产业、人才、制度、市场等四个维度说明了中国正处在新一轮创新周期之中。在全球经济的漫长历史长河中，我们看到英国、德国、美国、日本四国在这些要素的作用下，也孕育出了新的产业。接下来我们主要以这四国为例，更好地理解和展望中国未来产业的发展方向和趋势。

8.2.1 1790～1830年，英国培育纺织、交通运输、机械制造等创新产业

传统羊毛制品纺织业、煤炭业和以生铁为主导的钢铁业为英国产业转型提供了支撑。18世纪80年代之前英国是羊毛制品净出口国，但是在"工业革命"之后英国成为棉纺织业第一大出口国。此外，英国建立了以煤炭驱动的钢铁业、以蒸汽驱动的铁路业。蒸汽机在英国的使用量迅速增长，在"工业革命"期间大大高于德国和法国。

不断涌现的新发明提供了重要的产业技术支持。英国纺织业、蒸汽机及机械制造业等不断涌现的新发明为英国"工业革命"创造了巨大的生产力。将这些发明应用到生产活动中大大提高了英国在世界总产出和世界贸易中的领导者地位。部分新发明如表8-2所示。

人力资本和人才资源在主要工业城市聚集。英国"工业革命"最重要的两个要素条件是人口的快速增长，以及圈地运动导致的人口流动促进城市化程度大大提高。英国人口在"工业革命"期间从1771年的700万上升到1831年的1400万，城市人口的迅速集聚为"工业革命"提供了最基础的人力条件。

殖民地为英国"工业革命"制成品提供了市场。英国通过"七年战争"打

表8-2　部分新发明

纺织业		
1733年	J.凯伊	飞梭
1735年	J.怀特	卷轴纺车
1764年	J.哈格里夫斯	珍妮纺纱机
1769年	R.阿克莱特	水力纺纱机
1774～1779年	S.克隆普顿	"骡"机
1825～1830年	R.罗伯特	自动纺纱机
交通运输业		
1776年	J.瓦特	实现蒸汽机现代化
1800年	R.特里维西克	高压蒸汽机
1810年	G.斯蒂芬森	蒸汽机车
机械制造业		
1775年	J.威尔金森	车床模型
1798年	H.莫兹利	车床
1814年	J.福克斯	刨床
1842年	J.惠特次恩	完全机械化刨床

资料来源：《世界经济史》，兴业证券经济与金融研究院整理。

败法国后控制了美洲殖民地，再加上英国其他的广大殖民地，为英国的"工业革命"提供了多样化的原材料来源，并且为输出工业制品提供了广阔的市场。这是推动英国"工业革命"达到高潮的重要需求条件之一。

从政府和制度角度，英国私有化进程、专利保护这些措施进一步加速了创新型企业的诞生和发展。

宗教改革和圈地运动使土地私有化加快，促进资本主义生产关系出现。英国国王通过宗教改革将教会占有的大量土地私有化，促进土地市场的自由流通。此外，宗教改革对人民思想意识进行了一次大解放，鼓励资本主义思想萌芽；圈地运动促进了小资产阶级转向大资产阶级，实现了占有资本的资产阶级和以出卖劳动为生的无产阶级的分化，大大刺激了英国"工业革命"发生的可能性。

英国政府重视专利保护和海外殖民霸权有利于"工业革命"的技术发明和资本积累两个生产要素条件。16 世纪后期，英国出现了申请专利的高潮，有关造纸、军火和皮毛等物质制造方法的专利被批准。更重要的是，英国专利制度鼓励了外来发明者移民。这些专利积累为英国爆发"工业革命"及"工业革命"的扩大产生了重要影响。

8.2.2　1870 ～ 1910 年，德国催生光学、合成化学、汽车等新兴产业

德国铁路的发展对其他产业的发展有极大的促进作用。从上游来看，铁路建设推动了对铁轨和机车制造的需求，进一步引发对上游的钢铁和机械生产的需求。铁路运输的便利使得产业的地理集聚现象更容易发生，如普鲁士、萨克森、巴伐利亚、巴登等地。

农奴改革、注重教育提供了优质人力，使产业高标准、高质量发展。在供给方面，德国人口向城市集中，为产业革命提供了人力要素条件。农奴制改革实现了地主和农民生产关系的分离，地主因为失去佃农获得赎金，进而渐渐转化为资产阶级；农民在获得人身自由后成为以出卖劳动为生的劳动者，转化为无产阶级。

资本和劳动的对立统一为德国产业革命确立了要素条件。德国培育了世界上一流的产业工人。德国有重视教育的文化传统、世界第一流的教育理念、世界

上第一部《普通义务教育法》。19 世纪 60 年代，德国适龄儿童入学率已经达到
97.5%。德国文盲率从 1841 年的 9.3% 下降到 1895 年的 0.33%。

由于德国的独特消费理念，其巨大的消费市场为德国催生了完备的行业标
准。德国培育了 2300 多个世界品牌，这些品牌无一例外都是通过高质量的产品
来打造的。德国消费观念独特，在耐用品消费上追求持久耐用的产品特性，重视
产品内涵的历史记忆和文化底蕴。德国消费行为的独特性可以通过各行各业的行
业标准体现出来。德国标准化协会（DIN）专门制定了满足市场需求的标准，为
德国产业竞争力领先于世界起到了很重要的作用。

由于历史原因，德国制度建立上最重要的一个改变在于取消了各邦之间的
经济分割状态，统一货币和国内市场。此外，德国政府逐步推动铁路行业国有
化，建立全国性铁路网，鼓励形成行业垄断组织来增强企业竞争实力。

8.2.3　1940 ～ 1980 年，美国打造硅谷、曼哈顿两大产业集群

"二战"后美国形成了大量充满活力的世界级产业，以硅谷电子产业和曼哈
顿金融业最有代表性。其他如底特律汽车、波士顿微计算机、休斯敦油田钻探仪
器和服务业、纽约和费城之间的制药业等，在全球市场上也往往处于领导地位，
能够通过行业规则和上下游的投入产出关系等带动其他产业的发展。

"二战"后人口红利催生美国相关产业发展。在供给方面，第一，美国有充
足的人力资源。"二战"期间和之后，美国接受了全世界大量高素质移民，政府
也大力培育高级生产要素，坚持不懈培育世界顶级大学。"二战"后，美国通过
《退伍军人权利法案》，负担退伍军人的再教育和训练费用，加大社会教育投资。
第二，美国拥有世界上最大的资本市场。华尔街作为全球金融中心，使得美国能
够最早获取商业先机，投资新兴产业来获取最大利益。

美苏争霸也为美国计算机、原子能等第三次"工业革命"期间的标志性创
新技术和发明出现提供了催化剂。美国为国家安全进行的大量军事投入逐渐转化
为民用技术，间接推动了美国第三次"工业革命"的发生。

美国政府大量国防订单刺激了硅谷电子产业的繁荣，对高等教育和科学研

发坚持不懈的投入培育了世界顶尖的研究机构，对自由市场的坚定支持促进了市场在资源配置中的基础作用，对信息高速公路等基础设施建设的大力支持促进了互联网相关产业的繁荣。

8.2.4 1950～1990 年，日本产生休闲娱乐、家用电器等优势产业

"二战"后，日本产业发展逐渐多样化，为产业发展培育基础。从发展轻工制造开始，日本逐渐满足国际市场对轻工业和重工业产品的需求，积极发展相关支持性产业。在经济复兴时期，日本在发展农业和纺织工业的同时开始有意识地利用美国经济援助的机会发展煤炭、钢铁、电力等上游产业，在经济高速增长阶段推动产业升级，实现产业结构的高级化。随着石油危机这一外部负面事件出现，日本调整产业发展方向，开始侧重于发展以内需为主导的新兴产业。日本的战后经济发展过程是产业发展基本路径的典范。

日本经济发展体现出了从低级产业向高级产业演化的产业升级路径。因为日本采取了占领美国企业不去兼顾的细分市场这一发展战略，出现了一些有国际竞争力的细分行业。这些支持性产业为创新产业提供了启动资金。人才储备和科研积累也有利于创新产业快速发展壮大。日本产业变迁过程如表 8-3 所示。

表 8-3　日本产业变迁过程

时间	产业发展阶段	主导产业
1946～1955 年	经济复兴时期	在保持农业和轻纺产业发展的同时，采用"重点生产方式"政策，用美国援助的石油增产钢铁，再用钢铁增产煤炭，并推动电力、化肥等部门发展
1956～1973 年	经济高速增长期	以钢铁、电力、造船、石油化工、汽车、家电为支柱产业，整个产业结构实现了高级化
1973～1980 年	产业结构调整时期	1973 年的石油危机促使日本进行了产业结构调整，大力发展加工组装型产业和第三产业
1980 年至今	产业结构转变时期	大力发展新兴微电子、生物工程和新材料等高技术产业。产业结构从外需主导型转变为内需主导型

资料来源：兴业证券经济与金融研究院整理。

高级人才、研发投入促进创新升级。日本战后资金匮乏，缺乏天然生产要素，但重视教育和人力资源培训，大学众多。日本通过高储蓄率迅速积累资本，研发强度超过美国。日本企业是主要的研发活动参与者。

日本政府通过直接干预产业发展规划和开拓海外市场促进产业发展。在发展重化工产业时期，日本政府积极推动企业获取世界银行和国际货币基金组织的长期贷款，并加入关贸总协定；对重点支持产业采取财政补贴和贷款支持政策，推出《振兴机械工业临时措施法》，实现机械工业现代化。

日本政府采取灵活的产业政策促使产业结构升级。"广场协议"之后，为了刺激国内需求并扩大对外出口，日本采取了扩张性的货币政策和财政政策。同时，日本政府开始调整产业发展重点方向，在1997年通过《产业结构改革行动计划》来支持国内以电子、信息等产业为基础的新兴产业，为这些产业的企业提供优惠政策。

巨大市场空间有力促进了日本经济起飞。日本美军的军事基地和物资集散中心的地位直接推动了其经济从"二战"的废墟中复兴。其中，日本受益最大的是纺织和钢铁业，随着战争需求扩大，日本重化工产业随之迅速重新恢复生产。在朝鲜战争时期，美国将日本纳入其全球战略体系内，对日本开放美国国内市场，协助日本加入关贸总协定。这些有利因素大大刺激了日本经济复苏。

8.3　时代际遇，迎接科技核心资产大潮

8.3.1　信息技术产业发展历程
PC、功能机—移动互联网—万物互联

1. PC、功能机时代（1980～2009年）

PC（个人计算机）起始于20世纪70年代末至80年代英特尔PC芯片技术的发明。1990年后，英特尔的"奔腾年代"和2006年后"酷睿年代"实现PC机能大幅提升。基于快速迭代的PC芯片，以IBM和苹果为首的PC制造商不断推出新设计、新功能的台式计算机和笔记本计算机，推动了20世纪90年代美

国和 2000 年后中国的计算机普及热潮。基于计算机普及和互联网渗透，操作系统提供商微软等、互联网门户搜索服务商雅虎、Google 等以及相关应用开发商，实现了业绩和股价的持续提升。

功能机起始于 20 世纪 80 年代 1G 通信技术出现时，快速普及于 1991 年 2G 技术和 2001 年 3G 技术商用推广的。在 1G 至 3G 时代，通信运营商 AT&T 等实现了客户的大规模渗透和收入提升，具备绝对技术领先优势的海外通信设备制造商爱立信、诺基亚、摩托罗拉因此享受运营商加大资本开支的红利。占据技术优势的通信设备商同时推出了多款极具性价比的功能机，诺基亚和摩托罗拉成为功能机时代王者，巅峰期市占率合计超 50%，成为那个时代客户的"独家记忆"。

2. 移动互联网时代（2010 ～ 2019 年）

2010 年前后，4G 技术的推广和商用掀起了智能机和移动互联网时代的大潮。与 PC、功能机时代不同，中国借助加入 WTO 后形成的庞大制造业集群和消费市场从边缘走向舞台中央，从落后跟随走向领先世界。中国是全球智能机和平板计算机最大的消费国，也是苹果、华为等智能设备制造商最大的市场。爱立信、苹果等海外企业起到鲶鱼效应，刺激中国通信设备制造商中兴通讯、华为等，移动终端制造商华为、小米、OPPO 等成长为世界巨头。基于中国庞大的消费市场和移动互联网人口红利，中国企业创造、发展了诸多创新商业模式，如网购、短视频、直播、外卖等，成为移动互联网时代应用端最大的受益者。

3. 万物互联时代（2020 年至未来）

依靠 4G 时代积累的技术、市场和经验，中国通信设备商华为、中兴通讯等走在 5G 前沿，有望驱动下一阶段万物互联时代发展。中国政府为 5G 技术提供了积极的产业支持政策，中国三大运营商于 2019 年底获得 5G 牌照、正式推出 5G 商用套餐。在政策支持下，上中下游形成"活水"：一方面，资本开支提升反哺上游，华为、中兴通讯等通信设备制造商规模化生产降低成本、加大技术研发投入；另一方面，刺激下游移动设备制造商推出 5G 手机，迎合消费者换机需求。

5G 技术不仅限于刺激手机等消费电子发展，更重要的是改变传统行业商业模式（如影视手游）、居民生活习惯（如智能家居）、工业生产流程（如工业物联网）等。

信息技术产业发展历程如图 8-5 所示。

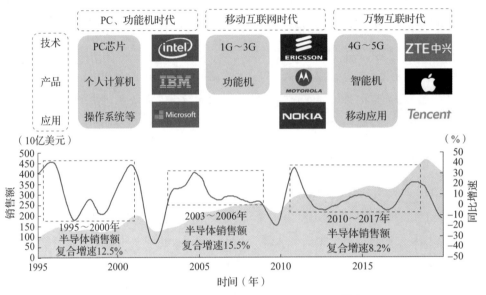

图 8-5　信息技术产业发展历程

资料来源：Wind，兴业证券经济与金融研究院整理。

8.3.2　PC 时代，诞生英特尔、微软、IBM、Google 等核心资产

PC 产业变革起始于 20 世纪 80 年代，美国政府政策奠定产业发展基石。20世纪 70 年代，日韩承接部分半导体 DRAM 产业（日本三菱、韩国三星等自此起步），80 年代进入爆发式增长，挤出美国企业。20 世纪 80 年代初，PC 的出现让信息电子产业在红海中看到新的发展方向。克林顿在任期内提出美国信息技术产业需要取得世界领先地位，并由此开展"信息高速公路计划"。回顾美国 20 世纪的产业政策，主要包括税收减免、鼓励风投、知识产权保护、政府采购、外贸干预等措施（见表 8-4）。经历 20 世纪 90 年代高速发展后，全球逐步形成了

"美国占据中上游设计架构，日本、韩国及中国台湾地区占据中游半导体制造"
的产业分工格局。通信产业在基础设施建设较为完善的环境下形成了第一代移动
通信革命，出现以功能机产品为主导的初代移动通信终端产业链。

表 8-4 美国 20 世纪产业政策

时间	法案名称	法案内容
1991 年	《国家关键技术报告》	明确信息技术作为知识、技术密集型产业，需要取得领先优势、重点发展
	《高性能计算法案》	
	《高性能计算与通信计划》	为美国信息基础设施建设提供技术支持，不断扩大产业优势
1993 年	《国家信息基础设施行动》	美国宣布实施"信息技术产业政策"和建设"信息高速公路"
	《信息高速公路计划》	建立高性能光纤通信网络，加强产学研之间的协作
1996 年	《电信法案》	修改阻碍自有开放竞争领域条款，将竞争机制引入电信行业
2000 年	《21 世纪信息技术计划》	开发先进的互联网技术，满足高等教育的研究和教学需求
政策	细分领域	内容
税收政策	税收减免	非营利性独立科研机构免税；高 R&D 企业实施税收减免，2000 年进一步延长
金融政策	鼓励风投	开辟纳斯达克市场，满足风投资金退出需求，允许养老金有条件地介入风投业
产业政策	知识产权保护	出台《世界知识产权组织版权条约》《计算机软件保护法》等系列法案
	政府采购	美国硅谷、128 号公路高技术产业带成立初期实施政府采购加以扶持
	外贸干预	放松信息技术出口管制，减免关税，延伸本国信息产业法规，要求海外开放市场

资料来源：《美国信息产业政策及其对中国的启示》《美国信息产业政策启示》，兴业证券经济
与金融研究院整理。

1. 英特尔、AMD、爱立信等是技术层面核心资产

PC 芯片：英特尔、AMD 成为互联网时代最大的受益者之一。

20 世纪 70 年代末，英特尔推出 4004、8008、8085、8086 四个跨时代的 PC
芯片，其中 8086 芯片架构开启了 x86 时代，自此基于 CPU 高速更新换代的 PC

产业进入快车道。20 世纪 90 年代，英特尔与 AMD 分道扬镳，推出新品牌奔腾系列芯片，成为 PC 芯片第二轮革命的开始。

在研发方面，①在英特尔 8086 芯片奠定 x86 框架后，美国计算机及电子产业研发支出进入第一个高峰，1980 ～ 1984 年研发支出复合增速为 14.1%；②奔腾芯片研发伴随着芯片制程工艺的快速发展（从 800 纳米到 65 纳米），摩尔定律处于黄金期，1994 ～ 1998 年研发支出复合增速达 15.2%。

在固定资产投资方面，1980 ～ 2000 年计算机和电子行业固定资产投资维持近 20 年的高增长，复合增速为 9.1%。在公司方面，英特尔和 AMD 成为 PC 芯片两大巨头，与芯片制造相关的产业链公司也因此受益。

移动通信：爱立信、AT&T 闪耀移动通信升级更新换代，特别是在 2G、3G大时代。

从投资来看，20 世纪 80 年代至 90 年代，美国 1G、2G 通信投入较大，3G、4G 逐步衰落。① 1983 ～ 1988 年，美国 1G 时代的通信投资额复合增速为7.5%；② 1993 ～ 2000 年，美国 2G 时代通信投资额复合增速上升至 13.6%，是通信设备商的黄金年代，其间爱立信涨幅曾超过 20 倍；③ 2003 ～ 2007 年，美国通信投资额复合增速再次恢复到 8.4% 水平，但 2010 年后整体投资额增速趋于平淡。

爱立信是 4G 时代前全球最大的通信设备生产商。AT&T 经历美国 20 世纪90 年代的反垄断拆分后，主体成为美国最大的通信运营商。

2. IBM、微软、诺基亚、摩托罗拉成为 PC 时代产品端的核心资产

PC：20 世纪八九十年代，IBM、英特尔、微软共同将 PC 带入千家万户。1981 年，IBM 推出首款 PC IBM5150，IBM、英特尔、微软的 PC 铁三角形成。1981 年，IBM 的 PC 出货量大约为 3.5 万台，1985 年上升至 370 万台，1990 年则达到 1700 万台左右。20 世纪 90 年代初，IBM 的市占率超过 80%，基本确立市场格局及产业链技术框架。1992 ～ 2000 年，美国计算机及电子产品年出货额从 2733 亿美元上升至 5096 亿美元，复合增速为 8.1%，美国家庭 PC 普及率也从 1989 年的 15% 左右上升至 2000 年的 50% 以上。

功能手机：诺基亚、摩托罗拉是功能机时代的"独家记忆"。2G 和 3G 时

代手机功能较为单一，基于通信设备方面的优势，诺基亚、摩托罗拉推出多款性价比极高的手机，在 2G、3G 技术带来的手机普及潮中一度占据了功能机的绝大部分市场（2006 年诺基亚市占率达 35.1%、摩托罗拉市占率达 21.9%，合计 57%）。2008 年后，手机从功能机时代转向智能机时代，诺基亚和摩托罗拉逐步退出手机市场。

3. Google、Facebook、YouTube 等在应用端逐步成为核心资产

基于性能不断更新换代的 PC 和快速普及、传输提速的互联网，诸多创新商业模式和当今互联网巨头于 2000 年前后成立，并自此走上爆发增长之路。

- **操作系统：微软等**。微软自成立之初就绑定英特尔和 IBM，成为 PC 生态系统的基石，windows 操作系统和 off ice 软件几乎垄断市场。
- **门户网站：雅虎、网易等**。在门户网站成为互联网流量入口的年代，雅虎市值一度达到 1300 亿美元。中国 3 大门户新浪、网易、搜狐网站诞生于 2000 年前夕，且都赴美上市。
- **搜索引擎：Google、百度等**。搜索引擎出现后替代门户网站成为 PC 流量入口。Google 不断创新扩张公司边界成为科技企业，百度独占中国市场，BAT 一度成为中国互联网企业代名词。
- **社交媒体：Facebook、腾讯等**。互联网改变人际互动方式。在互联网人口红利下，Facebook 和腾讯分别成为国内外主流社交媒体公司。
- **娱乐游戏：Blizzard、盛大游戏等**。PC 性能和网络传输速度的提升都刺激了游戏产业发展，电子游戏也成为 PC 普及、彰显性能的最佳推广工具。
- **流媒体：YouTube 等**。网速提升极大增强了视频画质和观感体验，同时促进互联网视频行业发展，YouTube 已经挑战传统娱乐巨头地位。
- **电商：Amazon、阿里巴巴等**。互联网普及改变原有商业模式，B2B、B2C、C2C 模式层出不穷。

中美部分互联网巨头如图 8-6 所示。

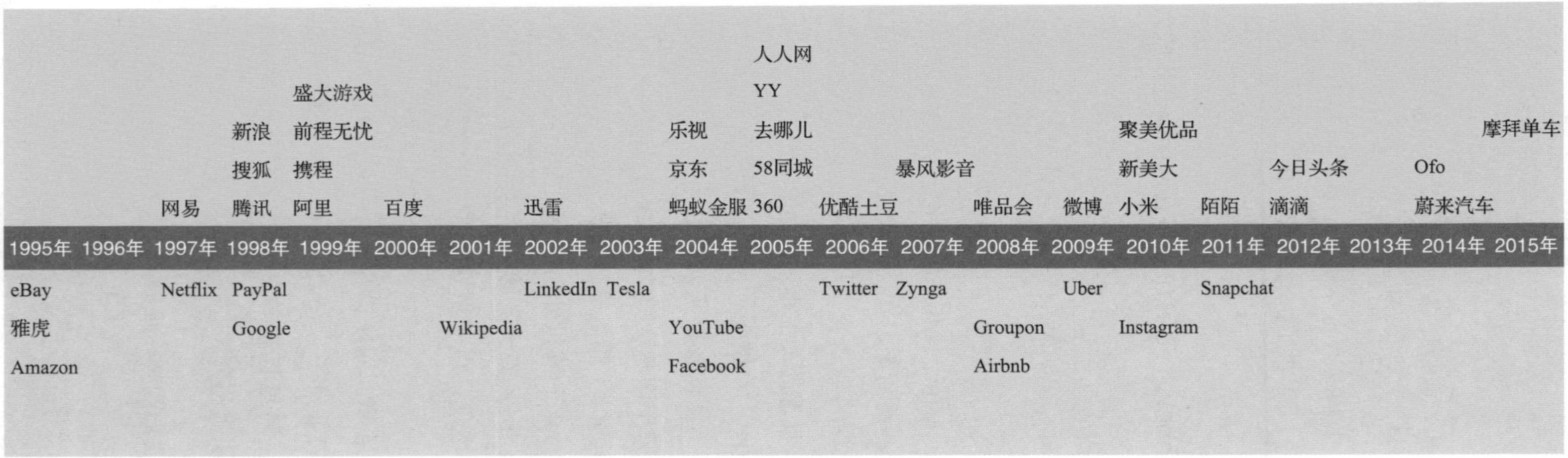

图 8-6 中美部分互联网巨头

年份	中国	美国
1995年		eBay, 雅虎, Amazon
1996年	网易	
1997年		Netflix
1998年	新浪, 搜狐, 腾讯	PayPal, Google
1999年	前程无忧, 携程, 阿里	
2000年	盛大游戏, 百度	
2001年		Wikipedia
2002年	迅雷	LinkedIn
2003年		Tesla
2004年	乐视, 京东, 蚂蚁金服	YouTube, Facebook
2005年	人人网, YY, 去哪儿, 58同城, 360	
2006年	优酷土豆	Twitter, Zynga
2007年	暴风影音	
2008年	唯品会	Groupon, Airbnb
2009年	微博	Uber
2010年	聚美优品, 新美大, 小米	Instagram
2011年	陌陌	Snapchat
2012年	今日头条, 滴滴	
2013年		
2014年	Ofo, 蔚来汽车	
2015年	摩拜单车	

资料来源：阿里研究院、兴业证券经济与金融研究院整理。

8.3.3　移动互联网、4G、5G 让中国科技行业核心资产逐步显现

2009 年起，我国通信产业进入高速发展阶段。在技术方面，2009 年 1 月 3G 牌照发放，同年 4 月中国电信 3G 正式商用；2013 年 12 月 4G 牌照发放，当月中国移动 4G 正式商用；2019 年 11 月 5G 牌照发放，3 大运营商同时推出 5G 套餐。

通信技术换代移动传输速度大幅提升，手机行业剧变。变化一：传统功能机行业龙头诺基亚、摩托罗拉逐步退出历史舞台。**变化二：**三星和苹果作为智能手机的先行者，2010 ～ 2013 年占据主要市场，合计市占率接近 50%。**变化三：**随着 2013 年中国 4G 网络普及，手机厂商华为、小米、OPPO 市占率快速增加，抢夺三星和苹果份额。2019 年，华为已经超越苹果成为全球第二大手机厂商，小米和 OPPO 分列第四位和第五位。

在此轮移动互联网浪潮中，应用端让中国企业走向前台。2010 年以来，依托中国庞大的移动互联网人口红利和消费市场，中国涌现了大量创新商业模式的企业。

过去 10 年是移动互联网的黄金 10 年。依靠中国庞大的移动互联网人口红利，中国孕育出一批核心资产，未来这些核心资产的成长空间依旧潜力巨大。信息技术革命背景下的中国概括如下。

- **从边缘走向舞台中央。**中国在加入 WTO、开放经常账户前处于科技产业革命的最边缘，与电子制造相关的芯片半导体企业、与通信技术相关的设备企业、与移动终端相关的手机厂商、领跑 PC 互联网的门户搜索企业几乎都以欧美公司为主。从 4G 时代开始，经历 2001 ～ 2010 年的外资持续投资，中国产业链初具规模效应并有了一定的技术积累。在政策扶持和人口红利下，承担起部分制造研发的中国产业正式走到技术变革、产业链更迭、产品应用研发的舞台中央。

- **从落后跟随走向领先。**站在技术、产品、应用舞台的中央，中国科技企业从"别人说什么，我们做什么"的低端制造阶段和"照猫画虎"的初级模仿阶段，走到了能够领导 5G 技术研发、普及 5G 建设的位置。人口和人才、经常账户开放、产业政策、巨大的消费市场带来的创新试错红

利，成就了中国科技企业发展。这批核心资产未来有望继续走在产业趋势前沿，同时为资本市场提供丰厚收益。

8.4　如何寻找 TMT 板块核心资产

与消费品、周期品、制造业普遍处于行业发展阶段的成熟期不同，以 TMT 为代表的科技行业大都处在成长期，甚至很多公司尚处在成长早期。因此，TMT 板块的龙头企业虽然有些已经具备核心资产的特质，但是更多的还只能说是"潜在"的核心资产，虽然未来成长为核心资产的概率很高，但是现阶段还不能确定其一定会成为核心资产。这里讨论的筛选方法给我们提供了一些初步思路和抓手，希望随着我国 TMT 板块的快速发展、龙头企业在国际或国内竞争位置的稳固，我们能不断完善挖掘 TMT 板块核心资产的方法论体系。此外，TMT 板块涵盖的细分领域虽多，但是过去 10 多年来中国主要在消费电子领域诞生了大量技术领先、竞争力相对突出的龙头企业，因此我们在探讨行业时把消费电子行业的核心资产单独列出来讨论，把 TMT 板块中的其他细分行业放在一起讨论，我们相信这其中一定也会诞生很多未来的核心资产。

8.4.1　二维筛选思路

第一，拥有规模效应、获得政策支持，具备全球范围内的成本优势。

中国产业、人才、制度、市场红利的大环境，使国内企业具备一定成本优势，在其中拥有规模效应、获得政策支持的企业可能成为 TMT 核心资产。20 世纪 40 年代发源于美国的半导体产业发生过两次大规模转移，第一次是 20 世纪七八十年代家电终端大发展，产业向日本转移，诞生了索尼、东芝、日立等顶级公司，以及相应的半导体材料与设备巨头，如信越、胜高、东京电子等。第二次是 20 世纪 90 年代 PC 终端时代来临，韩国成功抢位，重点扶持龙头企业三星、海力士等；中国台湾成功切入代工领域，诞生了台积电、联电等行业巨头，并且带动了上下游的材料、设计及封测的发展。半导体产业转移离不开终端市场的变革以及新技术的诞生，随着中国成为世界最大的消费电子消费市场，汽车电子、物联网、人工智能、5G 通信等高新技术高速增长，国内企业在产业、人才、制度、市场红利加持下，具备成本优势且直面终端新兴需求，有望实现产业链承接和进口替代。

以面板行业为例。规模效应是筛选面板行业核心资产的主要条件之一。面板行业是资本密集型产业，单条生产线投资额巨大（如光刻机 1.5 亿元 / 台，一条生产线需要 10 台以上），工业生产阶段规模效应明显（一是摊薄设备成本，二是良好率提升）。在全球半导体产业链中投资较大、生产线较齐全的京东方，2018 年手机面板出货量市占率为 20%，仅次于三星。在面板价格下行周期中，京东方以产量压低成本，挤出中小厂商，扩大市场份额。与之类似的还有手机电源等领域，欣旺达、德赛电池在中国大陆扩大产能，利用劳动力优势和规模效应降低电池成本，逐步替代中国台湾、日本厂商。同时，这些企业基于成本优势在盈利中拓展相关领域技术，如无线充电、快充等，最终滚起雪球，深化成本优势以外的"护城河"。

政策支持能够帮助企业形成规模效应、成本优势，是选择核心资产的重要条件。参考韩国经验，政府产业政策是后发国家实现弯道超车的重要手段。京东方在 2009～2011 年、2013～2016 年逆势加码投资，离不开国内政府补贴、税收、信贷等方面的支持。依托面板制造行业政策支持，上下游的模组制造等公司如欧菲光、合力泰，也成为全球最大的触摸屏制造公司之一，并且拥有一定创新技术。跟踪产业政策支持的方向，抓住政策最为支持的企业，有助于投资者挖掘核心资产。

第二，拥有技术优势，不仅成为上下游的一环，并且为产业链创造附加值，不可或缺。

中国大创新时代的红利背景为国内企业大发展提供了机遇，机遇过后真正具备技术优势且能够为产业链增色添彩的企业，核心资产成色更足。回顾半导体企业兴衰史，诸多辉煌的企业或在"潮水褪去"后被新兴国家的企业替代，或在技术革新下被时代和产业链抛弃。部分企业最终坚强存活下来，成为各环节中的核心资产，在产业链中具备不可或缺的技术优势，推动产业前沿发展。我们回顾国内苹果产业链的发展历程，许多核心资产在成长初期都患过"苹果依赖征"，但这些企业最终通过技术创新形成"护城河"，不但突破成长边界，而且成为产业链最前沿的推动者。

蓝思科技摆脱"苹果依赖征"质疑，通过技术创新扩展安卓客户。蓝思科技是玻璃盖板生产商，上市初期深度绑定苹果（营业收入占比或超过 50%）。

2017～2019 年，苹果手机销量不佳，蓝思科技股价一度下跌近 75%。通过 2D、2.5D、3D 玻璃及炫彩玻璃等技术创新，蓝思科技与华为、三星等国内外安卓手机厂商合作，炫彩玻璃等技术引领安卓机外观时尚风潮，推动手机外观更新换代。2020 年蓝思科技市值接近 800 亿元。

立讯精密通过收购实现公司技术和业务扩张，成为苹果手机众多部件的重要供应商。上市的第一个 5 年，立讯精密收购博硕科技（华硕旗下子公司），实现了连接器重要原材料线缆的自产，之后收购昆山联滔进入苹果供应链。2015 年，立讯精密收购台湾光宝 CCM 进入摄像头模组领域；2016 年收购台湾美律实业，成为苹果声学部件三大供应商之一（占比约 20%）。立讯精密通过不断收购提升自身作为电子精密件制造平台的实力，成为苹果产业链乃至消费电子板块中最为成功的核心资产之一。

全球半导体产业链变迁与产业转移如图 8-7 所示。

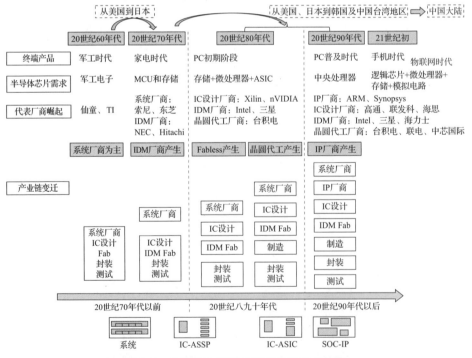

图 8-7　全球半导体产业链变迁与产业转移

资料来源：兴业证券经济与金融研究院。

8.4.2　10 年消费电子领域孕育众多中国核心资产

1. 摄像头：在模组封装、红外光滤片等领域竞争力较强

手机摄像头分为 CMOS（52%）、**模组封装（20%）**、**光学镜头（19%）**、音圈马达（6%）、**红外滤光片（3%）**。综合来看，CMOS、音圈马达领域主要为中国大陆以外厂商占据，模组封装、光学镜头、红外滤光片领域已被国产厂商逐步替代。

光学摄像头正从单纯追求像素向追求变焦能力转变，国内厂商迎来二次成长趋势。2010 年以来，智能手机背面主摄的主流像素从 500 万上升至 800 万像素，目前已经进入 1200 万像素及以上区间。随着智能手机摄像头整体进入高像素时代，华为另辟蹊径，2016 年推出首款双摄手机华为 P9，2018 年推出首款三摄手机华为 P20 Pro。双摄、三摄系统相对于原来单一摄像头，能够大幅提升画面质量和相机变焦能力。此外，苹果通过 ToF 方案实现 3D sensor。在单机多摄像头的趋势下，国内欧菲光、舜宇等企业迎来二次成长趋势。

光学镜头：大立光和舜宇光学双寡头竞争，瑞声科技进入前 5 名。大立光和舜宇光学市占率分别为 32.8%、23.6%，行业第 3 ～ 5 名厂商市占率均不超过 10%。其中瑞声科技已经进入前 5 名，市占率达 3.5%。

音圈马达：日本、韩国厂商占据市场。阿尔卑斯电气株式会社、三美电机、TDK 株式会社、三星机电市占率分别为 16.7%、13.9%、11.8%、11%，合计 53.4%。

红外滤光片：国产厂商水晶光电、五方光电、欧菲光成为世界龙头企业。红外滤光片行业前 3 名均为中国企业，市占率分别为 28%、23%、15%，合计占比 66%。

CMOS：索尼一家独大，韦尔股份通过并购切入。索尼在 CMOS 领域的市占率接近 50%，CMOS 领域专利数量远超其他竞争对手，第二名三星的市占率仅为 19.8%。2019 年，韦尔股份收购美国豪威科技，自此成为 CMOS 领域第三名，市占率为 11.2%。

模组封装：鸿海精密、舜宇光学、欧菲光、丘钛科技逐步替代境外制造商。模组封装处于手机摄像头行业中游，此前主要为韩国和中国台湾企业垄断。近年来中国大陆制造商逐步兴起，中国台湾企业将工厂迁往中国大陆。鸿海精密、舜宇光学、欧菲光、丘钛科技市占率分别为 11%、9%、9%、4%。

各领域公司情况如表 8-5 所示。

表 8-5 各领域公司情况

光学镜头（19%）：龙头企业毛利率为 70% 左右

市场排名	公司名称	市占率（%）	市值（10 亿美元）	ROE（%）
1	大立光	32.8	224	22.7
2	舜宇	23.6	190	27.0
3	康达智	5.9	—	—
4	玉晶光	5.1	22	11.9
5	瑞声科技	3.5	106	20.1

音圈马达（6%）：龙头企业毛利率为 40% 左右

市场排名	公司名称	市占率（%）	市值（10 亿美元）	ROE（%）
1	阿尔卑斯电气株式会社	16.7	51	6.1
2	三美电机	13.9	5	—
3	TDK 株式会社	11.8	148	9.4
4	三星机电	11	3 097	18.3

红外滤光片（3%）：龙头企业毛利率为 35% 左右

市场排名	公司名称	市占率（%）	市值（10 亿美元）	ROE（%）
1	水晶光电	28	27	12.1
2	五方光电	23	10	16.2
3	欧菲光	15	61	—

CMOS（52%）：龙头企业毛利率为 50% 左右

市场排名	公司名称	市占率（%）	市值（10 亿美元）	ROE（%）
1	索尼	49.2	836	24.5
2	三星	19.8	3 097	18.3
3	韦尔股份	11.2	178	8.5
4	安森美半导体	5.8	100	19.8
5	海力士	2.5	592	33.2
6	意法半导体	2.3	241	20.2

模组封装（20%）：龙头企业毛利率为 10% 左右

市场排名	公司名称	市占率（%）	市值（10 亿美元）	ROE（%）
1	LG innotek	12	2 863	7.7
2	三星机电	12	3 097	18.3
3	鸿海精密	11	420	10.7
4	舜宇光学	9	190	27.0
5	欧菲光	9	61	—
6	丘钛科技	4	19	0.7

注：市值截至 2019 年 12 月 31 日；ROE 为 2018 年年报数据；对于市占率数据，光学镜头截至 2018 年，音圈马达截至 2017 年，红外滤光片截至 2017 年，CMOS 截至 2019 年，模组封装截至 2018 年。

资料来源：Wind，Yole，前瞻产业研究院，IHS Markit，兴业证券经济与金融研究院整理。

2. 面板：中游制造环节，京东方逐步突围

LCD、OLED 面板产业链较长，中游制造环节迁移至中国。LCD 和 OLED 是目前主流的显示技术，OLED 相对于 LCD 具有自发光、广视角、几乎无穷高的对比度、较低耗电、极高反应速度等优点，[○]其中柔性 OLED 适应当前全面屏、曲面屏趋势，是显示技术的主要发展方向。

第一，面板上游的制造设备、材料等领域短期难以实现全面替代，多为日韩企业垄断。第二，中国加快投资面板中游制造环节，其他企业主动迁移、退出，以京东方为代表的中国企业已经成为世界龙头企业。

大尺寸面板行业渐趋成熟、稳定，未来全球 LCD 新增产能主要来自 10.5 代线。寡头已然形成，行业格局趋于稳定，因此周期波动也将明显好于以往。中国在面板行业的地位已发生根本改变，京东方已经成为全球大尺寸 LCD 龙头企业。对于小尺寸面板行业的核心资产，主要看全面屏和柔性 OLED 趋势。就投资标的而言，我们推荐京东方和深天马，前者是大尺寸面板的龙头企业，后者是小尺寸面板的龙头企业，且 AMOLED 量产进度均处于领先的位置。

三星显示公司 RGB OLED 面板产能将从 2017 年的 770 万平方米增至 2022 年的 1660 万平方米。预计到 2022 年，韩国面板制造商在全球 AMOLED 产能中所占的比重将从 2017 年的 93% 下降至 71%。中国面板厂商份额有望逐步提升。

3. 电源管理：中国大陆企业成为模组环节龙头企业

电池：Pack 环节德赛电池、欣旺达替代中国台湾厂商成为全球龙头企业。手机电池主要成本为电芯（50% 以上），上游主要参与者为日韩厂商，Pack 模组属于中游制造环节。2015 年以来，中国大陆的德赛电池、欣旺达替代中国台湾的新普、飞毛腿、顺达成为全球电池 Pack 环节龙头企业。欣旺达市占率 20% 左右，德赛电池市占率略低于欣旺达。在过去的发展中，德赛电池和欣旺达深度绑定苹果产业链，2018 年德赛电池的第一大客户占比达 50.4%。

无线充电：立讯精密、安洁科技占据模组环节重要地位。无线充电作为近年来较为热门的行业，仍然处于起步阶段，行业格局待观察。无线充电产业链主

　○　参见《OLED 和 LCD 的优缺点，OLED 与 LCD 的区别差异》。

要包括以下方面。[○]

- **方案设计**：难度大，以海外下游应用厂商为主，国内信维通信、中兴通讯逐步切入。
- **电源芯片**：处于半导体产业中上游，IDT 处于全球领先地位。
- **磁性材料**：国内诸多企业占有一席之地。
- **传输线圈**：取决于厂商精密加工和上下游衔接能力，立讯精密等企业占据先发优势。
- **模组制造**：国内立讯精密、安洁科技为苹果无线充电模组主要厂商。

4.其他：玻璃、声学等细分领域密切关注具备核心资产潜力公司

玻璃盖板：**蓝思科技深度绑定苹果，逐步开拓国产厂商市场**。蓝思科技主要为玻璃盖板生产商，上游为玻璃基板（康宁公司）、油墨等各类材料、设备，核心资产包括 2/2.5/3D 玻璃、炫彩玻璃、蓝宝石、陶瓷等加工制造技术。在市场格局方面，蓝思科技与伯恩光学接近双寡头格局，市占率 30% ～ 40%。在成长过程中，蓝思科技与其他国内外手机厂商合作，如华为、三星。

声学部分：**歌尔股份、瑞声科技、立讯精密 3 家市占率较高**。①上游为晶圆制造和芯片制造封装，主要为海外公司占据，MEMS 麦克风龙头企业楼氏（Knowles）由索尼代工，歌尔股份和瑞声科技由英飞凌代工。音频 IC 龙头企业则包括 Cirrus Logic、高通、德州仪器等。②中游包括麦克风、微型扬声器、受话器。苹果产品声学部件由瑞声科技（市占率约 40%）、歌尔股份（市占率约 40%）、立讯精密（收购美律，市占率约 20%）三寡头生产，老牌楼氏已于 2016 年退出苹果供应链。

细分市场格局如表 8-6 所示。

表 8-6　MEMS 麦克风、音频 IC、微型扬声器、苹果产品声学部件市场格局

MEMS 麦克风（2017 年）			音频 IC（2015 年）		
排名	公司名称	市占率（%）	排名	公司名称	市占率（%）
1	楼氏	40	1	Cirrus Logic	35
2	歌尔股份	20	2	高通	18
3	瑞声科技	10	3	德州仪器	12
4	其他	30	4	其他	35

○　参见《浅析无线充电产业链格局》。

（续）

微型扬声器（2015 年）			苹果产品声学部件（2018 年）		
排名	公司名称	市占率（%）	排名	公司名称	市占率（%）
1	瑞声科技	10～15	1	瑞声科技	40
2	楼氏	10	2	歌尔股份	40
3	BSE	10	3	立讯精密	20
4	其他	65			

资料来源：IHS，Yole，QYResearch，兴业证券经济与金融研究院整理。

8.4.3　有望持续诞生 TMT 核心资产的领域

2019 年 11 月，中国 5G 率先正式商用，围绕 5G 核心技术的全产业链革新浪潮开启。参考"技术—产品—应用"的投资逻辑，未来 5 年中国电子通信产业的核心资产有望随 5G 趋势起舞。

5G 产业链全景如图 8-8 所示。

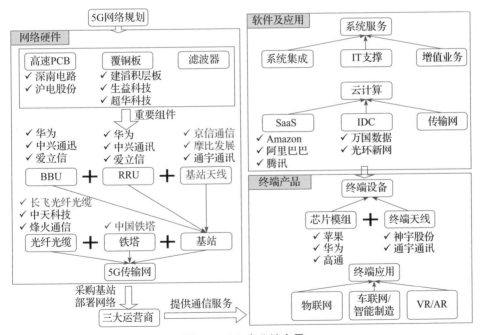

图 8-8　5G 产业链全景

资料来源：兴业证券经济与金融研究院通信组整理。

1.通信设备：4G、5G 的建设让中国通信设备商有一席之地

5G 建设：2020 年是 5G 建设放量之年。 2020 年 5G 建设的无线侧支出有望在 2019 年的基础上继续迅速爬升。5G 网络设备侧最显著的投资机会集中在通信行业的主设备上，上游的设备 PCB、光器件 / 模块等也有望受益。

5G 是中国国家科技产业政策最为重视的领域， 2019 年 11 月 3 大通信运营商正式推出 5G 商用。据三方预测，2019 年中国大约建设 5G 基站 12 万座，2020 年有望达到 60 万座，投资建设高峰可能在 2022 年，对通信设备厂商接下来 3 ～ 5 年的业绩将产生渐进式驱动。

4G 时代华为和中兴通讯逐步成长为世界龙头企业，在 5G 时代占据先机。 5G 基站主要包括 BUU、RRU、天馈系统等部分。与 4G 基站相比，5G 基站在数量（覆盖密度 3 ～ 4 倍）、单价上都有明显提升。在市场份额方面，2018 年华为（26%）、爱立信（29%）、诺基亚（23.4%）、中兴通讯（11.7%）、三星（5%）合计市占率达 95.1%，共同垄断通信设备行业。华为、中兴通讯在中国对 5G 产业政策的大力扶持下，有望占得先机。

2.PCB 制造：全球 PCB 制造地孕育优质企业

PCB 下游应用广泛，中国已经成为全球最大的 PCB 制造地区。 PCB 下游应用主要包括计算机（26.2%）、手机（23.7%）、其他消费电子（13.2%）、汽车（9.1%）等；通信作为其中细分板块，占比为 4.3%。PCB 制造产业经历了两轮迁移，即"美国—日本、韩国及中国台湾地区"和"日本、韩国及中国台湾地区—中国大陆"。2017 年中国大陆 PCB 产值占全球的 50% 左右，中国的鹏鼎控股（占前 20 家中 12.7%）、东山精密（占前 20 家中 4.2%）、深南电路、沪电股份位居前列。

PCB 制造属于技术密集型，进入壁垒很高，封装基板定位高端 PCB，技术工艺难度更高。 在 PCB 制造过程中，线宽、孔径、干扰、对准、电镀等方面的精细要求是化学、机械、光学、材料等多学科的高度融合。优质、领先生产工艺的实现不仅仅是购置昂贵、高档的设备这么简单，更需要经年累月的技术探索、积累以及源于一次次成功或失败经验教训的总结和沉淀。在电子信息产品更小、更轻、更薄却功能更强大的今天，封装基板需要在高集成、高密度、高散热、高

耐热、环境友好等方面精益求精。

目前全球的 PCB 企业数量在 2800 家左右，日本、欧美、韩国和我国台湾地区的 PCB 企业多以高附加值、高复杂性的高端 PCB 和封装基板产品为主，中国大陆 PCB 企业的整体技术水平仍与上述国家和地区厂商存在一定差距。在中国大陆 PCB 产业升级、规模扩张的进程中，深南电路无疑是一众企业中的佼佼者和领头羊。**据 Prismark 统计，全球前 30 大 PCB 厂商中深南电路不仅凭借超过 1% 的市占率位列 21，而且是 TOP30 企业中唯一的内资厂商。**全球排名居前的企业大部分以面向终端的消费电子级 PCB 产品为主，而深南电路则主攻以通信设备为代表的企业级市场。差异化的竞争策略有望为深南电路赢得更加广阔的发展空间，在不同的应用领域和国际巨头一较高下。

PCB 部分上市公司情况如表 8-7 所示。

表 8-7　PCB 部分上市公司情况

证券简称	典型特征	主导产品
深南电路	业务体系完善、技术领先	高频、高速、高密度、高多层中高端 PCB、背板、金属基板、HDI、刚挠结合板、封装基板、电子装联
沪电股份	通信板业务领先	14～28 层通信板、汽车板、HDI
景旺电子	盈利能力突出	以刚性板为主，拓展刚挠结合板、金属基板
兴森科技	国内小批量样板龙头	小批量 PCB、样板、SMT
超声电子	HDI 技术先进	双面、多层 PCB、超声板、液晶用 PCB、特种 HDI
崇达技术	多品种、小批量、短交期	厚铜板、刚挠结合板、HDI
博敏电子	以 HDI 为核心	HDI、单双面板、多层板
依顿电子	专注高精度多层 PCB	2 层、4 层、6 层、8 层 PCB

资料来源：兴业证券经济与金融研究院整理。

3. 5G 视频通信：企业级通信发展空间仍然巨大

5G 衍生应用端的企业级通信发展空间仍然巨大。5G 应用拓展性极强，高效率、低成本特性为北斗、IP 终端和 VCS 视频等带来巨大发展空间。

2026 年，全球 SIP 终端市场有望达到 205 亿元。根据 Frost & Sullivan 数据，当前全球 IP 终端渗透率不到 20%，其中美国、德国等国家渗透率较高，但是也不超过 30%，而中国等发展中国家的渗透率尚不足 10%。行业未来有望维持 15%～20% 的增速水平，2026 年市场规模可能达 205 亿元，为 2018 年的 2.5 倍。

VCS 视频是比 IP 终端更大的市场，约为 IP 终端市场规模的 5 倍。据 Frost & Sullivan 统计，2010 年全球视频会议市场规模约为 21 亿美元，至 2015 年达到 45 亿美元（2015 年全球 IP 终端市场规模为 8 亿美元），年均复合增速为 17%，到 2019 年有望达到 79 亿美元。

在市场格局方面，亿联网络是 SIP 终端的全球龙头企业，市占率不断提高，现在大约维持在 20%。对于 VCS 市场，亿联网络是 2015 年新进入的，2017 年、2018 年 VCS 营业收入增速接近 100%，快速抢占市场份额。

4. 5G 娱乐：云游戏、AR/VR、互动剧发展

5G 刺激云游戏快速发展、商业模式变革，市场蛋糕被重新划分。在云游戏方式下，游戏并不在玩家游戏终端而是在云端服务器中运行，因此性能有限的终端设备能够运行超高品质游戏，促使手游质量质变。2019 年，腾讯、华为、网易、联通、移动等纷纷进军云游戏领域。随着 5G 牌照发放，云游戏有望加速落地。按兴业证券经济与金融研究院传媒组测算，云游戏技术下手游市场规模有望达到 3562.65 亿～ 3638.71 亿元。云游戏带来的最大影响是重新分配市场蛋糕。**①渠道方**：移动端发行渠道重构，游戏或将即点即玩，传统移动商店或将被分流甚至取代，手机厂商有望向发行方延展。**②发行方**：云游戏时代将有更多流量触达游戏，流量端议价能力或将下降，利好发行方。**③研发方**：即点即玩降低下载门槛，利好有创意的游戏研发商，优质游戏研发商将获得更大的话语权。

5G 有望解决当前 VR/AR 痛点，提升体验感、推动普及。① 5G 技术对虚拟现实的网络传输领域起着重要的推动作用，以 5G 为核心的移动端技术标准将有效提升网络传输速率。② 5G 技术的低时延、高精度和连接数密度等指标的优化以及云算力的提升有助于提高渲染处理能力。③硬件的体验升级有助于促进内容制作的发展。2018 年全球虚拟现实市场规模超过 700 亿人民币，同比增长 126%。其中 VR 整体市场规模超过 600 亿元，AR 整体市场规模超过 100 亿元，预计 2020 年全球虚拟现实市场规模将超过 2000 亿元（其中 VR 1600 亿元，AR 450 亿元），2017 ～ 2022 年全球虚拟现实市场规模年均复合增速超过 70%，VR 占据主体地位，AR 增速显著。微软、Google、苹果、Facebook 及华为已进驻 AR/VR 软硬件市场，推出相关产品。

5. 云计算产业：行业高度景气，国内产业链加速前进

5G 时代应用端有望出现重大变革、加速渗透，带来 Iaas/SaaS 的全产业链机会。云计算市场近几年已经风起云涌，无论是市场规模还是技术成熟度均呈现快速提升的趋势。据 Gartner 预计，全球云计算市场在 2020 年将达到 4114 亿美元的规模。云计算技术的优越性在于通过构建灵活的资源共享池，能够有效保证资源的高效利用。目前国内云计算主要以游戏、视频、电商和社交等"To C"端为主。随着金融和医疗、工业等实体行业逐渐接入，云计算将有望在新"To B"领域迎来更快速的增长。

作为云计算 IT 资源的载体，数据中心（Internet Data Center，IDC）的发展有望提振。在行业格局方面，超级数据中心主要由国内外巨头参与，美国的大规模数据中心占据全球接近一半的份额，主要掌握在 Google、Amazon、Facebook、微软等龙头企业手中。国内百度、阿里、腾讯等已加入全球 IDC 行业市场，虽然资本开支的复合增速在 50% 以上，但是由于起步晚、基数低，所以绝对数仍处于较低水平。

我们主要从 A 股上市公司的角度对 TMT 板块中的案例进行分析。如果从全球市场的角度来看，以阿里、腾讯、华为为代表的中国 TMT 核心资产已经在世界舞台上占领了重要的位置。随着中国"大创新时代"的来临，未来我国必将有越来越多的 TMT 公司成长为全球核心资产。

第 9 章

金融地产板块核心资产研究

　　现在，我们分析在国民经济中具有牵一发而动全身的作用、盈利占全行业总盈利比重一半的金融地产板块。金融地产本质上属于生产性服务业，同属于这一领域的还有交通运输业。不过，从 A 股投资特性来看，交通运输业中的航空、航运、铁路等子行业周期品属性很强，我们已经在周期品行业中分析过了，机场也在消费品板块一章中分析过了。而且交通运输无论从收入利润的占比还是从对经济整体的反作用来看，远远不能和金融地产板块相提并论，因此我们把金融地产板块单列一章进行阐述。A 股中的金融行业包括银行、非银金融，其中的非银金融包含券商、保险等重要子行业。虽然在当前宏观增速放缓的市场环境下，很多国内投资者对金融股和地产股都不感兴趣，甚至觉得这些是"夕阳"行业，但实际上在全球资本市场中，金融板块（很多国家把地产也算在大金融板块中）都是核心资产诞生的集中土壤。不但在欧美发达市场中，即使在印度、巴西、南非、俄罗斯等新兴市场中被外资重点盯上且下重手买入的，也绝对不乏金融地产板块的优质龙头，巴菲特也对金融股情有独钟。

9.1　行行出状元，传统金融也有核心资产

9.1.1　受"冷落"的传统板块

2016 年 5 月，兴业证券策略团队发布市场第一篇论述核心资产的专题报告《核心资产：股票中的"京沪学区房"》，前瞻性地指出从宏观经济层面来说，核心资产是在整个国民经济中占有最重要地位的行业；从企业层面来说，核心资产是拥有持续性创造超额收益或竞争优势的企业；从二级市场层面来说，核心资产就是全市场中最具成长性或竞争优势的代表，就像京沪地区的学区房，拥有较小的下行风险但升值空间巨大。**对于核心资产的讨论不能局限在大市值特征或者某一领域中，各行业都有可能出现核心资产，金融行业来说也不例外。**

在我国资本市场中，金融板块受到的关注度较低。我国直接融资市场发展不完善，养老金、险资以及以公募为代表的专业长线资金占比相对欧美发达市场较低，市场参与者主要以个人投资者为主，机构投资者占比低。同时，由于宏观经济较强的周期性，A 股市场参与者更偏好短期、弹性较大的个股，市值较高的金融板块由于弹性差而一直关注度较低。如图 9-1 和图 9-2 所示，近年来只有

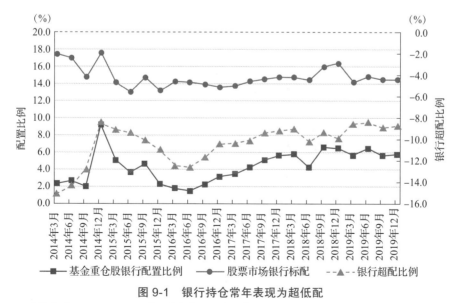

图 9-1　银行持仓常年表现为超低配

资料来源：Wind，兴业证券经济与金融研究院整理。

在 2014 ～ 2015 年的牛市行情下，金融板块持仓才接近标配水平，剩余时间基本表现为超低配。

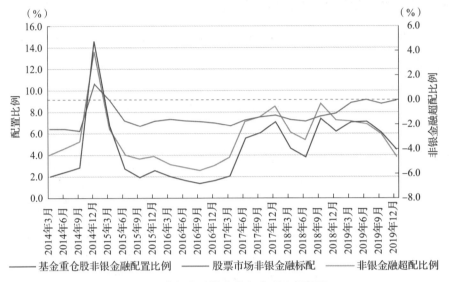

图 9-2　非银金融持仓常年表现为超低配

资料来源：Wind，兴业证券经济与金融研究院整理。

随着长线资金占比的提升，长期价值投资理念的建立促使金融等基本面优秀的高市值板块迎来估值切换的空间。从 GPFG、加拿大养老金管理机构等海外优秀机构投资者的配置角度来看，金融均是其重仓板块。这些优秀的海外机构进入中国，有助于重塑国内投资者的投资理念。

9.1.2　外资眼中的"香饽饽"

虽然银行股对国内投资者缺乏吸引力，但是对成熟的海外投资者来说，金融是持仓的重要构成。

1. CPPIB 对金融板块情有独钟

加拿大最大的养老金管理机构——加拿大养老投资管理局（Canada Pension Plan Investment Board，CPPIB）是全球领先的专业投资管理机构，投资业绩在养老金管理机构中常年"傲视群雄"。自 2009 年起，CPPIB 通过投资累计获得了 1520 亿加元净收益。如图 9-3 所示，CPPIB 投资组合年均收益率约 11.1%，剔除通胀后的实际收益率为 9.2%，其中股权投资是收益的主要来源。2018～2019 年，CPPIB 各类资产回报率如图 9-4 所示。

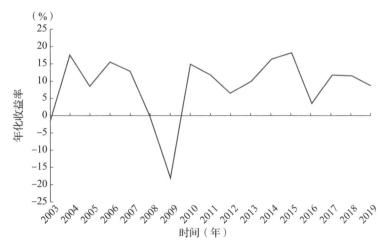

图 9-3　2003～2019 年 CPPIB 投资组合收益率

资料来源：CPPIB，兴业证券经济与金融研究院整理。

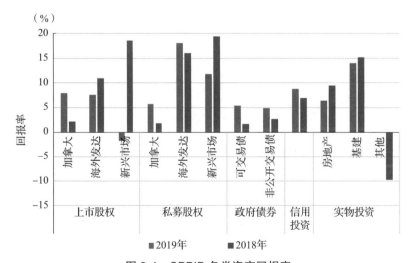

图 9-4　CPPIB 各类资产回报率

注：实物投资中的其他主要包括资源与农业等大宗商品。

资料来源：CPPIB，兴业证券经济与金融研究院整理。

　　从行业分布的角度来看，不管是上市权益类资产还是私募股权市场，CPPIB 都对金融行业偏好程度较高。如图 9-5 和图 9-6 所示，CPPIB 金融上市股权持仓占比约 25%，金融私募股权持仓占比高达 40%。此外，上市与私募股权资产配置差别较大的行业是能源，上市股权持仓占比约 3.5%，排名倒数第三，而私募股权持仓占比为 16.3%，仅次于金融。

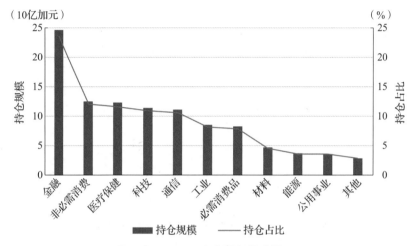

图 9-5　CPPIB 上市股权持仓情况

资料来源：CPPIB，兴业证券经济与金融研究院整理。

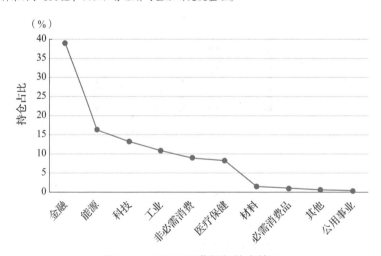

图 9-6　CPPIB 私募股权持仓情况

资料来源：CPPIB，兴业证券经济与金融研究院整理。

如果我们进一步来看 CPPIB 重仓个股情况，会发现其前 10 大重仓上市公司中金融相关的就占到 4 个，包括印度的科塔克 – 马亨德拉银行、中国香港的友邦保险、美国的金融信息服务咨询公司 IHS Markit 以及万事达信用卡（见表 9-1）。

表 9-1　CPPIB 前 10 大重仓上市公司

公司	国家	持仓数（千股）	持仓市值（100 万加拿大元）
科塔克 – 马亨德拉银行	印度	11 5164	2 964
腾讯	中国	44 238	2 718
阿里巴巴	中国	11 096	2 705
Alphabet	美国	1 547	2 432
台积电	中国	179 370	1 909
Facebook	美国	7 256	1 616
IHS Markit	美国	21 982	1 597
友邦保险	中国	115 079	1 531
欧莱庭集团	法国	9 374	1 505
万事达信用卡	美国	4 416	1 389

资料来源：CPPIB 2019 annual report，兴业证券经济与金融研究院整理。

2. GPFG 常年重仓金融板块，比例超过 25%

GPFG 资金源于石油收入，全部投资于挪威以外国家及地区。自 1998 年由挪威中央银行（NBIM）成立并正式管理，GPFG 已产生 4.4 万亿挪威克朗投资收益，超过挪威政府的财政转移拨款 3.38 万亿挪威克朗，预计 2025 年规模将接近 11 万亿挪威克朗（见图 9-7）。截至 2019 年 3 月 31 日，1999 ～ 2019 年的年化收益率 9.81%，扣除管理费用和通胀影响后的实际年化收益率约 7.88%（见图 9-8）。

从行业分布的角度看权益资产配置情况，GPFG 对金融板块偏好显著。如图 9-9 所示，截至 2018 年 12 月，GPFG 前 10 大股权投资行业（按持仓占比由高到低）分别为金融（23.7%）、工业（12.9%）、科技（12.6%）、消费品（11.9%）、医疗保健（11.4%）、服务（10.8%）、油气（5.9%）、材料（5%）、通信（3%）、公用事业（2.8%）。

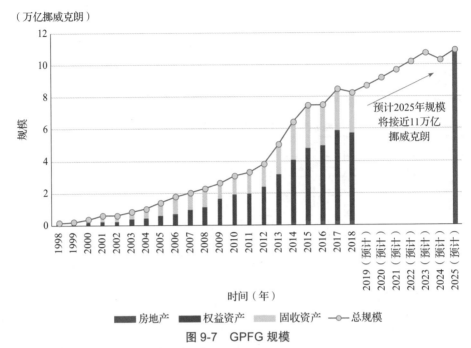

图 9-7　GPFG 规模

资料来源：NBIM，兴业证券经济与金融研究院整理。

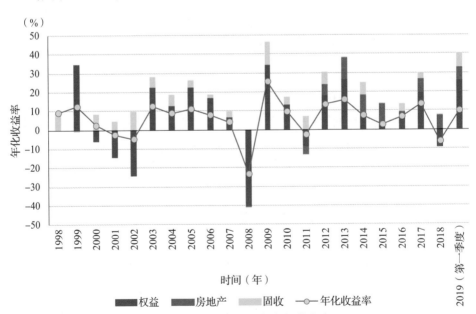

图 9-8　GPFG 近 20 年年化收益率

资料来源：NBIM，兴业证券经济与金融研究院整理。

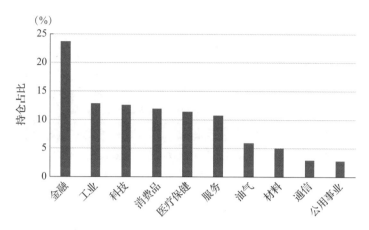

图 9-9 2018 年 GPFG 前 10 大股权投资行业

资料来源：NBIM，兴业证券经济与金融研究院整理。

我们将时间拉长至过去 20 年，GPFG 整体配置并未出现较大波动。如图 9-10 和图 9-11 所示，金融和工业始终是 GPFG 重点关注的领域，其中金融板块的持仓比重一直较高。GPFG 对于科技、医疗健康以及消费服务这一类新兴产业的配置比例有所上升，而油气、通信以及原材料等传统行业略有下降。

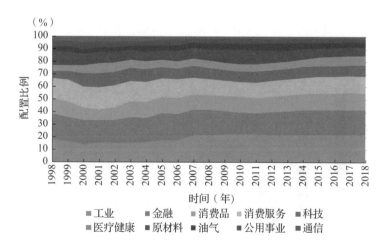

图 9-10 GPFG 过去 20 年行业配置（按公司数量）

资料来源：NBIM，兴业证券经济与金融研究院整理。

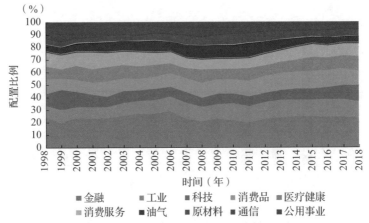

图 9-11　GPFG 过去 20 年行业配置（按持仓规模）

资料来源：NBIM，兴业证券经济与金融研究院整理。

在投资中国时，GPFG 对于金融板块的热情有增无减。GPFG 自 2003 年起开始进军中国市场，并于 2006 年 10 月成为第二批 QFII 之一，至今已累计获得 25 亿美元额度，是我国第五大 QFII 机构。目前中国企业已成为 GPFG 第三大投资地，这也意味着中国市场对其收益率的影响极其显著。根据 GPFG 2018 年年报，253 家中国企业榜上有名。从持仓市值来看，GPFG 对中国市场以四大国有银行为代表的金融企业较为关注。值得注意的是，金融行业在 GPFG 持有的中国企业行业分布中占据主导地位（见图 9-12）。在 GPFG 持仓前 10 大中国公司中金融企业占据了 7 席（见表 9-2）。

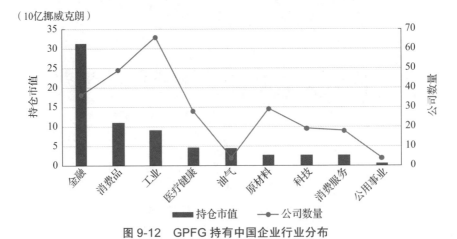

图 9-12　GPFG 持有中国企业行业分布

资料来源：NBIM，兴业证券经济与金融研究院整理。

表 9-2　GPFG 持仓前 10 大中国公司

证券简称	公司名称	行业	持仓市值（挪威克朗）
工商银行	Industrial & Commercial Bank of China	金融	7 601 900 015
中国平安	Ping An Insurance Group Co of China	金融	6 905 252 393
中国银行	Bank of China	金融	3 531 860 860
招商银行	China Merchants Bank	金融	3 406 688 174
中国石化	China Petroleum & Chemical	油气	2 396 047 999
中国人寿	China Life Insurance	金融	1 863 401 700
中国石油	PetroChina	油气	1 859 241 955
贵州茅台	Kweichow Moutai	消费品	1 305 767 460
农业银行	Agricultural Bank of China	金融	1 189 818 281
万科 A	China Vanke	房地产	1 109 041 553

注：NBIM 未披露具体为 A 股还是 H 股。

资料来源：NBIM，兴业证券经济与金融研究院整理。

3. 陆股通加速抢筹 A 股大金融板块

从陆股通的配置结构来看，银行和非银金融两大板块配置比例始终排名靠前（见图 9-13）。不同于市场认为外资偏好食品、家电行业，实际上近两年来外资配置传统食品饮料、家电、电子行业的比例有所下降，而对银行的关注度出现了明显提升，2017 ～ 2019 年外资配置银行板块的比例涨幅超过 3%，位居全行业之首。

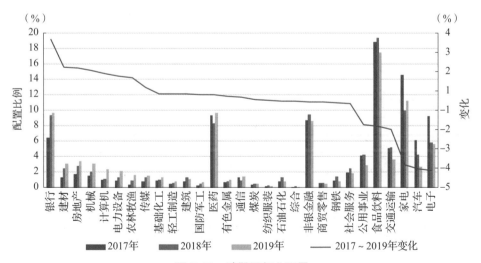

图 9-13　陆股通行业配置

资料来源：Wind，兴业证券经济与金融研究院整理。

4. 巴菲特爱可口可乐，爱苹果，但更爱金融

市场对"股神"沃伦·巴菲特最深刻的印象除了持有可口可乐超过 30 年，就是对苹果押下的最大单笔赌注。前者可谓是巴菲特最为成功的投资案例：自 1988 年首次买入 10 亿美元之后，他在 1989 年继续加仓至 13 亿美元。截至 2019 年，这部分持仓市值已经超过 220 亿美元。也就是说除去股息，巴菲特在可口可乐上获得了超过 17 倍的投资收益。而对于后者来说，巴菲特自 2016 年开始以 658 亿美元大举投资苹果后，苹果的持仓占比持续维持在其投资组合前两位，目前收益超过一倍。

但实际上，金融相关企业已经在巴菲特的持仓中占据了"半壁江山"。在 2019 年初《致股东的公开信》中，巴菲特公布了 2019 年伯克希尔 – 哈撒韦前 10 大重仓股，除了苹果、可口可乐与达美航空，其他的都是金融相关股票。伯克希尔 – 哈撒韦近 40 年来的重要持仓如表 9-3 ～表 9-7 所示，我们可以发现最重要的变化是其持股从多样化向金融领域集中。

表 9-3　2019 年伯克希尔 – 哈撒韦前 10 大重仓股

公司	行业	持仓数（亿股）	持仓占比（%）	持仓成本（亿美元）	持仓市值（亿美元）
美国运通	金融	1.52	18.70	12.87	188.74
苹果公司	科技	2.51	5.70	352.87	736.67
美国银行	金融	9.48	10.70	125.60	333.80
纽约梅隆银行	金融	0.81	9.00	36.96	41.01
可口可乐	快消	4.00	9.30	12.99	221.40
达美航空	航空	0.71	11.00	31.25	41.47
摩根大通	金融	0.60	1.90	65.56	83.72
穆迪	金融	0.25	13.10	2.48	58.57
美国合众银行	金融	1.49	9.70	57.09	88.64
富国银行	金融	3.46	8.40	70.40	185.98

资料来源：伯克希尔 – 哈撒韦，兴业证券经济与金融研究院整理。

表 9-4　2009 年伯克希尔 – 哈撒韦前 13 大重仓股

公司	行业	持仓数（亿股）	持仓占比（%）	持仓成本（亿美元）	持仓市值（亿美元）
美国运通	金融	1.52	0.13	12.87	61.43
比亚迪	汽车	2.25	0.10	2.32	19.86
可口可乐	快消	2.00	0.09	12.99	114.00
康菲石油	能源	0.38	0.03	27.41	19.26

（续）

公司	行业	持仓数（亿股）	持仓占比（%）	持仓成本（亿美元）	持仓市值（亿美元）
强生	医疗	0.29	0.01	17.24	18.38
卡夫	快消	1.30	0.09	43.30	35.41
浦项制铁	钢铁	0.04	0.05	7.68	20.92
宝洁公司	快消	0.83	0.03	5.33	50.40
赛诺菲·安万特	医疗	0.25	0.02	20.27	19.79
乐购公司	零售	2.34	0.03	13.67	16.20
美国合众银行	金融	0.77	0.04	23.71	17.25
沃尔玛	零售	0.39	0.01	18.93	20.87
富国银行	金融	3.34	0.07	73.94	90.21

资料来源：伯克希尔 – 哈撒韦，兴业证券经济与金融研究院整理。

表 9-5　1999 年伯克希尔 – 哈撒韦前 6 大重仓股

公司	行业	持仓数（亿股）	持仓成本（亿美元）	持仓市值（亿美元）
美国运通	金融	5 053.69	14.70	84.02
可口可乐	快消	20 000.00	12.99	116.50
房地美	金融	5 955.93	2.94	28.03
吉列公司	快消	9 600.00	6.00	39.54
华盛顿邮报	传媒	172.78	0.11	9.60
富国银行	金融	5 913.67	3.49	23.91

资料来源：伯克希尔 – 哈撒韦，兴业证券经济与金融研究院整理。

表 9-6　1989 年伯克希尔 – 哈撒韦前 5 大重仓股

公司	行业	持仓数（亿股）	持仓成本（亿美元）	持仓市值（亿美元）
资本城 /ABC	金融	300.00	5.18	16.92
可口可乐	快消	2 335.00	10.24	18.04
房地美	金融	240.00	0.72	1.61
盖可保险	金融	685.00	0.46	10.45
华盛顿邮报	传媒	172.78	0.10	4.86

资料来源：伯克希尔 – 哈撒韦，兴业证券经济与金融研究院整理。

表 9-7　1979 年伯克希尔 – 哈撒韦前 13 大重仓股

公司	行业	持仓数（亿股）	持仓成本（亿美元）	持仓市值（亿美元）
联合出版公司	传媒	28.97	282.10	880.00
阿美拉达赫斯公司	能源	11.25	286.10	548.70
美国广播公司	传媒	24.65	608.20	967.30
盖可保险	金融	573.01	2 828.80	6 804.50
通用食品公司	快消	32.87	1 143.70	1 105.30

（续）

公司	行业	持仓数（亿股）	持仓成本（亿美元）	持仓市值（亿美元）
汉迪哈曼公司	金属	100.75	2 182.50	3 853.70
埃培智	传媒	71.12	453.10	2 373.60
凯撒铝业	金属	121.18	2 062.90	2 332.80
媒体综合公司	传媒	28.25	454.50	734.50
奥美国际	传媒	39.14	370.90	782.80
安可保险公司	金融	95.38	2 386.70	3 552.70
华盛顿邮报	传媒	186.80	1 062.80	3 924.10
伍尔沃思公司	零售	77.19	1 551.50	1 939.40

资料来源：SEC，兴业证券经济与金融研究院整理。

伯克希尔－哈撒韦的长期收益率高得惊人。截至 2019 年底，伯克希尔－哈撒韦持仓市值 2480 亿美元，涨幅约 44%，相对同年标普 500 的 29% 来说获得了近 15% 的超额收益，而伯克希尔－哈撒韦自身的股价（A 类）却仅录得 11% 的收益，未跑赢市场。但我们拉长时间来看，1965 年至今伯克希尔－哈撒韦（A 类）的股价涨幅接近 120 倍，而标普 500 涨幅仅 10 倍左右，两者相差巨大（见图 9-14）。这很好地说明了检验投资成败的唯一标尺，即只有保证长期收益率才能成为市场的王者。

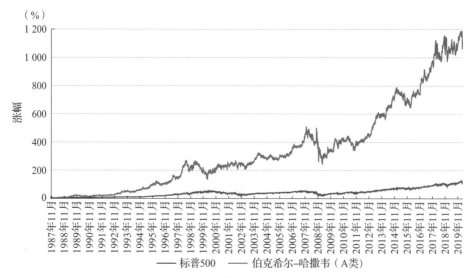

图 9-14　伯克希尔－哈撒韦（A 类）及标普 500 涨幅

资料来源：Wind，兴业证券经济与金融研究院整理。

9.1.3 "资产荒"带来金融板块新机遇

金融本质上并不会单独创造价值，更多的是承担提供服务配套的角色，因此宏观经济的发展对金融行业的影响举足轻重。当潮水退去后，才知道谁在裸泳。大环境的动荡对一部分企业来说是艰难的，但对于核心资产来说却是机会。乱世出英雄，龙头企业能诞生不仅在于自身的优秀，更在于能顺应大势。在研究金融板块核心资产之前，我们首先应明确宏观经济的发展与行业的变化是如何造就这些龙头企业的。

1. 宏观经济新常态下，金融行业需要顺应发展趋势

（1）经济结构转型的背后需要相应的融资支持

我国当前金融供给相对充足，但服务实体经济效率低。2017 年，我国金融行业增加值占 GDP 的比重已达到 7.79%，高于美国、日本的 7.60% 和 4.13%，体现了我国当前金融供给相对充足的事实。然而近年来我国中小企业贷款同比持续下滑，民营企业仍存在融资难、融资贵等问题，金融服务实体经济的效率不高。

此外，新兴产业发展重要性提升，融资结构需要随之转换，发展直接融资是大势所趋。随着中国经济的支柱产业从过去的传统制造业逐步变为消费服务业，经济结构逐渐脱离过去以房地产、基建为主导的投资驱动模式，开始转向以消费服务、科技创新为导向的阶段。以存量法计算，2017 年中国的直接融资占比仅为 37%，而美国在 20 世纪 90 年代时直接融资占比已达到 59%，2017 年直接融资占比则高达 79%，远高于中国（见图 9-15）。新兴产业的融资风险偏好需求更高，银行的低风险偏好资金、信贷资金、间接融资模式不利于大面积直接支持新兴产业、民营企业。再融资放宽、并购重组放松、科创板与注册制试点等将使得未来资本市场在宏观经济中重要性明显提升，直接融资的需求将大幅提升。

在金融开放后，直接融资对日本企业 ROE 带来了明显改善，为中国提供了借鉴。2017 年，日本的直接融资占比达到 56%，是社会融资的主要来源。

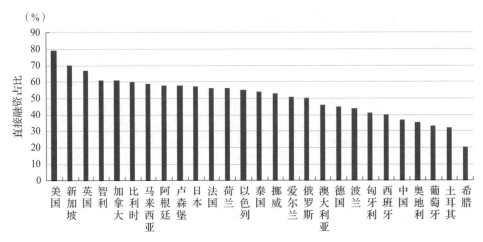

图 9-15　2017 年部分国家直接融资占比

资料来源：世界银行，BIS，兴业证券经济与金融研究院整理。

（2）消费升级：对消费金融的需求快速扩大

对比海外，我国消费还有较大提升空间。 20 世纪 70 年代以来，美日韩人均收入增长带动服务类消费在城镇居民消费支出中的占比快速上升，目前都接近或超过了 60%。而我国 1992 年食品类消费占比超过了 50%，到 2016 年已经降至 30% 以下，服装类消费的占比也从 14% 降至 8%。与此同时，我国服务类消费的占比则不断提升，医疗保健、交通和通信、文教娱乐的消费的占比也均有提升。如果根据细分项目对消费项目归类，2012 年我国服务类消费（其中商品和服务类消费均不包含"居住类"）的占比接近 40%，人均 GDP 和服务类消费占比的情况和韩国在 1990 年前后的情况接近。相比发达国家和地区的发展路径以及接近 60% 的服务类消费占比，我国服务类消费未来仍有提升空间。

互联网场景的普及加上消费升级为消费金融带来了广阔的空间。 随着互联网及移动互联网的发展，人们更注重品牌、品质，关注服务及个性化，习惯线上消费和超前消费。80 后、90 后逐渐成为消费主力，带动了消费金融的强需求。尽管零售银行服务在中国十分普遍，2017 年 80% 的消费者拥有银行账户，但如图 9-16 所示，消费金融渗透率仍相对偏低。图 9-17 显示 2017 年中国仅有 9% 的消费者曾向金融机构贷款，而美国则有 29%，这表明国内有庞大的融资需求尚未被传统贷款人提供的服务满足。

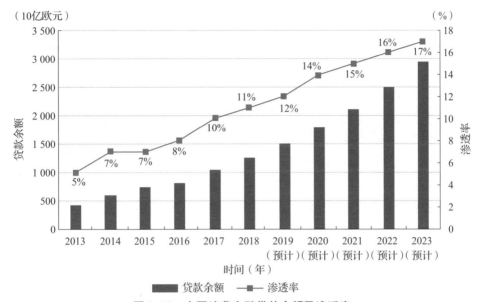

图 9-16　中国消费金融贷款余额及渗透率

资料来源：奥纬咨询公司、兴业证券经济与金融研究院整理。

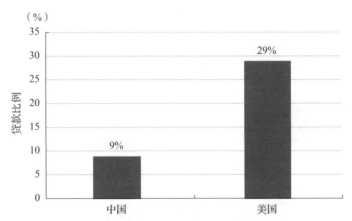

图 9-17　中美消费者向金融机构贷款比例（2017 年）

资料来源：奥纬咨询公司、兴业证券经济与金融研究院整理。

（3）打破刚兑，居民财富寻求再配置

金融供给侧结构性改革带来新一轮资产荒。资管新规打破刚兑、严控非标，银行理财规模增长停滞，信托、券商资管、货币基金规模缩水，P2P 天雷滚滚，房地产调控从严，一、二、三线城市房价稳定，房地产投资吸引力下降。2015～

2018年，市场上出现了大量无风险高收益产品，包括非标、信托、各种互联网金融等，造成金融资产的大量扭曲配置。现在这些扭曲已逐渐被市场重新定价，在金融供给侧结构性改革下逐渐打破刚兑是势在必行的趋势。

过去中国居民最重要的储蓄和投资手段事实上是不动产投资，房地产因此吸引了大量的长期资金。当前中国居民资产负债表中房地产的占比超过50%，远高于美国居民房地产占总资产比重的25%。在"房住不炒"的大背景下，房地产的资产属性将有所降低。同时随着社会老龄化压力渐增，我国居民财富结构将如美国居民金融资产结构一样变化，加大对养老金的配置。如图9-18所示，**目前美国居民部门中金融资产占比约七成，其中养老金占比约三到四成、直接持有股票占比不到两成；中国居民部门中金融资产占比四成，以银行存款为主导，与美国居民财富配置结构差距极高。未来房市的"长钱"有望逐步向权益市场转移。**

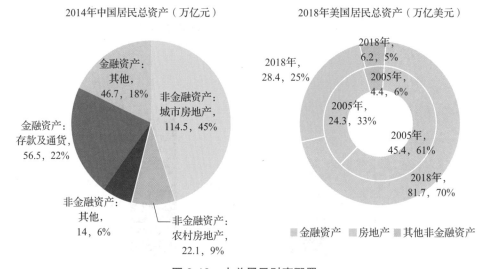

图 9-18 中美居民财富配置

资料来源：Wind，CEIC，兴业证券经济与金融研究院宏观组整理。

2. 监管新常态下，金融机构深耕主业与转型业务并行

自去杠杆以来，金融行业发展更为有序。 在银行理财方面，新老产品平稳过渡，非保本理财规模基本平稳，在20万亿～23万亿元内小幅震荡，净值型产品的占比逐渐提升。如表9-8所示，由于资管新规禁止多层嵌套及通道业务，券商

资管、信托资产余额、基金及其子公司专户业务等规模下降明显，2019 年 9 月底较 2017 年底分别下降 31.81%、16.19%、36.39%。公募基金、私募基金由于业务操作规范，受资管新规的影响较小，规模均实现双位数增长。不考虑交叉持有因素，2019 年 9 月底上述产品规模合计 94.66 亿元，较 2017 年底下降 9.04%。

表 9-8　金融去杠杆，各类资管发展更为有序

资管产品种类	2017 年规模（万亿元）	2019 年第三季度规模（万亿元）	变化（%）
信托资产余额	26.25	22.00	−16.19
银行非保本理财余额	22.17	22.18	0.05
公募基金	11.60	13.79	18.88
私募基金	11.10	13.63	22.79
券商资管	16.88	11.51	−31.81
基金及其子公司专户业务	13.74	8.74	−36.39
保险资管余额	2.08	2.68	28.85
期货资管	0.25	0.13	−46.32
合计	104.07	94.66	−9.04

资料来源：Wind，兴业证券经济与金融研究院宏观组整理。

（1）银行：非标回表，专注零售财富管理

鼓励非标业务回表，资本充足的银行受冲击较小。资管新规除了限制非标资产的增量外，还要求现有的存量非标资产逐步回表。由于表外的非标资产风险计提率仅为 20%，远低于表内的计提标准 100%，非标资产回表要求银行计提大量风险加权资产。根据资本充足率 = 资本净额 / 风险资产这一公式，为使资本充足率达标，银行需要补充资本金。

MPA 考核限制同业负债规模，调整流动性监管指标，规模大、流动性强的银行占优。为限制银行资金投向同业业务，自 2017 年第一季度起，监管机构将资产规模 5000 亿元以上的银行发行的 1 年以内同业存单纳入 MPA 同业负债占比指标，并于 2018 年 5 月引入 3 大流动性监管指标，将中小银行的流动性纳入监管框架。

规范银行理财业务，倒逼银行转型主动管理。资管新规对银行理财产品的开发提出了诸多限制，如打破刚兑、限制资金池、禁止期限错配等，倒逼银行摆脱对表外套利的依赖，通过主动管理，如吸引客户购买长期理财产品、控制资金

成本来增强盈利能力。客户基础好、成本控制能力强及长期理财产品设计能力强的银行将在竞争中占优。金融供给侧结构性改革对银行经营的影响如图 9-19 所示。

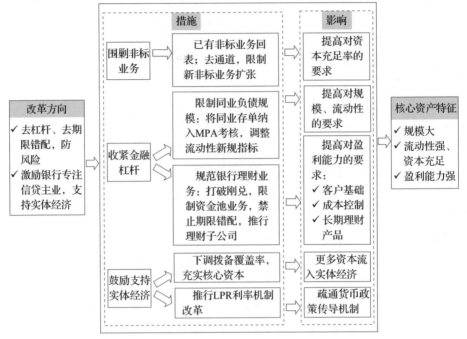

图 9-19　金融供给侧结构性改革对银行经营的影响

资料来源：兴业证券经济与金融研究院整理。

银行是零售财富管理的客户入口，多层次的资管产品可为银行提供助力。 银行发展零售财富管理业务并不是孤立的。一方面，银行理财子公司可继续与各类资管机构（如私募基金管理人）开展合作，借助外界提升决策能力和效率。另一方面，零售财富管理不仅包括银行理财业务，也包括各类资管产品的代销业务。资管业务的健康发展还可为银行代销业务提供多样的优质产品。对标国际，财富管理市场前景广阔，国内财富管理较强的招商银行，其财富管理收入占比与北美领先的财富管理型银行仍存在差距，中国财富管理是蓝海市场。

理财子公司可以帮助银行提高理财的专业化水平，同时也将加速银行业态势分化。 在新监管体系下，理财子公司优势明显，包括不设销售起点、可发行分级产品、可直接投资股票等，未来将是银行理财业务的主体形式。截至 2019 年底，已有 11 家银行理财子公司开业，6 家获批筹建，其中还包括首家外资银行理财子公司——汇华理财。此外，根据《商业银行理财子公司管理办法》，银行理财子公司的注册资本应当为一次性实缴货币资本，最低金额为 10 亿元，且必须为自有资金，这对中小银行来说是个门槛。目前从注册资本来看，四大行的理财子公司注册资本均在 100 亿元以上，股份行基本在 50 亿元以上，城商行、农商行则多为 10 亿～ 20 亿元（见表 9-9）。

表 9-9　银行理财子公司情况

银行	理财子公司	获批时间	开业时间	注册资本（亿元）
工商银行	工银理财	2019 年 2 月	2019 年 5 月	160
农业银行	农银理财	2019 年 1 月	2019 年 7 月	120
中国银行	中银理财	2018 年 12 月	2019 年 6 月	100
建设银行	建银理财	2018 年 12 月	2019 年 5 月	150
交通银行	交银理财	2019 年 1 月	2019 年 5 月	80
邮储银行	中邮理财	2019 年 5 月	2019 年 12 月	80
光大银行	光大理财	2019 年 4 月	2019 年 9 月	50
招商银行	招银理财	2019 年 4 月	2019 年 11 月	50
兴业银行	兴银理财	2019 年 6 月	2019 年 12 月	50
杭州银行	杭银理财	2019 年 6 月	2019 年 12 月	10
宁波银行	宁银理财	2019 年 6 月	2019 年 12 月	15
中信银行	信银理财	2019 年 12 月	未开业	50
平安银行	平安理财	2019 年 12 月	未开业	50
徽商银行	徽银理财	2019 年 8 月	未开业	20
南京银行	南银理财	2019 年 12 月	未开业	20
江苏银行	苏银理财	2019 年 12 月	未开业	20
东方汇理	汇华理财（外资）	2019 年 12 月	未开业	10
青岛银行	青银理财	2020 年 2 月	未开业	10
重庆农商行	渝农商理财	2020 年 2 月	未开业	20

资料来源：Wind，兴业证券经济与金融研究院整理。

　　综上所述，**金融供给侧结构性改革在鼓励商业银行服务实体经济的同时，也对银行经营提出了新要求。**资本充足、规模大、流动性强和盈利能力强的银行受到的监管冲击较小，有望成长为核心资产；规模小、对同业业务依赖性强、资本相对匮乏的城商行、农商行等则在政策冲击下陷入窘境，如发生信用危机后被接管的包商银行，以及为化解流动性风险而引入战略投资者的锦州银行等。

（2）券商：去通道化，专注主动管理和直接融资

限制通道业务鼓励券商提高主动管理能力。资管新规明确指出银行理财投非标资产只能对接信托通道，券商、基金子公司的资管计划将不能继续履行通道类职能，并严打非标资金池业务，倒逼券商摆脱对监管套利的依赖。同时，资管新规鼓励券商将旗下的集合资产管理计划变更为公募基金产品，提高主动管理能力。2019 年 8 月 5 日，东证资管旗下的东方红 7 号获批变更为"东方红启元灵活配置混合型"公募基金，成为首只获批改造为公募基金产品的券商集合资产管理计划。

新的监管体系倒逼券商开展多样化业务，强者恒强格局更稳固。对通道业务的限制，倒逼券商转变经营模式，由依赖通道业务到发展更多样化的业务，如融资融券、衍生品、直投、场内场外交易等，对券商的资本、资质、风险管理能力等都提出了更高要求。综合能力强的券商龙头企业，以及在某项业务上有差异化竞争优势的券商，能够适应监管新常态下强者恒强的行业格局。

科创板、注册制试点改革，"保荐 + 跟投"制度助力直接融资发展。2019 年 6 月以来，科创板开板推行注册制试点改革，券商要给出平衡投资者与发行者利益的市场化定价。这提高了对券商定价能力的要求。同时，科创板的"保荐 + 跟投"制度除了给券商造成资本金压力，也要求券商在备选上市企业中选择优质标的，与标的共担风险。在注册制下，券商肩负着"把关人"的职能，推动优质的实体企业以市场化价格进行直接融资。

综上所述，金融供给侧结构性改革在推进直接融资的同时，也为券商经营提出了新要求。在金融供给侧结构性改革后的监管环境下，证券行业集中度有望持续提升。综合实力强、业务多样化发展的龙头券商适应性更强，具有某项差异化竞争优势的中小券商也有突围机会。此外，资本充足是券商在资管新规下立足的关键，资管新规倒逼券商摆脱对通道业务的依赖，促使其发展模式由"通道驱动"向"资本驱动"转变。在此过程中，资本是成长动力。金融供给侧结构性改革对券商经营的影响如图 9-20 所示。

（3）保险：回归保障本源，长期投资支持实体经济

鼓励保险业回归保障本源，限制保险企业的激进投资行为。为落实去杠杆、防风险工作，中国保险监督管理委员会（简称保监会[⊖]）倡导"回归保障本源"

⊖ 已于 2018 年合并为中国银行保险监督管理委员会。

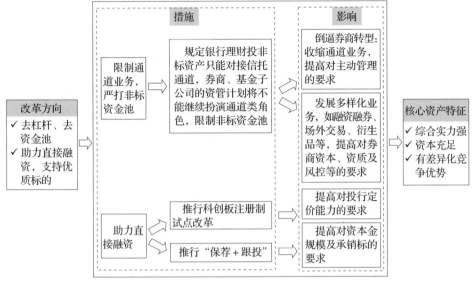

图 9-20　金融供给侧结构性改革对券商经营的影响

资料来源：兴业证券经济与金融研究院整理。

"保险业姓保"，鼓励保险企业发展保障型业务，如相继推出的税优健康险与税延养老险等。如图 9-21 所示，健康险保费收入达 5448.13 亿元，占人身险保费的比例达 20.00%，比上年同期增长 3.59%。同时，保监会也发布了《中国保监会关于规范中短存续期人身保险产品有关事项的通知》和《中国保监会关于规范人身保险公司产品开发设计行为的通知》，限制相关资金流入中短存续期产品与万能险。2018 年，新增保户投资款占人身险保费比例已从 2016 年的 53.34% 下降到 2018 年的 29.19%，凸显监管成效（见图 9-22）。

保险产品吸引力增加。对投资者而言，银行理财产品与保险产品是互为替代的关系。由于资管新规要求银行理财去刚兑，不再保本，因此有既定利率属性，并兼具保障与理财职能的保险产品对投资者的吸引力上升。此外，资管新规将保险产品认定为资管产品，并放开自然人投资保险资管产品的限制，更多资金或将流向保险企业。保险企业负债端有望改善，并提高利率定价能力。

非标产品规模收缩、限制中小保险企业投资渠道，加速保险企业提高主动管理能力。资管新规严打非标、资金池等业务，中小保险企业的投资渠道受到限制，结合利率下行环境中债券收益率下滑的背景，倒逼保险企业提高主动管理能

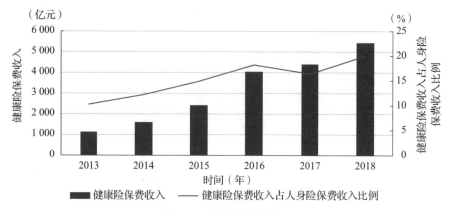

图 9-21 健康险保费收入

资料来源：Wind，保监会，兴业证券经济与金融研究院整理。

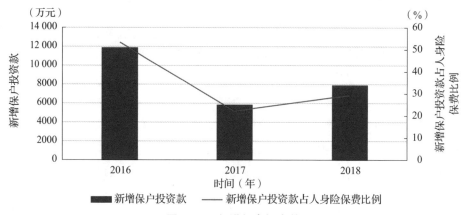

图 9-22 新增保户投资款

资料来源：Wind，保监会，兴业证券经济与金融研究院整理。

力，进行多样化投资，如 ABS、权益投资等，尤其是对优质标的进行长期价值投资，加大对实体经济的支持力度。在投资这一资本驱动的业务上，充足的资本金是保险企业发展的坚实后盾。

引导长线资金更好地支持实体经济。保险企业作为"长线"投资者的重要一员，受去嵌套、去通道等影响较小，并且其产品久期长的特征给市场以更为有价值、稳健的投资印象。如何利用长线资金去支持实体经济形成"双赢"的格局可能是未来保险行业的重要方向。金融供给侧结构性改革对保险企业经营的影响如图 9-23 所示。

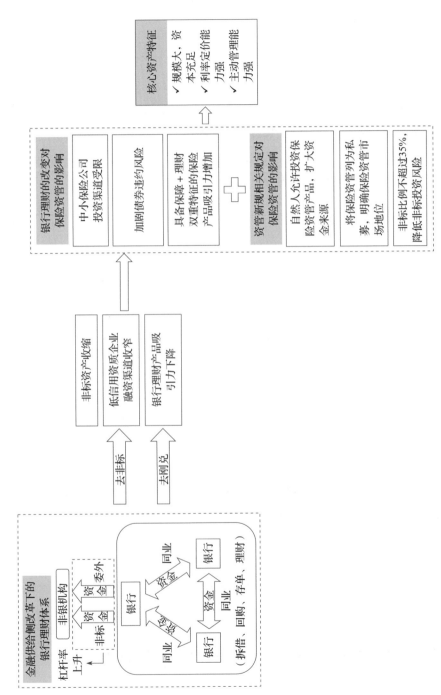

图 9-23　金融供给结构性改革对保险企业经营的影响

资料来源：兴业证券经济与金融研究院整理。

9.1.4　慧眼识英雄
如何筛选金融板块核心资产

在给出金融板块核心资产筛选标准之前，我们先来看看当前国内外已成为核心资产的金融龙头企业的发展经验，这些巨头无疑都具有三个方面的特征：第一，行业的绝对龙头企业，利用体量或其他优势在大部分业务上占据前三位，并且难以被同业轻易超越；第二，经营稳健，在一定程度上能够抵御周期波动；第三，盈利、资产质量等财务数据足够优秀。

1. 行业的绝对龙头企业

被定义为"核心资产"的公司不能只在某个细分领域占据主导地位，需要在绝大部分涉及的业务中占据前三的位置，成为行业的绝对龙头企业。如中信证券从 2006 年通过多次外延并购不断扩大自身体量，才有我们今天看到的其在总资产、净资产、净资本、营业收入和净利润这五项核心指标上稳坐行业龙头位置并大幅度超出行业第二的表现。

此外，核心资产还依托绝对龙头企业地位，通过规模优势来构建竞争壁垒。龙头企业在经历数年的沉淀后形成多样化业务发展平台，各种业务之间紧密相连、互相协同。例如，中国平安布局信托、证券、期货、银行、养老险、健康险、互联网金融等一系列业务，形成了自身独特、难以被同业模仿的综合金融服务型生态。

除了保持自身优势外，核心资产还必须对机遇有敏锐的嗅觉、切实的行动力，在当前经济转型期能顺应大势，抓住机遇。①经济转型发展直接融资，投行业务是重要发展方向，核心资产需要在股债承销、并购重组方面具备优势。注册制和跟投机制可能是大趋势，所以定价能力、资本金规模是必要条件。②在打破刚兑、资产荒背景下，居民资产再配置，财富管理可能是这些资金的蓄水池。零售客户资源多、渠道丰富、财富管理业务强的企业相对具有先发优势。③科技赋能，在金融科技方面有优势的企业在未来效率及产出方面具有优势。

| 案例 |　在外延并购中成长起来的券商龙头企业——中信证券

中信证券通过并购重组基于规模优势成了行业龙头企业，同时积极拥抱创

新,稳固自身头部优势。自 2003 年上市以来,中信证券股价涨幅长期领先大盘,而在 2007 年牛市期间,股价较刚上市时更是翻了 10 倍有余(见图 9-24)。

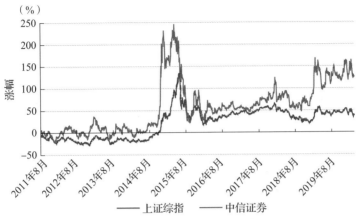

图 9-24 中信证券及上证综指涨幅

资料来源:Wind,兴业证券经济与金融研究院整理。

相对行业而言,中信证券的资产、营业收入等多项核心指标常年领先于同业,地位稳固。2019 年,在总资产、净资产、净资本、营业收入和净利润这 5 项核心指标上,中信证券均排名行业第一,并大幅度超出行业第二。以总资产指标为例,中信证券总资产为 5452.71 亿元,排名第二的国泰君安为 3908.97 亿元,中信证券相较于国泰君安的领先幅度达到 39.49%。行业总资产均值为 541.98 亿元,中信证券的总资产均约为行业均值的 10 倍(见表 9-10)。

表 9-10 2019 年中信证券核心指标

	总资产	净资产	净资本	营业收入	净利润
中信证券(亿元)	5 452.71	1 265.21	951.6	108.01	46.2
行业第二(亿元)	3 908.97	1 171.8	804.24	96.9	44.32
领先幅度(%)	39.49	7.97	18.32	11.47	4.24
行业均值(亿元)	541.98	149.62	123.66	13.66	5.09
领先行业均值幅度(%)	906.07	745.62	669.53	690.70	807.66

资料来源:Wind,兴业证券经济与金融研究院整理。

并购重组是中信证券弯道超车的重要方式。中信证券先后并购万通证券、金通证券,并于 2006 年与中国建银投资共同重组华夏证券,成立中信建投证券,占 60% 股份。在并购完成后中信证券实力大增,从行业上游跃居为券商龙头企业。如图9-25所示，2006年与2007年，中信证券营业收入与净利润同比增速都高于400%，远远高于行业平均，且营业收入及净利润规模均排在行业第一位。2013年，中信证券全资并购里昂证券。2010年，里昂证券已占据亚太市场9.58%的份额，为亚太区（除日本外）排名第一的券商。中信证券通过并购在短期内实现对海外市场的开拓。2019年初，中信证券135亿元并购广州证券，布局粤港澳大湾区市场。在内外资新券商加速入市的背景下，中信证券通过并购进一步加强资本实力、客户基础和人员储备，稳固了龙头企业地位。

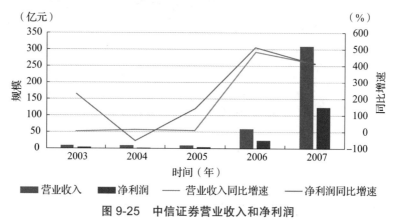

图9-25　中信证券营业收入和净利润

资料来源：Wind，兴业证券经济与金融研究院整理。

2006年并购前后，中信证券总资产和净资产如图9-26所示。

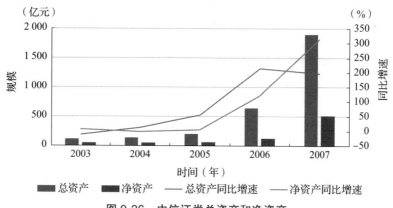

图9-26　中信证券总资产和净资产

资料来源：Wind，兴业证券经济与金融研究院整理。

在宏观经济重心从传统周期制造业向消费服务业转移、对内改革持续深化与对外开放加速的背景下，**证券业市场不断扩容，中信证券抓住行业集中度加速上升的时机，持续稳固龙头企业地位。**

- **在经纪业务方面：2019 年，中信证券净营业收入为 14.69 亿元，行业排名第六。**目前券商佣金率已从 2002 年的 3.5‰ 降至 2019 年的 3.03‱（见图 9-27）。作为龙头企业，中信证券通过多样化发展其他业务分散佣金下行的风险。2019 年，中信证券传统业务占营业收入比例为 72.33%，而行业平均传统业务占营业收入比例超过 80%。

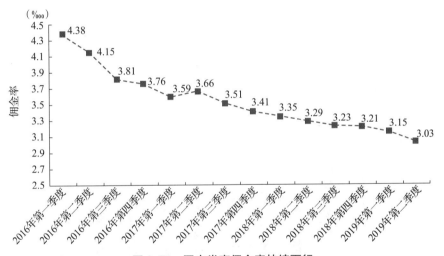

图 9-27　国内券商佣金率持续下行

资料来源：上交所、深交所、证券业协会，Wind，兴业证券经济与金融研究院整理。

- **在投行业务方面：2019 年，中信证券净营业收入为 6.71 亿元，行业排名第二。** "注册制 + 跟投制度"要求券商具有雄厚的资本及较强的项目识别能力，中信证券在资本规模上的优势有望受益于"注册制 + 跟投"这样的新业务机制。2019 年部分券商净资本如图 9-28 所示。

- **在自营业务方面：2019 年，中信证券净营业收入为 82.71 亿元，行业排名第一。**科创板跟投、结售汇业务试点资格等新业务有助于拓宽投资收益来源。如图 9-29 所示，截至 2020 年 3 月 2 日，中信证券科创板服务企业数量位居行业第一，体现了科创板企业向券商龙头企业的倾斜。

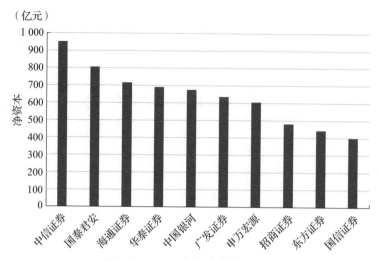

图 9-28　2019 年部分券商净资本

资料来源：上交所、深交所、证券业协会，Wind，兴业证券经济与金融研究院整理。

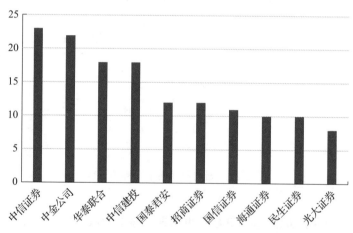

图 9-29　券商科创板服务企业数量（截至 2020 年 3 月 2 日）

资料来源：上交所、深交所、证券业协会，Wind，兴业证券经济与金融研究院整理。

- **在资管业务方面：2019 年，中信证券净营业收入为 15.65 亿元，行业排名第三。** 如图 9-30 所示，券商资产管理规模因整改而持续下滑，从 2016 年的 17.58 万亿元降至 2019 年的 11.0 万亿元。管理规模靠前、主动管理能力较强的券商有望吸引更多资金，而中信证券主动管理资产月均规模达 4070.46 亿元，行业排名第一，在资管业务方面的优势将进一步扩大。

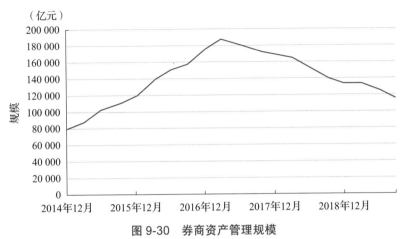

图 9-30　券商资产管理规模

资料来源：上交所、深交所、证券业协会，Wind，兴业证券经济与金融研究院整理。

|案例| 综合金融服务龙头企业——中国平安

中国平安的特色在于不断内生外延开拓多样化布局，在传统金融板块上积极探索"金融＋科技"发展模式，形成自身独特、难以被超越的综合金融服务型生态。如图 9-31 所示，中国平安持续拓展业务布局、厚积薄发，自 2017 年以来涨幅持续超越大盘。

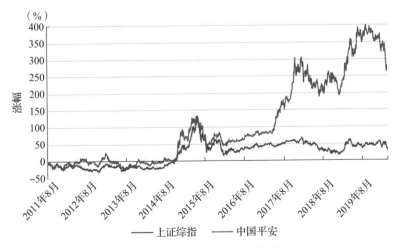

图 9-31　中国平安及上证综指涨幅

资料来源：Wind，兴业证券经济与金融研究院整理。

　　中国平安通过内生外延相结合拓展业务布局，成就大体量综合性金融集团。在内生式拓展方面，中国平安自产险业务起步，1994 年进入人身险市场。1995～2012 年，中国平安依次布局信托、证券、期货、银行、养老险、健康险、互联网金融等业务，逐步成为综合性金融集团。在外延式并购方面，中国平安 2006 年并购深圳商业银行，2011 年控股深圳发展银行，不断扩大商业银行业务规模。通过内生发展与外延并购相结合的方式，中国平安开拓多样化业务格局，形成了融保险、银行、资产管理三大主营业务为一体、核心金融与互联网金融业务并行发展的个人金融生活服务集团之一。

　　在完善传统金融板块格局的同时，中国平安致力于成为国际领先的科技型个人金融生活服务集团，如图 9-32 所示。中国平安以深化"金融＋科技"、探索"金融＋生态"为发展模式，聚焦大金融资产和大医疗健康两大产业，并深度融入金融服务、医疗健康、汽车服务、房产金融、城市服务五大生态圈，为客户创造"专业，让生活更简单"的品牌体验。

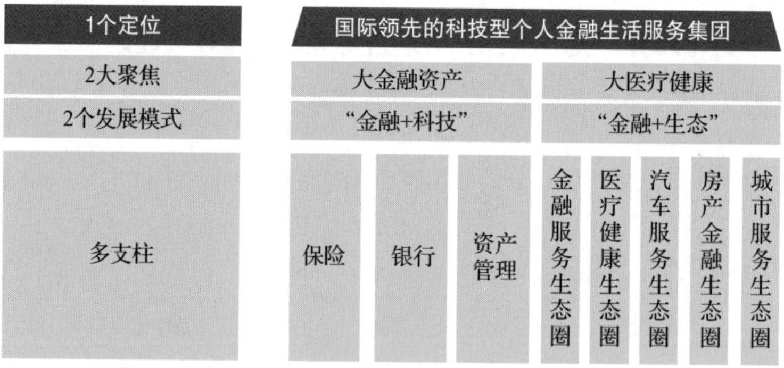

1个定位	国际领先的科技型个人金融生活服务集团							
2大聚焦	大金融资产			大医疗健康				
2个发展模式	"金融＋科技"			"金融＋生态"				
多支柱	保险	银行	资产管理	金融服务生态圈	医疗健康生态圈	汽车服务生态圈	房产金融生态圈	城市服务生态圈

图 9-32　国际领先的科技型个人金融生活服务集团
资料来源：兴业证券经济与金融研究院整理。

　　中国平安以其庞大的综合金融生态在资产、营业收入等方面常年稳居行业首位。就业务布局而言，中国平安借助旗下平安寿险、平安产险、平安养老险、平安健康险、平安银行、平安信托、平安证券及平安资产管理等公司经营保险、银行、资产管理三大核心金融业务，经营范围广。就保险业务布局而言，中国平安侧重发展寿险业务，包括风格稳健的健康险、较为激进的万能险、传统寿险等主要险种，险种齐全。作为体量庞大的综合性金融集团，公司稳居行业第一。

截至 2019 年，总资产、净资产、营业收入、净利润分别为 7.56 万亿元、0.76 万亿元、0.64 万亿元、0.11 万亿元，均排名行业第一（见表 9-11）。自 2016 年起，中国平安 4 项核心指标均排名行业第一，体量庞大。

表 9-11 2019 年中国平安核心指标

	总资产	净资产	营业收入	净利润
中国平安（亿元）	75 623.98	7 639.72	6 391.55	1 057.38
行业第二（亿元）	34 798.6	3 735.89	4 572.33	595.80
领先幅度（%）	117.32	104.50	39.79	77.47
行业均值（亿元）	3 377.00	728.24	565.83	43.28
领先行业均值幅度（%）	2 139.38	949.06	1 029.59	2 343.17

资料来源：Wind，兴业证券经济与金融研究院整理。

中国平安规模效应与协同效应显著，利差对其业绩影响较小。作为综合性的大型金融平台，中国平安的其他业务可协同作用于保险业务。以获取客户为例，中国平安互联网及 app 客户规模的增长有助于客户迁移及交叉销售。从中国平安互联网及 app 客户规模看，2019 年其拥有 5.16 亿互联网客户和 4.70 亿 app 客户，同比增速分别为 16.21% 和 17.8%（见图 9-33 和图 9-34）。2019 年，中国平安新增客户 3657 万人，同比增速 11.2%。在 2019 年新增客户中，来自五大生态圈的互联网客户占比 40.7%，体现了业务间的协同作用。此外，利率下行对部分保险业务带来较大影响，中国平安的多样化业务布局使其减少了对利差的依赖，有效缓解了保险业务业绩波动带来的负面冲击。

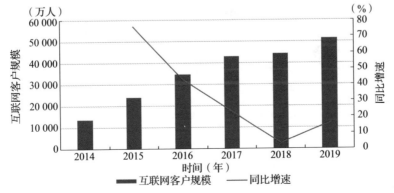

图 9-33 中国平安互联网客户规模

资料来源：兴业证券经济与金融研究院整理。

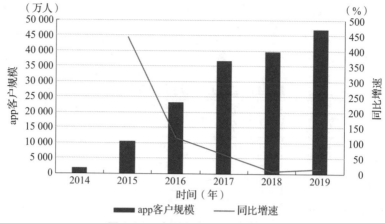

图 9-34　中国平安 app 客户规模

资料来源：兴业证券经济与金融研究院整理。

中国平安把握金融科技发展趋势，为成长持续注入动力。借助五大核心技术（人工智能、区块链、云技术、大数据和安全），既能提高保险业务服务能力，又能改变经营管理模式，提升金融服务效率（见图9-35）。在保险业务服务能力

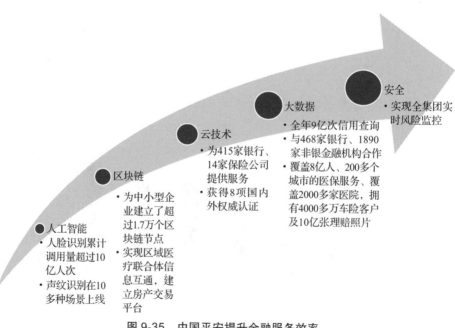

图 9-35　中国平安提升金融服务效率

资料来源：中国平安年报，兴业证券经济与金融研究院整理。

上，以财产保险为例，中国平安运用图像定损技术覆盖外观损失案件，识别精度达到 90% 以上；在经营管理模式塑造上，中国平安借助神经网络、人脸识别、声纹识别等人工智能技术对代理人进行动态画像，实现增员全流程在线管理和精准识别高留存人员，协助代理人队伍管理。

2. 经营稳健

"剩者为王"，核心资产能够抵御波动甚至迎难而上。本质上在整个经济周期，或者说行业周期向上的时候，核心资产的优势并不明显，但是在宏观经济下行的时期，其会表现出强劲的业绩增长和优秀的风控能力。如富国银行在 2008 年金融危机前尚未跻身美国银行业第一梯队，但在 2008 年金融危机中致力于经营零售银行主业的富国银行在冲击下快速恢复，并借助并购迅速扩大规模，成为美国四大行之一。又如美国大型综合类券商高盛，尽管在 2008 年经历了金融海啸的冲击被迫转为银行控股公司，但是仍然成了五大投行中真正"大而不倒"的金融帝国。

| 案例 | 美国零售银行榜样——富国银行

富国银行通过多轮并购弯道超车不断扩大体量。仅凭内生式增长银行扩张缓慢，因此通过并购成为庞然大物的银行屡见不鲜。1995 年前，富国银行是立足于加利福尼亚州的地区性银行。1995 ～ 2008 年，富国银行接连并购了第一洲际银行（1996 年）、西北银行（1998 年）、美联银行（2008 年）等。并购美联银行是富国银行扩张史的里程碑之一。在 2008 年完成对美联银行的收购之后，富国银行的总资产由 2007 年的 5754.42 亿美元暴增到 2008 年的 13 096.39 亿元，同比增长 127.59%。在多次并购后，富国银行总资产从 1996 年的 1886.33 亿元增长到 2019 年的 19 275.55 亿元，规模扩大了 10 倍有余。

富国银行深耕社区银行业务，经营稳健。为应对利率市场化改革，富国银行选择将社区银行业务作为主业。社区银行业务的主要客户是中小企业与个人，利率议价能力较低，有利于富国银行缓解利率波动带来的冲击。在 20 世纪七八十年代美国经济陷入滞胀的背景下，业务笔数多、风险分散的社区银行业务也有利于应对经济波动对业绩的负面冲击。目前社区银行业务占富国银行净营业收入比例达到 53.27%，是其最重要的收入来源，社区银行业务占富国银行净利润的比例也始终保持在 35% 以上。

富国银行专注信贷主业，净利息收入占比高。2009 ～ 2019 年，富国银行净利息收入占净营业收入比例高于美国银行与摩根大通。2019 年，富国银行净利息收入占净营业收入比例为 55.52%，超过美国银行（53.58%）与摩根大通（49.51%）（见图 9-36）。其贷存比也远超同业，2019 年富国银行贷存比为 74.59%，高于美国银行（69.18%）与摩根大通（61.43%），如图 9-37 所示。在专注信贷主业的同时，富国银行持续开拓贷款证券化业务与资产管理业务，增强非息收入优势，体现了其稳健经营的风格。

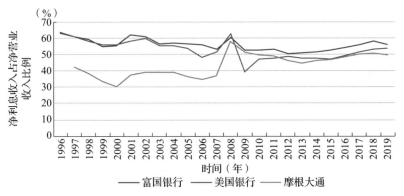

图 9-36　净利息收入占净营业收入比例

资料来源：Bloomberg，兴业证券经济与金融研究院整理。

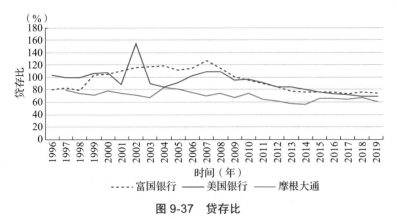

图 9-37　贷存比

资料来源：Bloomberg，兴业证券经济与金融研究院整理。

社区银行业务帮助富国银行在遭受冲击后快速恢复。在金融危机爆发后，银行业业绩全线下降。2008 年和 2009 年，标普 500 银行业 ROE 接连下降 4.11% 和 0.87%，连银行业巨头也难以幸免。以花旗银行为例，花旗银行 2008 年和 2009 年的 ROE 分别为 -2.41% 和 -0.16%，不仅亏损，市值也由 2006 年的 2735.98 亿元降至 2009 年的 942.80 亿元，2008 年处于谷底时仅为 365.70 亿元，几乎蒸发殆尽。花旗银行偏好衍生品业务，2006 年时证券化产品占总资产的比例达到了 114%。在贷款违约、资金链断裂时，衍生品业务拉长了风险传导的链条，加大了金融危机对花旗银行的负面影响。由于富国银行坚守信贷主业，且社区银行业务受经济波动冲击小，在次贷危机冲击下其业绩表现依旧稳健，ROE 虽在 2008 年降至 0.79%，但 2009 年便回升到 3.05%，居行业第二位（仅次于 PNC 财务服务的 3.17%）。美国部分银行 ROE 如图 9-38 所示。

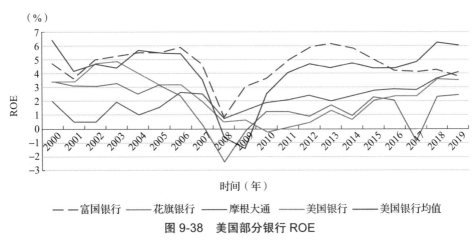

图 9-38　美国部分银行 ROE

资料来源：Bloomberg，兴业证券经济与金融研究院整理。

在金融危机后，富国银行市值长期位居美国四大行首位。如图 9-39 所示，受 2008 年金融危机冲击，花旗银行、美国银行、摩根大通市值分别下降 75.13%、61.42%、19.93%，唯有富国银行市值不降反升，市值上升 25.25% 至 1246.60 亿元，一举超过其他三大行。2011 ～ 2016 年，富国银行市值均排四大行首位，2015 年超过工商银行成为全球市值最高的银行。此外，通过并购扩张与后续发展，富国银行的总资产目前已大体与花旗银行相当，逐渐拉近与美国银行、摩根大通的距离（见图 9-40）。

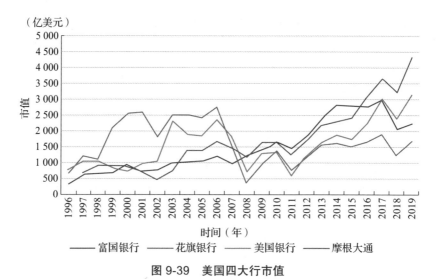

图 9-39 美国四大行市值

资料来源：Bloomberg，兴业证券经济与金融研究院整理。

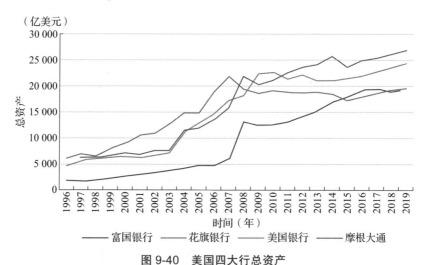

图 9-40 美国四大行总资产

资料来源：Bloomberg，兴业证券经济与金融研究院整理。

| 案例 | 美国大型综合类券商——高盛

在 2008 年金融危机中，美国几大投行五去其二，高盛屹立不倒。昔日美国有五大顶级投行——高盛、摩根士丹利、美林、贝尔斯登和雷曼兄弟。在冲击中，贝尔斯登与雷曼兄弟倒闭，美林被收购，高盛和摩根士丹利最终在政府救助下渡过危机。除了政府救助以外，将风控观念融入企业文化的稳健作风也是高盛能够渡过危机的重要原因。如图9-41所示，高盛建立了自上而下、全员协作的风控管理模式。在2008年金融危机前，高盛的杠杆率在五大投行中也是最低的。2007年，五大行之中除了高盛以外，其他投行的杠杆率均超过30%，而高盛的杠杆率仅为22.37%（见图9-42）。

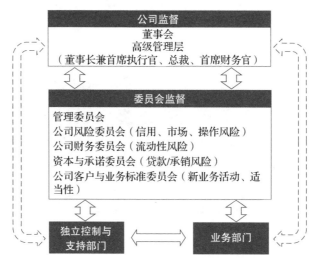

图 9-41　高盛建立自上而下、全员协作的风控管理模式

资料来源：Bloomberg，兴业证券经济与金融研究院整理。

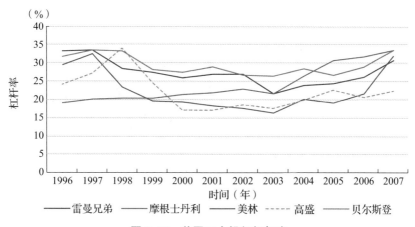

图 9-42　美国五大投行杠杆率

资料来源：Bloomberg，兴业证券经济与金融研究院整理。

　　"剩者为王"，金融危机后资源进一步向龙头企业集中，高盛转型为银行控股公司，剥离了部分风险较大的自营业务从强者恒强格局中受益。如图9-43所示，2018年高盛投行、机构服务、自营业务、资管业务收入占比分别为21.47%、36.82%、22.53%、19.18%，各业务条线均衡发展。2018年，高盛净利润已达到104.59亿美元，总资产达到9317.96亿美元（见图9-44和图9-45）。按照2018年12月31日银行间外汇市场"1美元=6.8755人民币"的汇率中间价计算，高盛的资产规模及净利润已超过中国国内全部证券公司的总和。

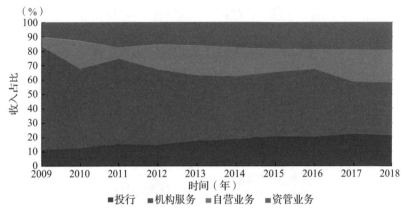

图 9-43　高盛 2009 ～ 2018 年收入结构

资料来源：高盛公告，兴业证券经济与金融研究院整理。

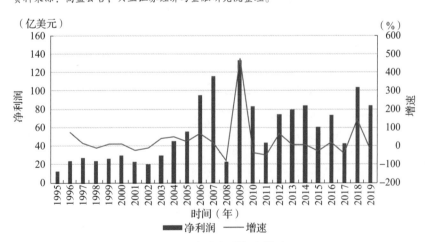

图 9-44　高盛净利润和增速

资料来源：Bloomberg，兴业证券经济与金融研究院整理。

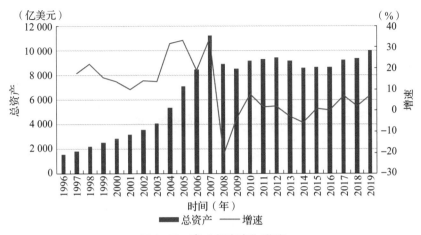

图 9-45　高盛总资产和增速

资料来源：Bloomberg，兴业证券经济与金融研究院整理。

高盛通过资本搭建了强大的业务网络，获取了庞大的客户群体，为其屹立不倒提供了坚实支撑。高盛各项业务之间联系紧密，协同作用非常强大，如图 9-46 和图 9-47 所示。在投行领域数年的深耕为高盛带来了广泛的客户，同时高盛通过投行业务与极具影响力的客户建立联系，又推动了自身商业票据和卖方代理业务的拓展。随着市场认可力提升，更多客户选择高盛作为直投业务的联合投资者或合伙人，从而对高盛套利和大宗交易带来协同作用。此外，私人客户业务成为高盛国际扩张的重要一步，其中以企业家为主的私人客户群体又为其带来了大量投行业务。

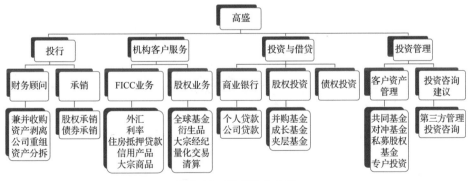

图 9-46　高盛四大业务

资料来源：高盛公告，兴业证券经济与金融研究院整理。

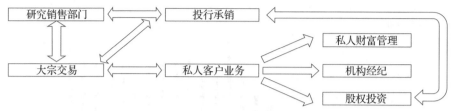

图 9-47　高盛业务的协同作用

资料来源：高盛公告，兴业证券经济与金融研究院整理。

3. 财务数据优秀

财务数据优秀比较好理解，但对于核心资产来说，不仅要考虑盈利指标，还需要关注资产质量、风险控制等方面。例如，招商银行 ROE 水平超过同业，同时其零售客户存款占比较高，负债端非常稳定，资金成本低于行业平均水平。另外，招商银行还将金融科技运用于风险管控，不良贷款率 1.36%，低于国有五大行及其他股份制银行。

| 案例 | "中国零售银行之王"——招商银行

招商银行在 2004 年向零售业务转型后，通过多轮主动变革逐步形成了多层次零售业务体系，成就了其优秀的财务数据。优秀的财务数据是招商银行股价的坚实支撑，2004 年后招商银行股价涨幅长期跑赢大盘（见图 9-48）。

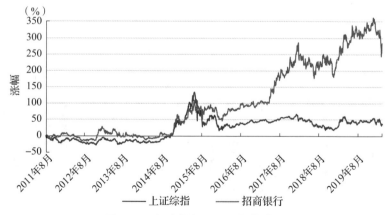

图 9-48　招商银行及上证综指涨幅

资料来源：Wind，兴业证券经济与金融研究院整理。

招商银行多年来持续深化零售业务战略地位。在经济增速放缓期间，零售业务具有占用资本金较少、交易笔数多的特点，有助于银行将风险分散化。在利率下行趋势中，银行对零售贷款利率的议价能力越强，越能够获取更大利差。自 2004 年将零售业务作为发展的战略重点后，招商银行开启了首次转型。2005年，招商银行确立了首次转型的重点，即"加快发展零售业务、中间业务和中小企业业务"。2010 年，招商银行发起二次转型：构建"大零售"格局，使小微、财富管理、消费金融成为新的业绩增长点。2014 年，招商银行确立"一体两翼"发展战略，以零售金融为"一体"，公司金融、同业金融为"两翼"，支持零售业发展。2018 年，招商银行提出"零售 3.0"，自我定位为科技金融银行，强调金融科技对零售业务的推动作用。2005 ～ 2018 年，招商银行零售业务收入占总营业收入比例从 2005 年的 25.54% 增长到 2018 年的 50.63%，零售业务的战略地位持续深化（见图 9-49）。

图 9-49　招商银行零售业务收入占总营业收入比例
资料来源：Wind，兴业证券经济与金融研究院整理。

分层经营庞大客群，构建多层次零售业务体系。通过精耕零售业务，招商银行培育了深厚的客群基础。2007～2018年，招商银行的零售客户数量从0.34亿人增长到1.25亿人，对应的年均复合增速达12.67%。面对这一庞大客群，招商银行采取分层经营策略：为普通客户提供消费信贷业务，如信用卡业务（2002年招商银行推出信用卡）；为中端客户提供财富管理服务（2002年招商银行推出金葵花理财）；为高端客户提供私人银行业务（2007年招商银行开展私人银行业务），进而构建起多层次的零售业务体系。

近年来，零售业务已成银行业发展大势。经对32家上市银行进行统计（华夏银行、浦发银行、兴业银行和民生银行除外），2014～2018年中国银行业零售业务收入已从1.10万亿元增长到1.56万亿元，年均复合增速为9.07%，占总营业收入比例从2014年的34.09%增长到38.74%（见图9-50）。2018年，已有6家银行的零售业务收入占总营业收入比例超过40%，业务结构调整初显成效（见图9-51）。

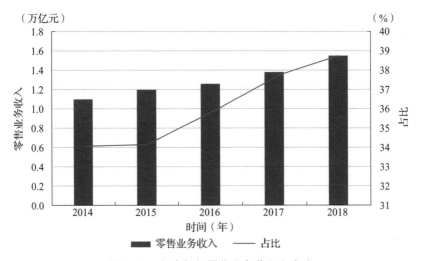

图9-50　招商银行零售业务收入和占比

资料来源：Wind，各公司年报，兴业证券经济与金融研究院整理。

招商银行在零售业务方面领先同业，零售业务的稳健发展成就了招商银行的强劲盈利能力。在零售业务转型深度方面，如图9-52和图9-53所示，2018年招商银行零售业务收入占总营业收入比例达到50.63%，仅次于邮储银行（62.69%）与平安银行（53.02%），零售贷款占总贷款比例达到51.09%，仅次于

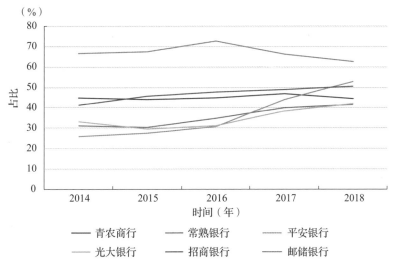

图 9-51　2018 年零售业务收入占总营业收入比例超过 40% 的银行

资料来源：Wind，各公司年报，兴业证券经济与金融研究院整理。

平安银行（57.77%）与邮储银行（54.24%），说明转型成效卓著。在零售业务规模方面，2018 年招商银行零售业务收入达 1258.46 亿元，仅次于国有五大行（见图 9-52），零售业务资产规模达 6.8 万亿元（见图 9-53）。经统计，招商银行零售业务资产规模低于工商银行（14 万亿元），但远高于兴业银行、平安银行、民生银行等股份制银行。

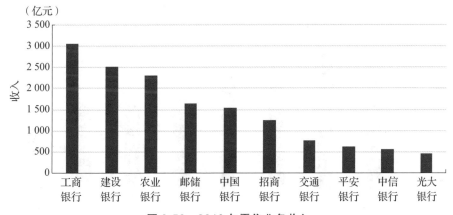

图 9-52　2018 年零售业务收入

资料来源：Wind，兴业证券经济与金融研究院整理。

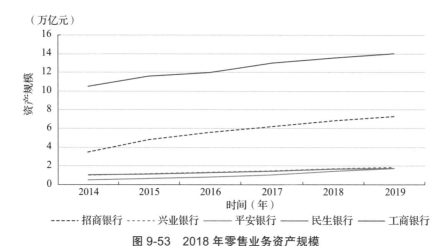

图 9-53　2018 年零售业务资产规模

资料来源：Wind，兴业证券经济与金融研究院整理。

招商银行多层次零售业务体系建设卓有成效，信用卡业务与私人银行业务规模领跑同业。在面向普通客户的信用卡业务上，2019 年招商银行信用卡贷款余额达 6525.31 亿元，低于建设银行（6721.48 亿元），高于工商银行（6281.73 亿元），信用卡业务资产规模位居行业前列（见图 9-54）。在面向高端客户的私人银行业务上，2019 年招商银行管理的私人银行客户资产规模高达 21 609.87 亿元，已超过工商银行（18 365 亿元）、建设银行（14 961.23 亿元）与农业银行（12 985 亿元）此类国有大行，成为招商银行的差异化竞争优势（见图 9-55）。

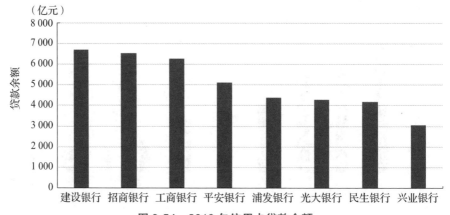

图 9-54　2019 年信用卡贷款余额

资料来源：Wind，兴业证券经济与金融研究院整理。

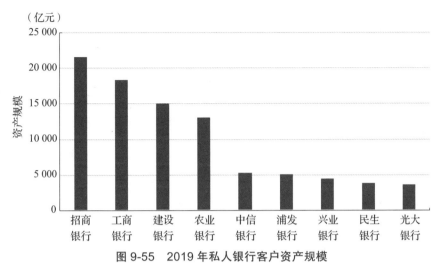

图 9-55　2019 年私人银行客户资产规模

资料来源：Wind，兴业证券经济与金融研究院整理。

招商银行在零售业务方面的优势使其近年来的业绩表现和稳定性优于同业，在负债成本、息差等指标上展现了管理稳健、资产质地良好的一面。当前招商银行计息负债中客户存款占比为 73.62%，客户存款平均成本率为 1.53%，同比增加 0.1%，为股份制银行中最低。近年招商银行计息负债成本率如图 9-56 所示。低负债成本使招商银行能够取得领先行业的净息差与净利差。招商银行净息差为 2.57%，同比变动 −0.13%，目前居行业第一（见图 9-57）。

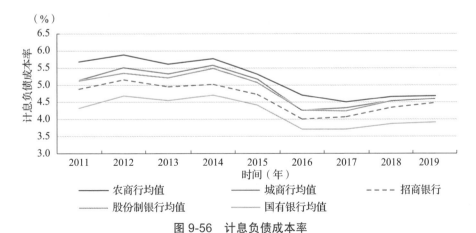

图 9-56　计息负债成本率

资料来源：Wind，兴业证券经济与金融研究院整理。

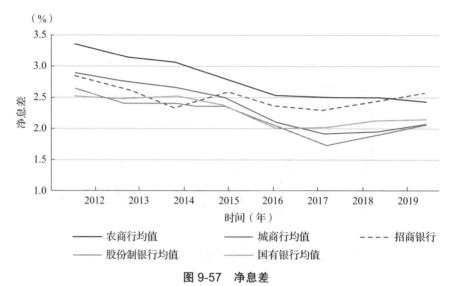

图 9-57　净息差

资料来源：Wind，兴业证券经济与金融研究院整理。

4. 总结：不同驱动力下需要关注哪些指标挑选核心资产

通过市占率、净资本和品牌知名度来寻找身为行业绝对龙头企业的核心资产。①市占率方面：在金融监管改革落地、金融业集中度上行的背景下，市占率的提升有利于公司瓜分行业蛋糕，进一步稳固龙头地位。②净资本方面：充足的净资本既有利于公司开拓新业务，也能助力巩固公司在原有业务上的领先优势。以证券业为例，在重资产业务逐步成为证券业营业收入主要来源，科创板跟投制度推行等背景下，对公司净资本的要求也相应提高，而中信证券的净资本排名行业第一，无论是巩固重资产业务还是承揽科创板开板以来的新项目都游刃有余。③品牌知名度方面：品牌知名度彰显着龙头企业在行业内的标杆地位。以招商银行为例，招商银行号称"中国零售银行之王"，凭借多年积累的零售品牌美誉度既降低了获客成本，又提高了原有客户的黏性。在对发展机遇的捕捉上，金融科技在金融业中的应用日益广泛且深入，将成为金融业长期发展的动力来源，因此，金融公司竞相加码投入金融科技，研发投入及专利数的多寡也体现了公司的管理能力。

通过杠杆率、主营收入占比等来寻找管理能力稳健的核心资产。核心资产能凭借稳健的管理能力穿越牛熊周期，管理的稳健既表现为对经营风险的控制力，也表现为捕捉机遇、为公司发展注入长远动力。在对经营风险的控制上，金融公司可采用杠杆率与主营业务收入占比来体现公司的风控能力。杠杆率体现公司债务风险的高低，在行业低迷期间，债务风险低的公司能够抵御外部冲击。以高盛为例，在 2008 年金融危机爆发前，高盛的杠杆率为美国五大投行中最低，帮助其生存了下来。主营业务收入占比体现了公司对主业的专注度。以富国银行为例，富国银行专注于社区银行主业，而非跟风投入到次级贷款业务、资产证券化业务中，故而在 2008 年金融危机中受到的冲击较小。

通过排他性牌照来寻找具有政策力的核心资产。在金融行业中，能够获取排他性牌照的往往是行业龙头企业或某个细分领域业务的龙头企业，排他性的牌照又提高了其所在行业的进入壁垒。排他性牌照往往具有数量有限、获取难度较大、颁发后能够持续较长时间等特性。企业通过获取排他性牌照，可以获得开展新业务的权利，进而在某项新业务上占据先发优势。以证券业为例，截至目前仅有 7 家券商获取了场外期权业务交易资格，能够直接开展对冲交易，在 FICC 业务方面占据先发优势。

9.2　分蛋糕时代，龙头地产更加"核心"

9.2.1　增量时代，龙头地产茁壮成长

1998 年 7 月 3 日《国务院关于进一步深化城镇住房制度改革加快住房建设的通知》发布，我国正式拉开了房地产市场化改革的大幕。至今 20 余年里，房地产作为我国的支柱性和基础性产业，在几轮经济下行周期中都扮演着"救火队"的角色。总体来看，与我国传统制造业经济结构相关，房地产市场过去呈现较强的周期性，"快上快下"趋势较为明显。房地产企业顺周期扩张、逆周期收缩的发展方式较为"简单粗暴"，GDP 如图 9-58 所示。在过去 20 余年时间里中国诞生了大大小小数以万计的房地产企业。在房地产行业轰轰烈烈的发展中，行业集中度在快速提高，前 5 大房地产企业的集中度（销售面积）在 2009 年仅为 4%，

而截至 2019 年底已接近 20%，2017 年以来提升速度尤为明显（见图 9-59）。

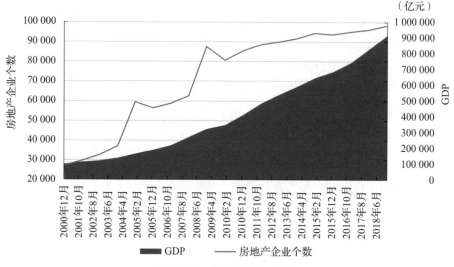

图 9-58 房地产企业 GDP

资料来源：Wind，兴业证券经济与金融研究院整理。

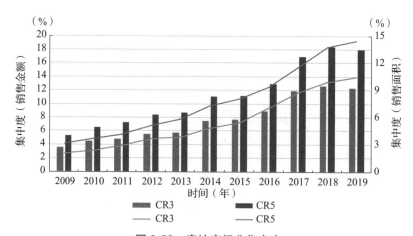

图 9-59 房地产行业集中度

资料来源：Wind，兴业证券经济与金融研究院整理。

整体来看，我国房地产市场历年来的周期波动与背后的宏观调控和流动性环境密不可分。如果我们把 1998 年房地产市场化改革作为起点，那么至今 20 余年的时间里，房地产行业的发展大致经历了 5 个阶段。① 1998 ～ 2004 年：房地产市场改革，商品房货币化安置；② 2004 ～ 2008 年：国际收支双顺差下流动性过剩，房地产市场快速扩张；③ 2009 ～ 2011 年："四万亿"对冲金融危机，进入地产基建大周期；④ 2012 ～ 2014 年：在稳经济、促消费下，资金"脱实向虚"使"地王"频现；⑤ 2015 年至今：在供给侧结构性改革下，因城施策、房住不炒。

过去近 20 年我国商品房销售面积累计同比和 M2 同比如图 9-60 所示。

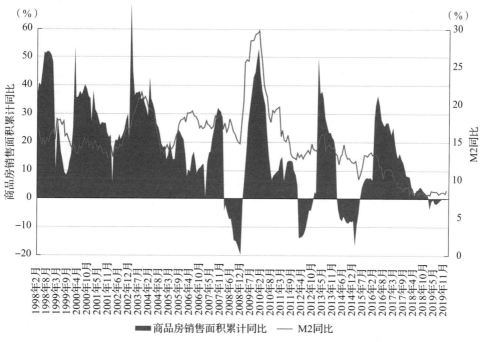

图 9-60　商品房销售面积累计同比

资料来源：Wind，兴业证券经济与金融研究院整理。

如果我们拉长视角来看，会发现从 20 世纪末至今 20 余年，房地产行业在周期的起起伏伏中已经沉淀出一批核心资产。单从某段时间来看，这些龙头企业的表现可能并不显眼，但在长周期视角下，它们的收益率表现十分惊人：一线龙头企业年均收益率最高，达 45%，二线龙头企业最高也有 18%（见图 9-61）。进一步看个股层面，**如果在 2006 年买入保利地产或者万科，那么持有至今可获得约 18 倍收益（见图 9-62），年均收益率近 25%，比巴菲特的年均收益率 20% 还要高出 4 个百分点！**

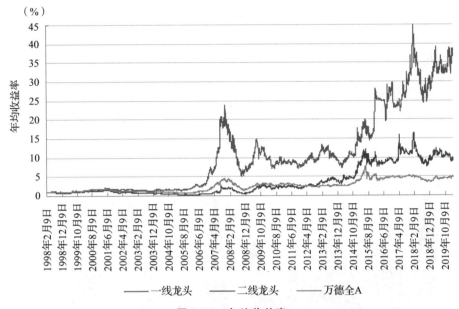

图 9-61 年均收益率

资料来源：Wind，兴业证券经济与金融研究院整理。

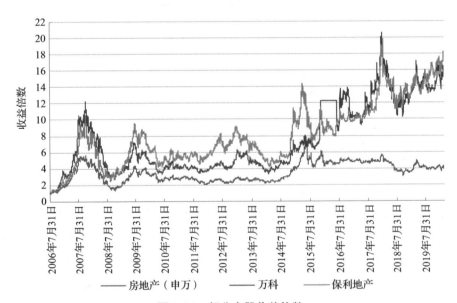

图 9-62 部分个股收益倍数

资料来源：Wind，兴业证券经济与金融研究院整理。

9.2.2　存量时代，"剩者"通吃

随着房地产行业历史需求峰值的到来，房地产行业从蛋糕不断做大的增量时代走向分蛋糕为主的存量时代，只有具备最强竞争力的少数龙头企业能够凭借自身优势存活下来，"剩者为王"、赢家通吃。

1. 经济周期波动性下降，房地产对冲作用下降

经济结构转型从重"量"到重"质"。中国宏观经济体量已接近 14 万亿美元，且结构出现明显变化，第三产业对 GDP 增长贡献率在 2013 年首次超过第二产业，目前接近 60%。2017 年，十九大上定调"人民日益增长的美好生活需要和不平衡不充分的发展之间的矛盾"是未来一段时间的主要矛盾，中国经济从过去的生产周期型逐步走向消费服务性，周期波动也在逐步平缓。因此，在过往经济下行期间充当"救火队"角色的房地产未来被当作短期刺激的可能性大幅降低，经济周期波动性下降也意味着房地产周期被熨平。

2. 政策波动率下降，房地产粗放式发展不再

（1）货币政策从"大水漫灌"到"精准滴灌"，引导资金支持实体经济

在过去几轮经济周期中，央行多次同时使用降准、降息政策手段来调节流动性，经常造成宏观经济"大水漫灌"，资金"脱实向虚"，最终并没有流向实体经济，并且容易造成固定资产投资导致经济过热。近年来，央行不断增加工具以提高货币政策的效率，如利用 SLF、MLF 定向为三农、小微企业提供流动性，疏通货币传导降低实体企业融资成本；通过 LPR 推动官方利率向市场利率并轨，发挥利率渠道与信贷渠道的联动效应。

（2）在金融供给侧结构性改革下，房地产行业资金供给减少

2008 年"四万亿"之后，中国金融行业连续经历了以影子银行、大资管为代表的金融自由化扩张期，信贷快速膨胀，大量资金进入房地产行业。2017 年，一行三会针对银行、券商、公募、保险等陆续出台一系列金融监管政策，在全面监管框架下，流向房地产的资金被大规模收回，部分房地产企业陆续出现资金链断裂现象。

3.房地产的刚性需求增长将逐步放缓

1990 年开始,我国出生人口数量持续下行。从数据来看,90 后人口比 80 后少了约 5000 万人,00 后比 90 后又少了约 5000 万人。这意味着房地产的刚性需求在边际递减。此外随着经济发展,我国城镇化率也不断提高,当前已超过 60%,较为接近欧美等发达国家 70% 左右的水平。城镇化快速推进为房地产市场带来的需求也基本消失。

4.行业扩张受限,龙头企业集中度逆势提升

(1)房地产销售增速同比下滑,行业发展出现拐点

近年来,房地产企业的销售增速开始下滑。2019 年,我国商品房销售面积 1.72 亿平方米,同比增速下滑 0.06%,这也是 1998 年以来我国第三次出现销售面积同比增速为负的情况,并且连续 3 年同比增速低于 10%(见图 9-63)。第一次销售面积同比增速为负出现在 2008 年,第二次出现在 2014 年。2019 年,我国商品房销售额 15.97 万亿元,同比增速 6.5%,也是 5 年以来的最低点(见图 9-64)。整体来看,房地产行业从 2016 年创下阶段新高之后同比增速一路向下,与宏观调控基调一致。

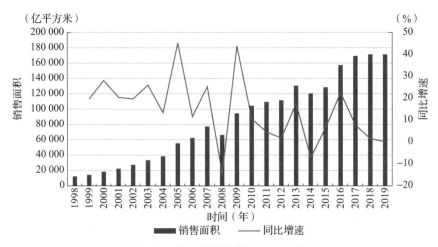

图 9-63 房地产销售面积和同比增速

资料来源:Wind,兴业证券经济与金融研究院整理。

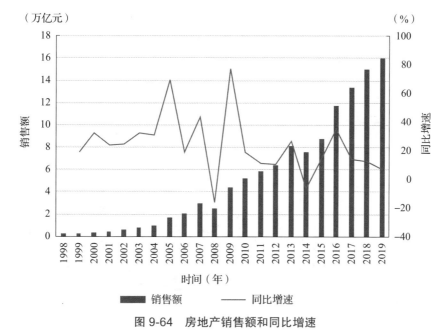

图 9-64　房地产销售额和同比增速

资料来源：Wind，兴业证券经济与金融研究院整理。

（2）我国房地产行业集中度在 2016 年之后出现快速上升，但仍有提升空间

从集中度来看，房地产行业 CR10 从 2016 年的 18.7% 逐年上升至 2019 年的 26.3%；CR20 由 2016 年的 25.2% 上升至 2019 的 26.3%，其中 2016 年之后集中度提升尤为明显，CR10 提升近 8 个百分点（见图 9-65）。考虑到中国房地产企业数为 9.8 万家（2018 年数据），这样的集中度提升是非常显著的。但整体而言，我国房地产行业集中度目前仍处于偏低水平，第一大房企市场份额一直未超过 4%。2019 年，万科销售额达 6308.4 亿元，排名第一，市占率也仅 3.95%，房地产行业集中度仍有较大提升空间。

（3）进入行业百强的门槛提升幅度超过 1 倍

根据数据统计，房地产行业 TOP 门槛提升接近 100%。TOP100 房地产企业销售额门槛从 2016 年的 5.3 万亿元提高至 2019 年的 10.1 万亿元，同比上升90.57%；TOP50 销售额门槛由 2016 年的 4.2 万亿元跨越至 2019 年的 8.5 万亿元，同比大幅提升了 102.38%（见图 9-66）。TOP100 房地产企业销售面积门槛也有所提升，从 2016 年的 4.33 亿平方米提高至 2019 年的 7.61 亿平方米，同比上升 75.75%；TOP30 房地产企业销售面积门槛由 2016 年的 2.9 亿平方米增加至 2019 年的 5.5 亿平方米，同比上升 89.66%（见图 9-67）。

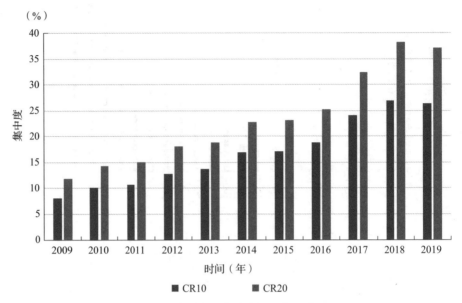

图 9-65 我国房地产行业集中度

资料来源：Wind，兴业证券经济与金融研究院整理。

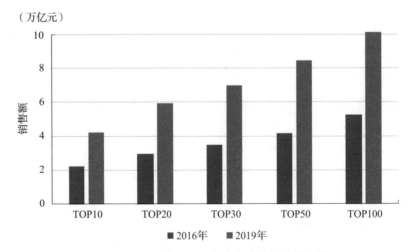

图 9-66 2019 年 TOP 房地产企业销售额门槛

资料来源：Wind，兴业证券经济与金融研究院整理。

（亿平方米）

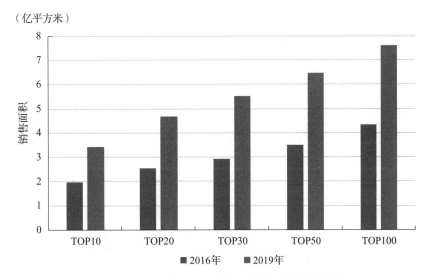

图 9-67 2019 年 TOP 房地产企业销售面积门槛

资料来源：Wind，兴业证券经济与金融研究院整理。

5. 龙头企业的融资成本优势进一步驱动市场分化

（1）在金融供给侧结构性改革以及房住不炒的基调下，房地产融资环境持续恶化

"一行两会"[⊖]近年来坚决抑制金融"脱实向虚"，进行了多轮金融机构资金违规使用的查处，房地产企业通过表外、资金池等方式融资的渠道被收紧，资金压力显著提升。2016 年之后，房地产开发贷款同比增速从两位数下滑至个位数（见图9-68）；投向房地产的信托资金余额在 2019 年第三季度出现下滑，环比第二季度减少1481 亿元，也是自 2015 年第四季度以来首次出现新增规模环比负增长（见图 9-69）。

（2）房地产企业发行高成本海外债，偿债高峰"雪上加霜"

国内融资渠道的收紧导致部分房地产企业不得不通过海外发债的方式融资。如图 9-70 所示，2017 年起房地产企业海外债券规模骤增，从 2016 年 850 亿元到2017 年 3800 亿元，同比增长了近 3 倍；伴随着发债规模上升，票面利率也在不断走高，2019 年房地产企业海外融资成本约 8.74%，相对于 2016 年低点增长了近 3 个百分点（见图 9-70）。发债规模增加导致房地产企业面临偿债高峰的问题，

⊖ "一行两会"指中国人民银行、中国银行保险监督管理委员会及中国证券监督管理委员会。

2020年房地产行业偿债规模近7000亿元，2021年将近万亿元（见图9-71）。偿债能力将成为衡量房地产企业价值的重要标尺，行业格局将进一步分化。

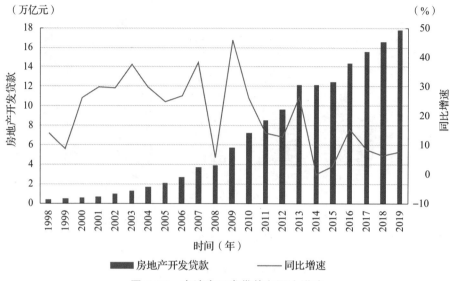

图 9-68　房地产开发贷款和同比增速

资料来源：Wind，兴业证券经济与金融研究院整理。

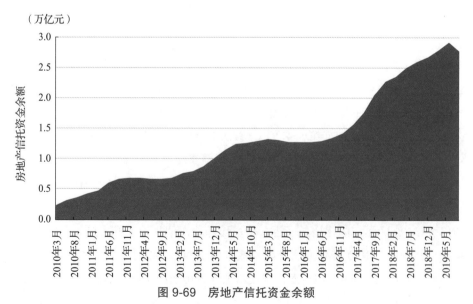

图 9-69　房地产信托资金余额

资料来源：Wind，兴业证券经济与金融研究院整理。

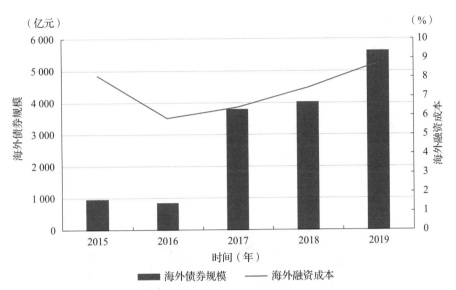

图 9-70　房地产企业海外债券规模和海外融资成本

资料来源：Wind，兴业证券经济与金融研究院整理。

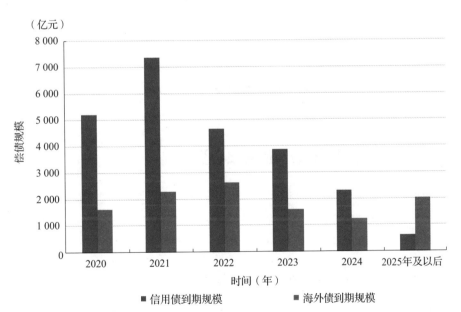

图 9-71　偿债规模

资料来源：Wind，兴业证券经济与金融研究院整理。

（3）融资成本分化，核心资产抗风险能力凸显

在整个融资环境收紧的背景下，龙头房地产企业由于布局广泛、品牌影响力以及周转率高等优势具备更强的融资能力，而中小房地产企业则面临着资金链断裂的风险。如图 9-72 所示，龙头房地产企业的融资成本明显低于中小房地产企业。融资优势让龙头企业穿越周期，在行业增长放缓时获得更多的市场份额，未来几年房地产行业的集中度或将快速提升。

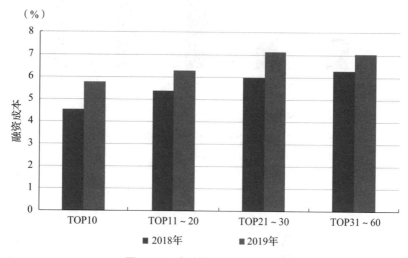

图 9-72　房地产企业融资成本

资料来源：Wind，兴业证券经济与金融研究院整理。

9.2.3　如何挑选房地产板块核心资产

与前文一样，我们在总结房地产板块核心资产筛选标准之前，先来看看那些已被市场认可的核心资产，如国内的万科、保利地产及海外的普尔特集团等。这些龙头企业是通过哪些核心竞争力在行业中脱颖而出的？

1. 数年累积的市占率优势，行业的绝对龙头企业

强者越强，龙头企业地位难以轻易撼动。 房地产行业的绝对龙头企业往往在营收、净利润、资产和市值等关键财务指标上均名列行业前茅，例如，万科

收入、净利润、资产、总市值都位列行业前三，地位稳固。依托于雄厚的资金规模，龙头房地产企业保持拿地优势，为之后的发展储备战略物资，如万科 2019 年在拿地金额上排名行业第一。随着行业集中度持续提高，龙头房地产企业将持续受益于强者越强的行业格局。

龙头企业发展历史悠久，短期难以被超越、被复制。 在房地产行业中，绝对的龙头企业难以在短时间内发展成型，往往需要时间的积累。而且，一旦龙头企业形成，短时间内也难以被超越，甚至难以被复制。时间带给它们的不仅仅是体量上的优势，还有丰富的管理经验。以万科为例，万科深耕地产 30 余年，在精耕城市大众住宅主业的同时，积极开展物业、商业、租赁、物流、度假等新兴业务，形成了自身独特、难以被同业模仿的多样化业务布局。同时，万科在业务的地域布局上也实现了多样化，集中布局中西部、环渤海、长三角、珠三角 4 大区域，为后续进一步扩张奠定了地域基础。

龙头企业能抓住机遇。2015 年至今，随着供给侧结构性改革施行，房地产行业进入去库存阶段，随着房住不炒等一系列调控政策促进市场长效发展机制形成，目前已经转向以真实需求为主导的增长逻辑。万科对目标客户的定位也转变为以刚需为主的自住购房者，并将公司战略升级为"城乡建设与生活服务商"。

| 案例 |　多样发展的房地产龙头——万科

万科自 1991 年上市以来龙头价值凸显。 万科从一家区域性小房企发展成为当前中国最大的地产开发商之一，股价也从最初 0.0982 元每股涨至当前的 30 元每股，最高 PE 近 40。长期积累的优势使万科无惧周期波动，行业下行周期反而凸显了其价值。万科股价和总市值如图 9-73 所示。

房地产行业强者恒强格局日益明朗，万科多项关键指标领跑行业。 如图 9-74 所示，我国房地产行业 CR3 在 2016 年后快速上升，由 2016 年的 18.7% 上升至 2019 年的 26.3%，强者恒强格局日益明朗。如图 9-75～图 9-78 所示，万科多项关键指标领跑同业。2018 年，万科的总资产、总市值和净利润分别为 15 285.79 亿元、2629.53 亿元、492.72 亿元，均列行业第一，营业收入也达到 2976.79 亿元，位列行业第二。2019 年，万科获评《财富》世界 500 强第 254 位，地位稳固。

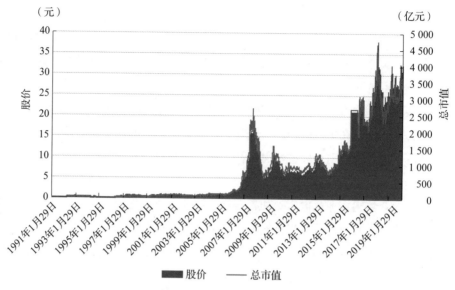

图 9-73 万科股价和总市值

资料来源：Wind，兴业证券经济与金融研究院整理。

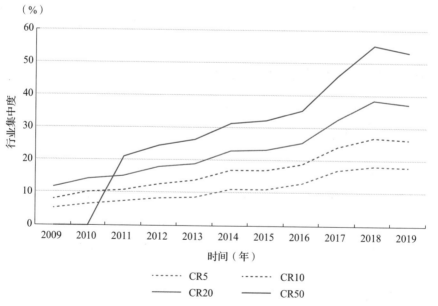

图 9-74 房地产行业集中度

资料来源：Wind，兴业证券经济与金融研究院整理。

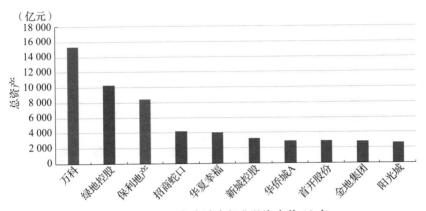

图 9-75　2018 年房地产行业总资产前 10 名

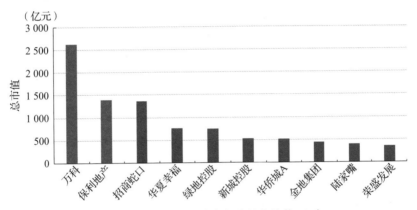

图 9-76　2018 年房地产行业总市值前 10 名

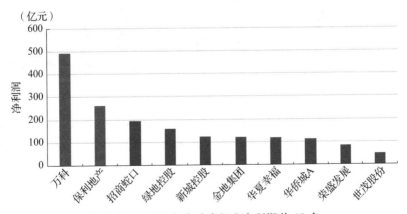

图 9-77　2018 年房地产行业净利润前 10 名

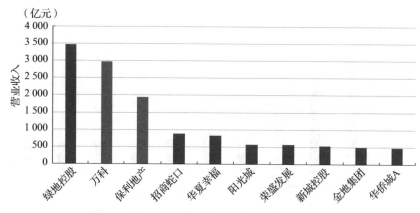

图 9-78　2018 年房地产行业营业收入前 10 名

2019 年，在房地产企业融资普遍较艰难的情况下，万科仍以 1610 亿元稳居行业拿地金额第一，拿地面积达到 2996 万平方米，位列行业第三（见图 9-79 ～图 9-80）。土地是房地产行业的关键战略储备，万科在拿地上的优势为保持龙头地位提供了坚实的支撑。

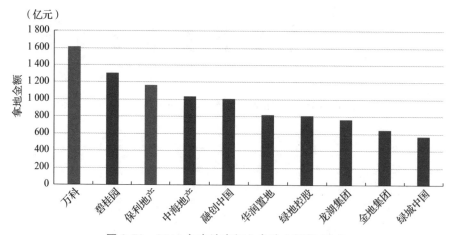

图 9-79　2019 年房地产行业拿地金额前 10 名

资料来源：CREIS 中指数据，中指地主，兴业证券经济与金融研究院整理。

1993 年，万科确定以城市大众住宅开发为主营业务，并提出了加速资本积累、迅速形成资本规模的发展方针。之后万科持续拓展多样化布局，如图 9-81 所示。

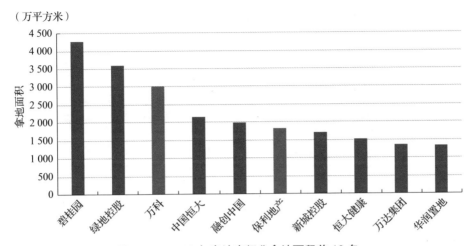

图 9-80　2019 年房地产行业拿地面积前 10 名

资料来源：CREIS 中指数据，中指地主，兴业证券经济与金融研究院整理。

图 9-81　万科多样化业务布局

资料来源：万科公告，兴业证券经济与金融研究院。

万科精准把握行业发展趋势，持续调整经营战略（见表 9-12）。1998 ～ 2008 年，房地产行业大力扩张，前有房地产市场改革、商品房货币化安置，需求迅速升温；后有 2005 ～ 2007 年贸易顺差快速扩大，热钱涌入、地价大幅上涨。万科顺应行业发展趋势快速扩张，销售额由 2001 年的 35 亿元增长到 2008 年的 479 亿元，年均复合增速为 45.08%。2009 ～ 2014 年，随着调控政策由 "四万亿" 刺激转向收紧，伴随城镇化率边际增速降低，房地产行业发展节奏有所放缓，万科的发展战略也转向贯彻 "高质量发展"。2015 年至今，在供给侧结构性改革启动的背景下，万科提出未来的经营理念 "以人民的美好生活为中心"，为应对行业新趋势持续进行战略转型，是引领行业发展的标杆。

表9-12　万科精准把握行业发展趋势

阶段区间	调控区间	调控方向	主要政策	阶段特点	商业模式及销售情况	阶段表现
1998～2008年（行业整体供大于应求）	1998～2002年	鼓励	1998年房改，住房分配货币化；1999年房贷，住房信贷、住房信贷、公积金管理等，2002年，土地招拍挂	房地产行业全面发展，销售额增长	2001年房地产专业化初步形成；2002年销售面积同比增长90%	销售面积从67万平方米增长至557万平方米，年均复合增速35%；销售额从35亿元增长到479亿元，年均复合率从0.88%上升为1.91%
	2003～2004年	收紧	2003年3月《关于促进房地产市场持续健康发展的通知》；2003年8月《国务院关于促进房地产市场持续健康发展的通知》；2004年4月提高固定资产投资项目资本金比例	房价未得到有效控制	深圳与上海为核心投资重点，二线城市扩张，销售额持续增长	
	2005～2008年8月	持续收紧	2005年3月"国八条"；2005年6月"新国八条"；2006年5月"十五条"；2007年3～8月央行4次加息；2007年9月购买第二套房首付比例不得低于40%	房价起伏上升，2008年房价和销售额首次下降	全国三大区域扩张；2007年销售面积和销售额同比分别增长90%、147%；2008年受行业调整因素销售额首次下降	
2009～2014年（住房需求逐渐得到满足）	2009年	刺激	2008年10月央行系列新政支持房地产；2008年12月国务院《关于促进房地产市场健康发展的若干意见》	货币宽松环境，销售额、房价大涨	行业销售回暖；面积及销售额回升	销售面积从664万平方米增长到1806万平方米，年均复合增速22%；销售额从634亿元增长到2151亿元，年均复合增速27%；市占率从1.43%上升到2.82%
	2010～2014年	收紧	2010年4月"新国十条"；2010年9月限购；2011年1月第二套房首付提至60%，利率为基准利率的1.1倍；2013年加强保障房建设；2014年5月"央五条"；2014年9月"930"新政	房价增长放缓	全国四大区域扩张，维持行业规模第一	
2015年至今，去库存，降杠杆（需求主导）	2015～2016年上半年	刺激	2015年多轮降准降息、减免税费等；2016年开始因城施策	一二线房价大涨，三四线平稳	受益于一二线城市房价上涨，2016年销售面积和销售额同比增长34%、40%	2015～2017年，销售面积从2067万平方米增长到3595万平方米，年均复合增速32%；销售额从2615亿元增长到5299亿元，年均复合增速42%；市占率从3.00%上升到3.96%
	2016年8月至今	收紧	2016年8月苏州、厦门等重启限购；2016年9月等二线城市核心"930"新政严限购；2017年3月17日北京市最严限购；2017年12月保障房改需求	城市出现明显分化；一二线政策严控，三四线货币化刺激显著	扩张放缓，深耕四大核心区域，创造"1+N"业务体系，预计未来地产服务业将贡献更多利润	

资料来源：万科公告，兴业证券经济与金融研究院整理。

2. 现金流稳健，资金成本、杠杆率情况优于同业

房地产企业的命脉在现金流，因此与之相关的杠杆率、资金成本是房地产板块核心资产重要的判断标准之一。危机是检验核心资产的工具，能渡过危机才能被称得上是核心资产。以美国房地产行业龙头企业普尔特为例。普尔特依托低杠杆率及资金成本优势，尽管受到次贷危机冲击，但迅速实现了业绩复苏，并收购了全美第二大房地产企业桑达克斯，凭借并购大举扩张。在 2008 年金融危机结束后的近 10 年中，普尔特的股价表现较为坚挺，最高 PE 超过 10，是当之无愧的核心资产。

| 案例 |　美国房地产企业标杆——普尔特

普尔特是美国三大房地产行业龙头企业之一，与霍顿、莱纳合力垄断了美国房地产市场。2007 ～ 2008 年，美国金融危机发生，房地产泡沫破裂。但专注住宅主业、低资金成本、低杠杆的普尔特却在泡沫破裂的冲击下依旧坚挺，其股价也表现出龙头风范。如图 9-82 所示，普尔特股价上涨 4524.13%，涨幅长期跑赢标普 500。

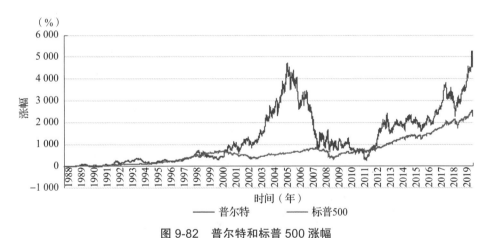

图 9-82　普尔特和标普 500 涨幅

资料来源：Bloomberg，兴业证券经济与金融研究院。

持续去杠杆以及资金成本优势是普尔特能够穿越周期的重要原因之一。在去杠杆方面，普尔特自 20 世纪 80 年代起开始去杠杆，资产负债率和净负债率快速下降。从 1994 年到 2008 年金融危机发生，普尔特资产负债率长期维持在

50% 以下。在危机过后，普尔特重新开始了去杠杆的道路，2019 年普尔特资产负债率和净负债率已分别下降到 36.84% 和 26.47%。美国原四大房地产企业净负债率如图 9-83 所示。在资金成本方面，普尔特的经营效率较高，货币资金持有量相对较少，同时受益于货币宽松环境，普尔特的资金成本也持续下降。如图 9-84 所示，自 2008 年以来，普尔特利息支出接近 0。

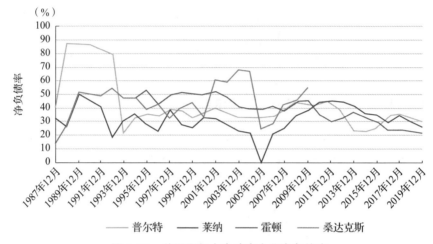

图 9-83　美国原四大房地产企业净负债率

资料来源：Bloomberg，兴业证券经济与金融研究院整理。

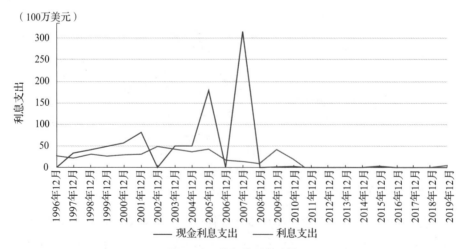

图 9-84　普尔特利息支出

资料来源：Bloomberg，兴业证券经济与金融研究院整理。

普尔特的运营以细分客户群体为特色，能够分散风险，助力其穿越周期。普尔特借助市场细分战略发展壮大并分散风险。在细分客户时，与以往其他传统房地产企业采用的"购买周期（首次置业、二次置业等）＋产品类型＋房屋价格"方法不同，普尔特采取"生命周期＋支付能力"的二维分割法（见图 9-85）。在二维分割法指导下，普尔特将客户划分为 11 类，包括首次置业、首次换房、二次换房、活期长期置业等，进而为不同客户群体提供个性化服务（见图 9-86）。普尔特面向多个细分市场提供服务，不依赖任一群体经营业务，进而分散了风险，为其穿越周期增添保障。

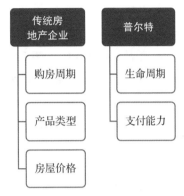

图 9-85　普尔特细分客户的方法

资料来源：普尔特公告，兴业证券经济与金融研究院整理。

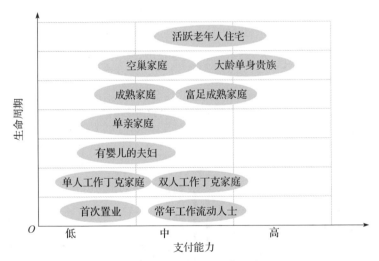

图 9-86　普尔特 11 类客户

资料来源：普尔特公告，兴业证券经济与金融研究院整理。

借助并购进行扩张，普尔特金融危机后迅速复苏，在行业低迷时凸显"剩者为王"的龙头本色。低资金成本、持续降杠杆与细分经营策略减小了危机对普尔特的冲击，普尔特更在危机中抓住机会，仅以 31 亿美元的作价便收购了全美第二大房地产企业——桑达克斯，达成了美国历史上最大的一桩房地产企业并购。

从金融危机结束到 2011 年下半年，美国房地产行业陷入沉寂期，新房销售量从 2005 年的顶峰 12 万套 / 月下降至 2011 年的低谷 2 万套 / 月，新房平均房价从顶峰 32.9 万美元 / 套下降至 25 万美元 / 套。而普尔特凭借对美国第二大房企桑达克斯的并购，实现了业务布局的大举扩展，并受益于泡沫破裂后行业集中度提升的趋势，2008 ～ 2019 年净利润增速达到 43.65%，ROE 自 2013 年的 0.09% 上升到 2019 年的 16.5%（见图 9-87 和图 9-88）。当前，普尔特 ROE 超过莱纳（14.23%）与霍顿（15.54%）。

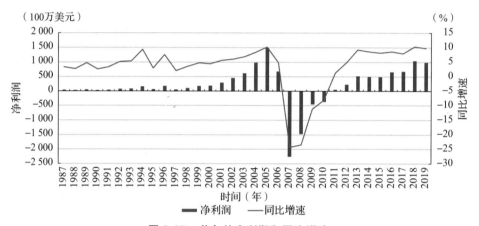

图 9-87 普尔特净利润和同比增速

资料来源：Wind，兴业证券经济与金融研究院整理。

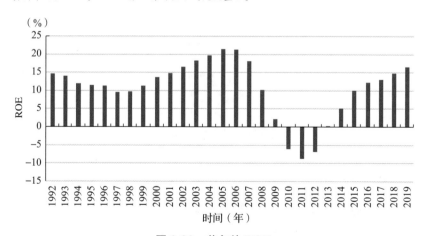

图 9-88 普尔特 ROE

资料来源：Wind，兴业证券经济与金融研究院整理。

3.财务数据优秀

房地产行业中核心资产的财务数据表现也一定是优秀的。例如，日本房地产企业三井不动产，与三菱地所、住友不动产并列日本房地产行业前三，通过精准把握行业发展趋势成就了优秀的财务表现。三井不动产营业收入与净利润持续领跑行业，并超过三菱地所与住友不动产。

| 案例 |　日本房地产企业龙头——三井不动产

三井不动产成立于 1914 年，最早是日本三大财阀三井集团下属控股公司三井有限公司的房地产部门，后于 1941 年独立为三井不动产株式会社（三井不动产房地产有限公司）。三井不动产个股表现长期跑赢大盘，近 20 年来股价上涨237.53%，远高于日经 235 全收益 138.41%（见图 9-89 和图 9-90）。

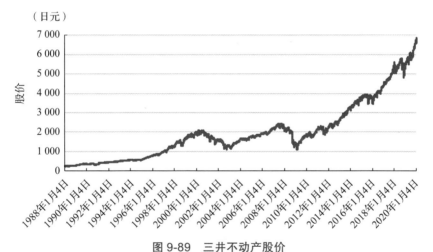

图 9-89　三井不动产股价

资料来源：Bloomberg，兴业证券经济与金融研究院整理。

三井不动产盈利能力稳步上升，营业收入与净利润规模领跑同业。2019 年，三井不动产营业收入达到 1861.2 万亿日元，净利润达到 171.86 万亿日元，同比增长 3.12%，均超过日本另两大房地产巨头——三菱地所和住友不动产（见图 9-91和图 9-92）。三井不动产的盈利质量也保持稳健提升，毛利润率从 2001 年至今均保持在 20% 以上，并由 2001 年的 20.3% 提升至 2019 年的 23.5%，净利润率则由

2001 年的 2.2% 上升到 2019 年的 9.2%（见图 9-93 和图 9-94）。三井不动产 ROE 在 2007 年后长期保持在 6% 以上，长期保持优秀的财务表现（见图 9-95）。

图 9-90　三井不动产和日经 235 全收益涨幅

资料来源：Bloomberg，兴业证券经济与金融研究院整理。

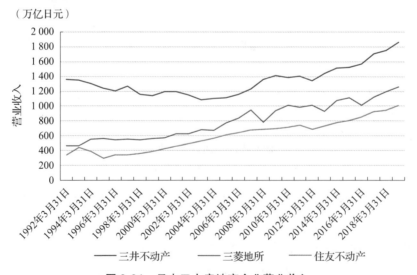

图 9-91　日本三大房地产企业营业收入

资料来源：Bloomberg，兴业证券经济与金融研究院整理。

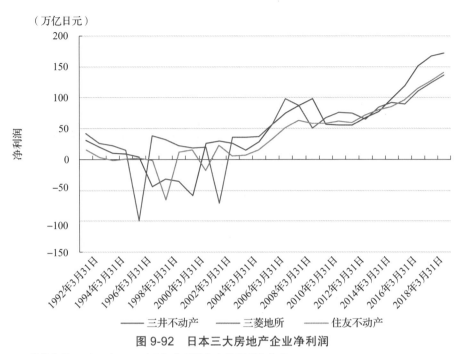

图 9-92　日本三大房地产企业净利润

资料来源：Bloomberg，兴业证券经济与金融研究院整理。

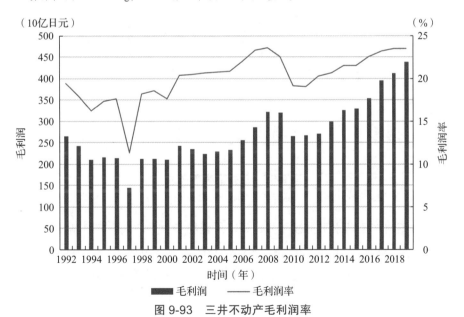

图 9-93　三井不动产毛利润率

资料来源：Bloomberg，兴业证券经济与金融研究院整理。

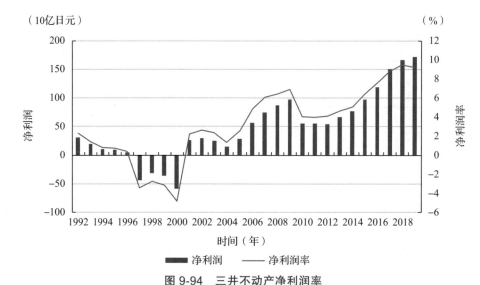

图 9-94　三井不动产净利润率

资料来源：Bloomberg，兴业证券经济与金融研究院整理。

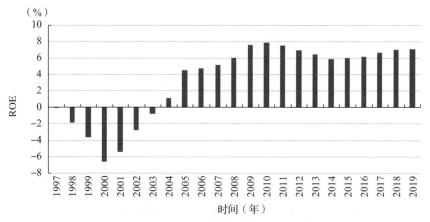

图 9-95　三井不动产 ROE

资料来源：Bloomberg，兴业证券经济与金融研究院整理。

三井不动产负债水平持续下降，资产质量稳步上升。在资产负债率方面，三井不动产在 20 世纪 90 年代维持在 75% ～ 80%（见图 9-96）。受 2000 年互联网泡沫的波及，日本整体开始去杠杆，三井不动产的资产负债率下降至 60% 左右。2008 年金融危机后，三井不动产资产负债率降至 50% 左右。在净负债率方面，三井不动产在 2012 年之前保持了一个较高的水平，因为其有较多的长期抵押贷款。

2013 ～ 2015 年，三井不动产长期债务从 1233 亿日元降至 887 亿日元，同比减少
28.06%，净负债率及利息支出也随之下降。近年来，三井不动产净负债率维持在
100% 左右，利息支出则降到 300 亿日元以下，资产质量稳步提升（见图 9-97）。

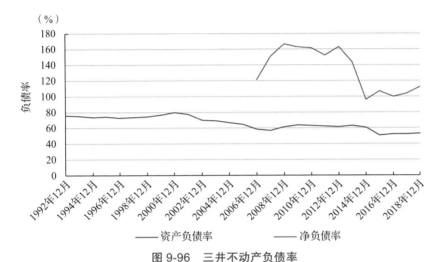

图 9-96　三井不动产负债率

资料来源：Bloomberg，兴业证券经济与金融研究院整理。

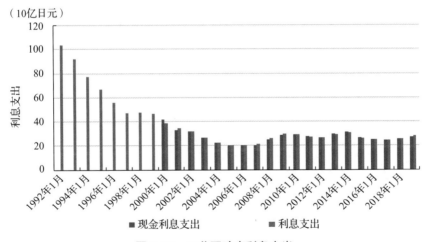

图 9-97　三井不动产利息支出

资料来源：Bloomberg，兴业证券经济与金融研究院整理。

精准把握行业发展趋势是三井不动产保持长期优秀财务表现的重要原因。20
世纪 50 年代，日本经济高速增长，GDP 增速达 2 位数，一直持续到 60 年代末，

在 1968 年达 12.89%（见图 9-98）。之后日本进入第二产业发展的高峰期，第二产业占 GDP 比例从 21.5% 上升到 36.9%，工业用地需求旺盛，并且严重缺少用于海外贸易的临港工业用地，因此三井不动产从 1950 年开始在京叶海滨地区发展填海业务，开垦出的土地促进了当时大型工业园区的形成。20 世纪六七十年代，日本经济城市化进程快速推进。1980 年，日本城市化率达到 76.19%，人口涌入城市的同时带动住宅用地的需求上升（见图 9-99）。三井不动产将主要业务

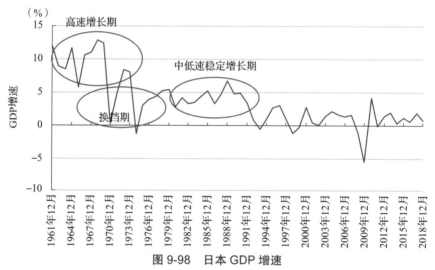

图 9-98　日本 GDP 增速

资料来源：Wind，兴业证券经济与金融研究院整理。

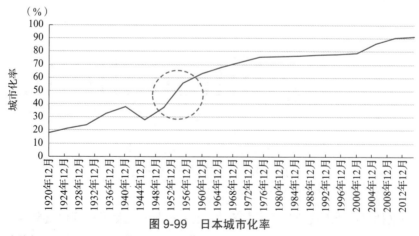

图 9-99　日本城市化率

资料来源：Wind，兴业证券经济与金融研究院整理。

从工业用地转向了住宅用地，致力于在郊外提供高质量的住宅。20 世纪 90 年代，日本政策采用紧缩政策，主动刺破房地产泡沫。三井不动产一方面成立了日本建筑基金投资公司，促进房地产证券化，通过不动产投资信托的方式绕过银行吸引个人资金；另一方面开展轻资产业务，减少传统的开发销售业务，提供代销代建服务，开创了多样化商业模式，稳步渡过危机（见图 9-100）。

图 9-100　三井不动产多样化商业模式

资料来源：兴业证券经济与金融研究院整理。

4. 总结：不同驱动力下挑选核心资产需要关注的指标

通过市占率、发展历史和品牌知名度来寻找身为行业绝对龙头企业的核心资产。①市占率方面：如今，在房地产行业集中度持续提高的趋势之下，由于马太效应，原先市占率就高的龙头企业会持续提高自己的市占率，而小企业则会由于没有规模优势市占率逐渐降低，最终形成强者恒强的局面。在当前房地产行业需求增速放缓、行业收缩的背景下，龙头企业展现出很好的抗周期能力，市占率逆势上扬。②发展历史方面：房地产龙头企业往往需要长时间的积累，难以短期发展成型。例如，万科发展 30 年，积极开展物业、商业、租赁、物流、度假等不同业务，通过时间的沉淀完成多样化布局。发展历史越长的房地产企业越容易成为行业龙头企业。③品牌知名度方面：品牌知名度彰显着龙头企业在行业内的标杆地位，以普尔特为例，普尔特通过广告宣传，细分经营战略满足客户个性化需求，让其高质量房屋的形象深入人心，使得其客户在多次置业时仍首选其品牌，增加客户黏性和销量。

通过杠杆率、融资能力以及多样化经营能力来寻找管理能力稳健的核心资产。对于房地产这样与经济周期紧密相关的行业，往往在危机中更能体现出资产的价值。顺利渡过行业危机，在融资成本日益提高的今天仍能保持市占率提高，就是核心资产的核心竞争力。杠杆率体现了公司债务风险的高低，较低的杠杆率可以使企业渡过危机、穿越周期，做到"剩者为王"。在融资能力方面，核心资产往往具有较低的融资成本，从而可以加大扩张的速度，提升市占率，巩固龙头企业地位。以万科和保利地产为例，在金融供给侧结构性改革的当下，房地产融资受到管控，成本上升，而万科和保利地产由于自身优势，有息负债综合成本较低，融资能力高于同业。在多样化经营能力方面，核心资产往往可以通过不同商业模式在不同时期获得超额收益，如三井不动产在20世纪50年代专注工业用地，六七十年代聚焦住宅用地，日本房地产泡沫时期开展轻资产业务，提供代销代建服务，帮助自身渡过危机。

通过拿地情况寻找具有持续增长潜力的核心资产。在房地产行业中，拿地策略和拿地面积决定了房地产企业未来的发展方向和发展潜力。在拿地策略上，房地产企业需要对不同区域和自身定位进行有机结合并对未来做出预判，在适合自身发展的地域拿地才能更好地进行。以万科为例，万科始终采取区域深耕的战略，业务涉及城市仅60余个，并不算多，但其在已进驻城市中品牌影响力大，竞争优势明显。在拿地规模上，房地产企业面临的是不拿地没业务，拿地价却高的问题。一些有背景的企业往往可以在时间和政策上具备优势，如近年来保利地产的拿地金额和拿地面积均居行业前列，不断扩大规模，从而保持业务持续增长。

相关报告索引

年度及半年度投资策略报告

- 拥抱权益时代——2020 年投资策略（20191111）
- 开放的红利——2019 年下半年投资策略（20190625）
- 重构创新大时代——2019 年 A 股投资策略（20181123）
- 智慧舞步：从平衡木到钢丝绳——2017 年下半年 A 股投资策略（20170620）
- 平衡木上的舞蹈——2017 年策略（20161130）

金融开放系列

- 深谈"金融开放"十一条的五大亮点——中国金融开放系列报告之二（20190723）
- 从 2012 年以来习近平总书记讲话看"金融开放"——中国金融开放系列报告之一（20190708）

- 秋果与蜜蜂的故事——从六组对比认识 QFII 额度放开（20190911）
- QFII 政策解读：渐进开放的"制度红利"持续，外资流入 A 股可期，核心资产受益（20190115）

外资流入系列

- "外源之窘"系列报告之开篇破题——详谈美国股债困境下的中国机会（20180830）
- 均衡汇率标杆切换，警惕外资顺周期操作——写在人民币汇率"破 7"之日（20190805）
- 深谈 MSCI 提高 A 股纳入因子至 20%——外资"颠覆"A 股系列之一（20190304）
- "入摩"因子从 5% 到 20%，将带来何种变化——外资流入 A 股系列研究之八（20180926）
- 渐进开放的红利：外资流入对汇率贬值的免疫——外资流入 A 股系列研究之七（20180723）
- MSCI 纳入 A 股临近，热点问题集锦——外资流入 A 股系列研究之六（20180508）
- 陆股通：小规模，大增量！——外资流入 A 股系列研究之五（20170914）
- 陆股通资金配置全解析——外资流入 A 股系列研究之四（20170704）
- A 股四度闯关 MSCI，成功"入摩"——外资流入 A 股系列研究之三（20170621）
- A 股"入摩"概率提升，组合"瘦身"——外资流入 A 股系列研究之二（20170323）
- 白马长嘶哳，挥鞭奔鹏城！——从外资资金流向角度看本轮白马消费投资的持续性（20170316）
- 加入 MSCI 指数，直面全球资产配置新时代（20140610）

核心资产系列

- 核心资产买卖策略"ISEF"模型——中国看老外系列（20190827）
- 印度牛股案例、估值和外资持股行为研究——牛市是怎样炼成的系列之二（20191009）
- 印度股市是如何成为长牛类资产的？——他山之石系列（20190905)
- 中国版"漂亮50"，泡沫化 or 国际化？——国际视角看核心资产系列之一（20190724）
- 以史为鉴，通时合变——核心资产专题系列二（20160906）
- 核心资产：股票中的"京沪学区房"（20160503）

全球策略核心资产系列

- 核心资产牛市的大趋势及其他股票的短反弹——中国权益资产投资策略报告（20190624)
- 突围，中国核心资产的新征程——中国资本市场（H+A）中期投资策略报告（20190610）
- 一溪流水泛轻舟——中国权益资产2019年投资策略报告（20181127）
- 2017 港股丰收，2018 继续演绎核心资产牛市（20180107）
- 核心资产投资的新时代——中国权益资产及港股市场2018年投资展望（20171127)
- 对标全球龙头，重估核心资产（20170929）
- 核心资产的世界——中国权益资产投资策略（20170620）

跋

  中国 A 股正处在一轮长牛大行情的起步阶段，本书揭示出的大趋势可能会维持 10 年、20 年甚至更长的时间。中国股市的生态环境与过去 30 年完全不同，而它的拐点恰恰发生在当下这一两年，所以充分发现和认识这一巨大变革，准确理解和分析其背后的驱动力和发展逻辑，及时抓住和把握这一拐点对于提升机构投资者未来的业绩表现至关重要。这也是我们花费巨大精力研究和撰写本书的"初心"。在信息爆炸的时代研究供过于求的市场现状时，投资者日常被大量碎片化的研究报告包围，淹没在浅层次或不完整的分析中，缺少系统化的梳理。因而，我们希望提供一个"一站式"的研究产品，从基本定义到逻辑演绎、从国内视角到国际经验、从理论分析到构建股票组合实践，全方位地提供投资者需要的内容，希望能够给读者带来启发、创造价值。

  由于知识水平所限，本书难免有所疏漏或错误之处，还请读者海涵。本书所提观点仅代表一家之言，欢迎讨论。需要再次强调的是，书中提到的所有公司均是研究的案例，不代表股票推荐。凡是对未来做预判都有很大的犯错风险，但是我们不想因为怕出错而放弃把我们认为非常具有价值的思考进行分享。独乐乐不如众乐乐，与君共勉。